伽达默尔诗化哲学

宋　阳 ◎ 著

中国社会科学出版社

图书在版编目(CIP)数据

伽达默尔诗化哲学 / 宋阳著. —北京：中国社会科学出版社，2021.6

ISBN 978-7-5203-8059-1

Ⅰ.①伽⋯ Ⅱ.①宋⋯ Ⅲ.伽达默尔（Gadamer，Hans-Georg 1900-2002）—诗学—思想评论 Ⅳ.①I516.072

中国版本图书馆 CIP 数据核字(2021)第 040698 号

出 版 人	赵剑英
责任编辑	任　明
责任校对	杨　林
责任印制	郝美娜

出　　版	中国社会科学出版社
社　　址	北京鼓楼西大街甲 158 号
邮　　编	100720
网　　址	http：//www.csspw.cn
发 行 部	010-84083685
门 市 部	010-84029450
经　　销	新华书店及其他书店
印刷装订	北京君升印刷有限公司
版　　次	2021 年 6 月第 1 版
印　　次	2021 年 6 月第 1 次印刷
开　　本	710×1000　1/16
印　　张	12.25
插　　页	2
字　　数	210 千字
定　　价	85.00 元

凡购买中国社会科学出版社图书，如有质量问题请与本社营销中心联系调换
电话：010-84083683
版权所有　侵权必究

目　录

绪论 …………………………………………………………………（1）
　第一节　与诗为伴的哲学生涯 …………………………………（1）
　第二节　伽达默尔诗性思想的基本内涵及研究概况 …………（12）
　　一　"诗"的基本内涵与特征 ………………………………（12）
　　二　研究概况与存在问题 ……………………………………（16）

第一章　伽达默尔诗化哲学溯源 ………………………………（22）
　第一节　古希腊之源 ……………………………………………（23）
　　一　神话意识：从诠释学的起源谈起 ………………………（23）
　　二　光的形而上学：柏拉图美的本质说的照耀 ……………（26）
　　三　存在之根：古希腊语言存在观的印记 …………………（29）
　第二节　德国浪漫主义遗风 ……………………………………（33）
　　一　将艺术与美推上高峰 ……………………………………（35）
　　二　将生命与诗合而为一 ……………………………………（37）
　　三　将希腊诗境作为归宿 ……………………………………（40）
　第三节　师门之学 ………………………………………………（43）
　　一　胡塞尔现象学方法的影响 ………………………………（44）
　　二　海德格尔早期存在论的奠基 ……………………………（48）
　　三　海德格尔晚期诗化思想的潜移默化 ……………………（50）
　第四节　小结：哲学史视域下的伽达默尔诗化哲学思想 ……（60）

第二章　诗化哲学之"体"
　　　　——伽达默尔诗性之思的理论剖析 ……………………（63）
　第一节　艺术论 …………………………………………………（63）
　　一　艺术真理观 ………………………………………………（65）

二　艺术理解论 …………………………………………（79）
　　三　从艺术到诗之必需 …………………………………（92）
第二节　语言论 ………………………………………………（93）
　　一　"能被理解的存在就是语言" ………………………（94）
　　二　"倾听"自我展现的诗性语言 ………………………（99）
　　三　从语言到诗性语言之必需 …………………………（106）
第三节　存在论 ………………………………………………（109）
　　一　时间性、经验性与神性 ……………………………（109）
　　二　诗乃存在之家 ………………………………………（120）
　　三　从存在到诗意存在之必需 …………………………（126）
第四节　小结：从语言艺术走向存在的诗 …………………（128）

第三章　诗化哲学之"用"
　　　　——伽达默尔的诗歌批评实践 ……………………（130）
第一节　诗之真：歌德诗评 …………………………………（131）
　　一　神性与人性的共存 …………………………………（132）
　　二　爱与死的存在意义 …………………………………（136）
　　三　对立背后的时间性 …………………………………（141）
第二节　诗之魂：荷尔德林诗评 ……………………………（144）
　　一　荷尔德林与返乡 ……………………………………（145）
　　二　荷尔德林与未来 ……………………………………（149）
　　三　于诗语之中居留 ……………………………………（153）
第三节　里尔克、格奥尔格、策兰诗评 ……………………（156）
　　一　神话诗的回转：里尔克诗评 ………………………（156）
　　二　诗文的整体性：格奥尔格诗评 ……………………（161）
　　三　诗以语词确立存在：策兰诗评 ……………………（164）
第四节　小结：伽达默尔诗评——思与诗的对话 …………（169）

第四章　伽达默尔诗化哲学的启示 ……………………………（172）
第一节　伽达默尔诗化哲学与现代危机 ……………………（172）
第二节　伽达默尔诗化哲学的美学意蕴 ……………………（175）
第三节　小结：诗化之路——哲学的自我救渡 ……………（181）

结语 ……………………………………………………………（183）

参考文献 ………………………………………………………（185）

绪　论

第一节　与诗为伴的哲学生涯

汉斯-格奥尔格·伽达默尔（Hans-Georg Gadamer）1900年2月11日生于德国马堡，2002年3月13日在德国海德堡逝世，是一位罕见的百岁哲学家。整个20世纪见证了伽达默尔这位德国哲学大家的成长与成功。在胡塞尔、雅斯贝尔斯、阿多诺、海德格尔相继去世后，伽达默尔被视为德国学院派哲学最后的象征。

伽达默尔75岁完成的自传《哲学生涯——我的回顾》被视为研究伽达默尔及其哲学诠释学的入门资料。自传在贴近一位伟大思者的精神气质和内心世界方面，往往胜于访谈录或演讲稿，在卢梭、歌德、尼采、雅斯贝尔斯、萨特的相关研究中，自传也都占据着重要地位。诚如《哲学生涯——我的回顾》的译者陈春文所说：一个哲学家写自己的传记，其可读性与思想价值是毋庸置疑的。[①] 文如其题，《哲学生涯——我的回顾》以平易谦和的语言记述了伽达默尔在布莱斯劳、马堡到弗莱堡、莱比锡、法兰克福、海德堡等德国一流学府的学习与工作经历。其间伽达默尔与20世纪德国哲学界和文化界众多名流保持密切交往，见证并积极参与了20世纪欧洲哲学流派的论争并在60岁之际推出《真理与方法》。伽达默尔的哲学道路的确与那些伟大的哲学精神有着显在的关联：他的哲学起步直接受到海德格尔的重大影响；柏拉图与亚里士多德、德国古典美学、胡塞尔的现象学也给了哲学诠释学充足的养分。伽达默尔沿着前人铺就的思想阶梯一路攀登，最终达到了一个新的山峰，开拓出属于自己的一片哲学天地。

[①] ［德］伽达默尔：《哲学生涯——我的回顾》，陈春文译，商务印书馆2003年版，第236页。

德国现代哲学思潮与伽达默尔哲学思想养成的关系一直是《哲学生涯——我的回顾》引人关注的焦点，然而其中传达的另一重要信息却往往为人所忽略，迄今并未见到深入的剖陈，即伽达默尔对于文学艺术的极度倚重。伽达默尔这部自传中大量有关诗与艺术的回忆与评论远没有引起足够关注。200余页的《哲学生涯——我的回顾》中有两节专门详尽回忆了诗人许雷尔和科莫雷尔的创作，并对二人共十余首诗展开具体分析阐释，这在哲学家自传中是极其罕见的；此外自传还有至少112处谈及文学、艺术、戏剧、音乐和绘画，涉及荷马、品达、埃斯库罗斯、索福克勒斯、欧里庇得斯、阿里斯托芬、维吉尔、莎士比亚、歌德、巴尔扎克、果戈理、狄更斯、冈察洛夫、陀思妥耶夫斯基、托尔斯泰、康拉德、斯特凡·格奥尔格、纪德、普鲁斯特、瓦莱里、里尔克、托马斯·曼、卡夫卡、乔伊斯、布莱希特、弗里茨·沙尔克、萨特、保罗·策兰、泰戈尔等共61位诗人、小说家和剧作家，以及巴赫、莫扎特、贝多芬、舒伯特、米开朗基罗、珀赫、伦勃朗、毕加索等音乐和绘画大师，足见文学与相关艺术深深内化于伽达默尔的个人气质与平日生活之中。

从青年时代到古稀之年，伽达默尔的思想发展始终与文学艺术保持着千丝万缕的内在联系，这使伽达默尔的哲学诠释学散发出浓重的诗性色彩，具有了诗化哲学的意味。这种哲学与诗交融的思想倾向在伽达默尔中晚期陆续发表的大量诗论和美学论文中有了更为明显的展现。为什么在哲学道路上对"真理"与"存在"孜孜以求的伽达默尔始终不能抗拒文学的吸引？伽达默尔本人给出过清楚的回答："对我来说……文学就是：它一方面是真（wahr），它超越所有的异议，另一方面却是无（nichts），谁也不允许拿它来证明自己。"① 正因为对伽达默尔而言，文学或广义的诗不仅仅是一门艺术，而且是真理，或者说是此在的澄明显现，具有完全的自足性和不可替代性，所以诗才在伽达默尔的思想体系中占有本体论的高度。伽达默尔与文学艺术相关的切身经历，成为把握伽达默尔诗化哲学思想风格的重要起点。

作为20世纪的同龄人，伽达默尔的青少年记忆被电灯、汽车、电话的发明带来的巨大科技冲击所填满。伽达默尔的父亲是一位药物化学教授，为伽达默尔提供了良好的教育环境，希望他能同样走上自然科学之

---

① ［德］伽达默尔：《歌德〈浮士德〉中的守塔人之歌》，《美学与诗学：诠释学的实施》，吴建广译，北京大学出版社2013年版，第120页。

路。可是从中学时起，伽达默尔就一心热爱着古希腊和德国的经典作家以及莎士比亚的剧本，特别钟情于抒情诗，也受过托马斯·曼和黑塞小说的影响，那时伽达默尔对哲学几乎一无所知。1918 年初入布莱斯劳大学，伽达默尔仍主要选修日耳曼文学、梵文、艺术史、伊斯兰教义学等与语言文学艺术相关的课程。在文学与哲学之间犹疑了一年，伽达默尔最终决定投身哲学，转入马堡大学，师从新康德主义代表人物保罗·那托尔普（Paul Natorp）和尼古拉·哈特曼（Nicolai Hartmann），并于 1922 年完成博士学位论文《柏拉图对话中欲望的本质》，获得博士学位。

青年伽达默尔很快加入马堡艺术史家哈曼的圈子，并与表现主义诗人、艺术史家许雷尔结下深厚友谊，许雷尔成为伽达默尔深入现代派诗歌领域的领路人。通过许雷尔，伽达默尔与当时在德国乃至整个欧洲现代主义诗歌界大名鼎鼎的"格奥尔格圈子"往来甚密，究其原因，伽达默尔发现了诗的整体性意识对形而上学二元分立的扭转与抗衡。关于格奥尔格的深刻影响，伽达默尔晚年特别回忆道："斯特凡·格奥尔格圈子的价值取向在较高的精神层面上体现了一种整体的意识……为此，诗人格奥尔格对我发挥的影响越来越有力。"[①] 也正是在诗的整体性上，格奥尔格对于伽达默尔而言那难以抗拒的魅力一直持续至晚年，因为伽达默尔深深认识到诗歌这种存在论意义上的整体性"对于哲学研究的概念游戏也是一种永远不会被人完全忘却的纠正"[②]。在其后期的格奥尔格诗评《诗文与整体》中伽达默尔再次强调，之所以看重格奥尔格，主要是因为格奥尔格在诗中回忆了艺术不断唤醒的人类存在的整体性。[③] 而这里的整体性"并不是对象，而是包围着我们并且使我们在其中生活的世界境域（Welthorizont）"[④]。在像伽达默尔这样的思想家看来，格奥尔格诗文的魔力"对

[①] ［德］伽达默尔：《哲学生涯——我的回顾》，陈春文译，商务印书馆 2003 年版，第 11 页。
[②] ［德］伽达默尔：《汉斯-格奥尔格·伽达默尔自述》，《诠释学 Ⅱ：真理与方法》（修订译本），洪汉鼎译，商务印书馆 2007 年版，第 585 页。
[③] Gadamer, Hans-Georg, "The Verse and the Whole", *Hans-Georg Gadamer on Education, Poetry, and History*, Edited by Dieter Misgeld & Grame Nicholson, Translated by Lawrence Schmidt & Monica Reuss, Albany: State University of New York Press, 1992: 89.
[④] ［德］伽达默尔：《汉斯-格奥尔格·伽达默尔自述》，《诠释学 Ⅱ：真理与方法》（修订译本），洪汉鼎译，商务印书馆 2007 年版，第 619 页。

于哲学研究的概念游戏也是一种永远不会被人完全忘却的纠正"。①

虽然决定以哲学为终身事业，但伽达默尔晚年回首早期学术活动，诗和艺术却成为其中最浓重的色彩。例如，相较于那托尔普的新康德主义哲学课程，那托尔普关于陀思妥耶夫斯基和贝多芬的报告给伽达默尔的印象就要深刻得多。特别是泰戈尔对于那托尔普的造访，在伽达默尔的心里留下了极富冲击的记忆："多么强烈的对比！……然而，那托尔普这个单薄瘦弱的伟大学者、尖锐的神话学家，坐在来自另外一个世界、面庞如石壁般伟岸的泰戈尔面前又怎么显现自己呢？"② 显而易见在伽达默尔心目中，泰戈尔"深刻的内在性"要比那托尔普的新康德主义闪耀着更令人折服的光芒；更深一步讲，诗远比抽象的形而上学道德律更符合伽达默尔的哲学取向。正是出于对文学的深刻体味与反思，伽达默尔的新康德主义哲学立场其实并不十分坚定，他初步感觉到诗性与新康德主义之间的矛盾，这也是伽达默尔在遇到海德格尔之后能够迅速改弦易辙的主要原因。

在获得博士学位前后，年轻自信的伽达默尔遭遇了他学术生涯中的一次重大转折——与海德格尔相遇。无论评论界还是伽达默尔本人，都将伽达默尔与海德格尔的相遇视为其人生中的"根本性事件"，是论及伽达默尔学术生涯时无法避而不谈的重要际遇。陈春文曾明确指出二人显在的思想关联：没有海德格尔就无从谈起现在的伽达默尔；伽达默尔虽然受到海德格尔极大的思想吸引，但也绝非盲目追随，而是形成了自己的哲学体系。③ 伽达默尔也坦承，"与海德格尔的相遇对我来说意味着完全动摇了我从前所有的自以为是"。④ 虽然海德格尔不过比伽达默尔大 11 岁，然而自此伽达默尔毕生自称为海德格尔的学生，尤其在进行历史性哲学表述和诠释学深化时，他对于自己曾是新康德主义门徒的认同彻底崩溃。海德格尔的魅力究竟何在？存在主义、反形而上学等范畴往往被直接提及，但在很长时间里伽达默尔对此也难以道明。直至 75 岁在晚年自述中伽达默尔

---

① ［德］伽达默尔：《汉斯-格奥尔格·伽达默尔自述》，《诠释学Ⅱ：真理与方法》（修订译本），洪汉鼎译，商务印书馆 2007 年版，第 585 页。
② ［德］伽达默尔：《哲学生涯——我的回顾》，陈春文译，商务印书馆 2003 年版，第 13 页。
③ ［德］伽达默尔：《哲学生涯——我的回顾》，陈春文译，商务印书馆 2003 年版，第 236 页。
④ ［德］伽达默尔：《哲学生涯——我的回顾》，陈春文译，商务印书馆 2003 年版，第 17 页。

才肯定地说，众人被吸引到海德格尔身边"今天看来是因为：正是在海德格尔那里哲学传统的思想文化才具有了生命力，因为它们可以被理解为对现实问题的回答"。① 哲学不应该是高高在上的空中楼阁，哲学直指存在的现实性和实践性才是伽达默尔及其导师的终极旨归。

这一时期，伽达默尔从马堡到弗莱堡拜访海德格尔，又从弗莱堡追随海德格尔回到马堡，被海德格尔的强大磁场所深深吸引。当时三十多岁的海德格尔不过是现象学大师胡塞尔的年轻助手，然而海德格尔的名字在包括马堡大学在内的德国各大学间已悄悄传开。1922年，伽达默尔的导师那托尔普向胡塞尔表示，有意将海德格尔从弗莱堡大学聘至马堡大学。伽达默尔在此之际阅读了海德格尔仅用三周完成的论文《对亚里士多德的现象学解释》，即著名的"那托尔普手稿"，虽然仍有不能参透之处，但是已经被海德格尔的思想魔咒彻底俘获了。1923年夏，伽达默尔大病初愈后迫不及待地前往弗莱堡，与海德格尔相处了一个学期，深感海德格尔授课时"那种一语道破的思想力量，语言表述的朴素力量，发问时极端的简洁性"使自己这样一个"或多或少能玩一点范畴和概念的人无地自容"。② 1923年秋，海德格尔来到马堡大学，伽达默尔又追随海德格尔回到马堡。在不到两年的时间里，伽达默尔彻底摒弃了新康德主义的抽象思维。最早的"海德格尔派"③ 以伽达默尔及海德格尔的另一学生勒维特（K. Löwith）为核心建立起来。

持续数年的"苦闷的彷徨期"也就这样到来。海德格尔那颠覆形而上学的思想威力完全摧毁了伽达默尔既往的哲学思想架构。全盘自我否定之后重新建构的困难是难以想象的，更何况伽达默尔同时还要竭力避免仅仅沦为海德格尔思想的传声筒，忍受自我探索过程中不断的失望与迷茫。伽达默尔开始对自己的哲学天赋深表怀疑。当时的马堡大学是古典修辞学的重镇，有着一大批治学严谨的修辞学大师。这段时光里，伽达默尔一面从海德格尔那里汲取着思想养分，另一面将主要精力投入于古典修辞学的

---

① ［德］伽达默尔：《汉斯-格奥尔格·伽达默尔自述》，《诠释学Ⅱ：真理与方法》（修订译本），洪汉鼎译，商务印书馆2007年版，第589页。
② ［德］伽达默尔：《哲学生涯——我的回顾》，陈春文译，商务印书馆2003年版，第23页。
③ 与勒维特等年轻学生结成的"海德格尔派"在伽达默尔晚年自传《哲学生涯——我的回顾》（商务印书馆2003年版，第31页）以及丸山高司的《伽达默尔——视野融合》（河北教育出版社2001版，"序章"）中都有提及。

研修。事实证明，伽达默尔天资过人，他在哲学和修辞学两个领域都取得了收获。1927年，他首先获得了古典修辞学的大学授课资格。此时他仍在哲学和古典修辞学之间徘徊不定。海德格尔回弗莱堡接替胡塞尔教职前劝说举棋不定的伽达默尔，伽达默尔最终以现象学的新角度重新诠释柏拉图的《菲利布篇》，提交了教职资格申请论文《柏拉图的辩证伦理学——〈菲利布篇〉的现象学解释》，于1929年获得哲学教职，留在马堡开始了清贫的私人哲学讲师生活。

古典修辞学的研究以及早年对古典文学的偏爱，让伽达默尔在近20年的时光里研读了大量的古希腊文本。在马堡研究哲学之余，伽达默尔保持去剧院看戏剧的习惯，并且每周出席布尔特曼举办的著名的高级希腊语经典研读会，饱读古希腊经典著作，"整整15年每周一个晚上……一周又一周。每晚准时8点15分开始，直到11点"。[①] 除了该希腊文学研读会，在马堡岁月里伽达默尔同时保持参与"克吕格尔圈子"读欧洲文学名著的习惯，读了"成千上万页"俄、英、法国经典小说，也包括当时走红的康拉德、哈姆逊和纪德的作品。这种水滴石穿的文学功底养成令人赞叹，罗伯特·帕斯里克曾高度评价道："伽达默尔不仅是一位哲学家，也是德国文学的读者和'批评家'，我要特别指明，伽达默尔与大多数同行之间的本质区别恰恰就在于作为批评家的高度'专业性'。"[②]

1933年，希特勒上台。虽然伽达默尔在政治面前保持缄默，但是思想和生活仍受到很大冲击。伽达默尔被视为"政治上信不过的人"，不被授予教职，他以学者身份维持生计的道路被封，陷入困境。其间，恩师海德格尔作为弗莱堡大学校长对于纳粹一时的认同，更是给了伽达默尔以沉重打击。但是战后当海德格尔因此备受抨击之时，伽达默尔仍站出来坚决维护海德格尔的哲学功绩，并努力促使海德格尔重回学术界，表现出一名学者的良知和品质。1937年春，伽达默尔终于获得了正式的教授头衔。

即便在艰难年月，伽达默尔也仍未放弃对文学的研究。他深化自己对荷尔德林和里尔克的研究，荷尔德林研讨班成为他在马堡开的最后一个研讨班。"二战"期间伽达默尔亲自去魏玛瞻仰了里尔克的陵墓，拜访了里

---

① [德]伽达默尔：《哲学生涯——我的回顾》，陈春文译，商务印书馆2003年版，第30页。
② Gadamer, Hans-Georg, *Literature and Philosophy in Dialogue: Essays in German Literary Theory* (*Translator's Introduction*), Translated by Robert H. Paslick, Albany: State University of New York Press, 1994: ix-x.

尔克的女儿女婿了解其生活与创作，这次拜访对其后来的里尔克研究起到很大作用。1938年，伽达默尔结束了20年的马堡生活，前往莱比锡大学任职。莱比锡原本相对自由的政治环境和单纯的学术氛围对伽达默尔是个很大的吸引，然而随着局势的恶化，德国大学没有一所会是真正的避风港。1943年莱比锡被轰炸后，伽达默尔在没有暖气、灯光和玻璃的大楼里专心致志地讲授里尔克《杜伊诺哀歌》第三歌，诗歌"儒雅醇厚"，学生厚衣秉烛跟读的这一幕深深烙印于伽达默尔的记忆中，发出"悲乎哉，美乎哉"的感慨，并富有深意地把"二战"时期称为"属于里尔克的伟大时代"。[①] 1945年，"二战"结束。秋天，莱比锡由苏军接管，伽达默尔被选为莱比锡大学的新任校长。在1946年至1947年的两年任期中，伽达默尔一直忙于大学的重建事务。1947年春，伽达默尔接受了法兰克福大学的聘书，前去做了两年哲学教授。其间发生了一段插曲，伽达默尔回到莱比锡交接工作却被监禁了4天，在狱中一遍遍诵读所能记起的所有诗句成为伽达默尔聊以自慰的唯一方式。另外，当时的法兰克福大学根本谈不上什么学术氛围，战后的萧条笼罩一切，伽达默尔在那里也没能取得思想上的进展。临近50岁之际，他被确定为雅斯贝尔斯（Karl Jaspers）的继任人，得到了海德堡大学的终身职位。自此，伽达默尔定居海德堡一心治学，直至2002年百年仙逝。

伽达默尔在海德堡的后半生安稳平静，完全没有了后顾之忧，终于可以专心于教学和研究。伽达默尔经过早年的厚积，在晚年迎来了思想的喷薄期。他用了近10年时间整理和总结自己先前的思想，在1960年推出了《真理与方法》这部为其赢得巨大声誉的厚重作品。在《真理与方法》之后，伽达默尔始终笔耕不辍，每年都撰写大量论文，同时也活跃在演讲台和访谈节目上。总体而言，20世纪60年代以后伽达默尔的私人生活可谓波澜不惊，他的全部重心都放在了哲学思想体系的完善与实践上。从1986年到1995年，伽达默尔的10卷本《全集》陆续出版。除了前两卷"哲学诠释学"为《真理与方法》及其补充与索引，其他各卷按"近代哲学"（3、4卷）、"古希腊哲学"（5、6、7卷）、"诗学与美学"（8、9卷）及"增补与附录"（10卷）将各时期的论文散篇结集成册。

经过数十年的沉淀，诗已深深地内化于伽达默尔的个人生活、哲学课

---

① [德] 伽达默尔：《哲学生涯——我的回顾》，陈春文译，商务印书馆2003年版，第110页。

堂和专业著述之中。以艺术论、历史论、语言论为三大理论支柱的《真理与方法》，第一部分就是以艺术真理的存在方式作为哲学诠释学的全部立论基础展开的，而最后一部分又回归到作为诠释学核心具有本体论意义的诗歌语言。这种哲学与诗交融的思想倾向在伽达默尔中晚期陆续发表的大量诗论和美学论文中得到了集中展现，这部分诗学美学论著构成了伽达默尔 10 卷《全集》的第 8、9 两卷。可以说，在晚年伽达默尔明显开始有意向诗而行，这使伽达默尔的哲学诠释学散发出浓重的诗性色彩，具有了诗化哲学的意味。

纵观伽达默尔漫长的一生，虽不能说伽达默尔的个人经历与学术思想的形成发展之间有着必然的、一一对应的因果关系，但仍有一些际遇对伽达默尔思想走向和学术风格的形成产生了不可否认的显著影响，否则，伽达默尔的哲学就会是另一番面貌。主要包括：

其一，战争与科技的冲击。

伽达默尔见证了人类历史上规模最大的两次大战，也经历了科学技术给人类生活与思想带来的前所未有的剧变。虽然表面看去，伽达默尔似乎是一生圈于象牙塔中不谙世事的正统学者，但实际上，他的前半生因为战争一直在难以想象的贫困与动荡中度过；而此后面对科学技术的大爆炸，特别是科技在人文领域和人类精神世界中的无孔不入，出于思想者的敏感，伽达默尔又倍感忧心。此外，两次世界大战给人类带来巨大的灾难，其中科技的作用和威力也是举世公认的。这样的时代背景迫使伽达默尔只能直面活生生的人类生命与生存现状，不可能只沉浸于抽象的思想空间度日。在战争和科技的阴影下，伽达默尔将哲学出发点和归宿都定位于人的现实生活，他要帮助人们摆脱实际的思想和生活困境，积极地为人类找寻未来的出路，而诗则被伽达默尔视为与科学理性相抗衡的最后希望。

其二，与海德格尔的相遇。

与海德格尔的相遇，使伽达默尔从一位一心钻研"抽象思维"的新康德主义者，彻底变成了追问"存在本真"的哲学家。海德格尔在三个重大问题上对伽达默尔产生了决定性影响：理解、存在和诗。海德格尔关于"前理解""诠释学循环"等诠释学理念的提出，首先启发了伽达默尔哲学诠释学的命名。但论及最根本的影响，当属海德格尔著名的存在论思想。在伽达默尔看来海德格尔的伟大就在于，他是千年来第一个清楚地把西方对形而上学理念说的接受解释为"对存在的遗忘的开端"。① 海德格尔"甚至理解了最古老的希腊人对存在的思考","教会了我们以所有的严肃性追问：何谓存在？从而使我们摆脱几乎是完全的遗忘性"。② 受海德格尔影响，存在成为伽达默尔毕生追问的基本哲学命题。而存在的本真究竟是什么？我们又该怎样才能进入其中？海德格尔晚年在吟咏荷尔德林的诗句之时昭告世人：唯有"诗意地栖居"。伽达默尔对此感叹道："海德格尔学说中蕴含的诗意和能量使我经历的所有东西包括早期的经历都变得苍白一片。"③ 但也正是在"诗"的问题上，伽达默尔没有完全跟随海德格尔，他反对海德格尔对"形而上学语言"和"诗性语言"的区分，在语言反思的基础上发展了自己的理论。关于伽达默尔和海德格尔的学术承继关系，德国学者乌多·蒂茨的评价是较为中肯的，即伽达默尔对自己的导师既非全盘接受更非全面批判，而是以一种自觉而合适的距离来忠实于他，正因为如此，伽达默尔才"有可能被视做海德格尔真正的哲学继承人"。④

其三，古典修辞学修习。

古典修辞学是一门以亚里士多德《修辞学》为基础，关于古希腊罗马辩论演说和修辞等口头言语技巧与方法的学问，是现代语言学的古老发端。伽达默尔在遭遇哲学瓶颈之时，首先成长为一名古典修辞学家。古典修辞学研修对于伽达默尔日后哲学大厦的建造所起到的奠基性作用，当时完全不可预见。而起初一直认为伽达默尔"对哲学完全不懂"的海德格尔，后来恰恰是因为伽达默尔在古希腊修辞学研究中对古希腊文本的那种"不得不提及"的熟悉程度，转而大力举荐伽达默尔获得哲学教职。伽达默尔在晚年回顾之时体悟到个中奥妙，回望来路之时，援引尼采的观点来证明这番选择的正确，认为尼采曾把语言学的专业性作为哲学家优劣的衡量标准颇有道理："人们只要想想尼采的话就够了：'我早就习惯于判断一个哲学教授的好坏就看他是不是个好的语言学家。'"⑤ 在《真理与方法》中，伽

---

① ［德］伽达默尔：《论哲学解释学的起源》，严平编选《伽达默尔集》，邓安庆等译，上海远东出版社2003年版，第10页。
② ［德］伽达默尔：《论哲学解释学的起源》，严平编选《伽达默尔集》，邓安庆等译，上海远东出版社2003年版，第10—11页。
③ ［德］伽达默尔：《哲学生涯——我的回顾》，陈春文译，商务印书馆2003年版，第25页。
④ ［德］乌多·蒂茨：《伽达默尔》，朱毅译，中国人民大学出版社2010年版，第41页。
⑤ ［德］伽达默尔：《哲学生涯——我的回顾》，陈春文译，商务印书馆2003年版，第36页。

达默尔将理解和解释的最根本性质归结为语言性，提出了著名的"能被理解的存在就是语言"①的说法。可以肯定地说，伽达默尔后来如此重视语言问题并能将其娴熟地融入整个思想体系，这段古典修辞学的钻研经历起到了至关重要的作用。他进而指出古典修辞学不仅对哲学诠释学建构至关重要，甚至自己"之所以能逐渐削弱掉使自己归同于海德格尔思想的形象"，也"主要应归功于这种修辞学的研究"②。晚年，古希腊的诗性语言进一步被伽达默尔确立为通向被遮蔽已久的存在真理的关键所在。这一切都可以上溯到伽达默尔大师级的古典修辞学修养这一根源。对此，中国社科院哲学所郑湧先生的观点颇具代表性："他（伽达默尔）把哲学和语言问题密切地结合起来，首先是与古希腊语言问题的结合。这就形成了一条古典语言专家的哲学之路；对H.-G.伽达默尔来说，这也是一条最便捷、最佳而又最有特色的哲学路径。……是一条具有浓厚解释学意味的哲学之路。"③ 蒂茨在其著作《伽达默尔》中也表达了类似的看法。④

其四，德国哲学的诗化传统。

哲学家有着非凡的艺术感觉和文学艺术造诣，这本是德国哲学的传统。德国哲学具有其他民族无法比肩的浪漫文学气质与禀赋，这在刘小枫的《诗化哲学》中已有深入的追溯和透彻的阐析。早在德国古典美学那里，这一传统就被确立下来并在德国大学代代延续。从康德、费希特、黑格尔到狄尔泰、尼采、李凯尔特、海德格尔，不同时代的德国大哲其哲学理念虽各成一家，但却都对古希腊文本以及欧洲经典诗歌、戏剧、小说艺术保持着终身的爱好和精深研究。很难说，一代又一代的思想者如此长于艺术与诗，仅仅是出于共同的爱好。与其说伽达默尔从少年到老年所秉持的文学旨趣是一种个人兴趣或天分，不如更倾向于认为这是一种传统，是德国人骨子里的东西。在后期与德里达的论战中，伽达默尔格外感觉到自己是如何强烈地扎根于德国"精神科学的浪漫主义传统及其人文主义遗

---

① ［德］伽达默尔：《诠释学Ⅰ：真理与方法》（修订译本），洪汉鼎译，商务印书馆2007年版，第639页。
② ［德］伽达默尔：《汉斯-格奥尔格·伽达默尔自述》，《诠释学Ⅱ：真理与方法》（修订译本），洪汉鼎译，商务印书馆2007年版，第592页。
③ 郑湧：《伽达默尔哲学解释学的基本思想》，《安徽师范大学学报》（人文社会科学版）2007年第6期。
④ ［德］乌多·蒂茨：《伽达默尔》，朱毅译，中国人民大学出版社2010年版，第19页。

产中"①。回忆马堡时代，伽达默尔也对这种德国传统学院派文化氛围充满深情，"大家都有所谓共同的教育经历，没有哪个报告，没有哪个读诗会，没有哪个戏剧之夜甚至没有哪个音乐会大家不见面，不交流意见的"。② 正是因为在思想上保持着与艺术的相通，德国哲学家才能不断迸发出惊人的思想火花。在艺术和哲学的关系上，伽达默尔敏锐地感觉到，"艺术可能是哲学的真正工具，而不是它的骄傲自负的敌手，这是一个真理"，③ 在这个意义上伽达默尔赞同歌德的观点："一个被分离出来的哲学是没有必要的，因为它其实已经完满地包含在宗教和诗歌中了。"④ 伽达默尔身后，这一悠久而优秀的文化传统在德国学界日渐消解，真正精于文学艺术的德国哲学家已很难见到，这当然跟弥漫整个欧洲的后现代思潮不无关系，也正因为如此，伽达默尔被称为"德国传统的最后传人"。但放弃对诗与哲学古老关系的秉承，德国哲学最富亮彩的特色也随之暗淡了，这不能不说是一种遗憾。

伽达默尔的学术思想在一定层面上已经和正在改变现代人的思维方式，特别是对人类理解行为本身的理解，以及对"真理"的重新认知。伽达默尔在老师海德格尔存在思想的启发下，突破了自施莱尔马赫和狄尔泰以来古典"认识论—方法论"诠释学原则，将理解和解释视为人类存在的基本状态，首次从本体论的高度上对人类的理解行为进行全面反思；除此之外，伽达默尔从艺术经验入手，经由历史和语言层面的论证，全面批驳了科学真理观念带给人类思想的遮蔽和格式化，力图带领人们回归古希腊原初的真理经验，这种真理经验实际上就是通过诗的语言进入诗意存在的经验。伽达默尔晚年一直致力于理论的实践环节，在教育、艺术、社会等现实生活各领域的应用中检验和完善他的各种理论。其理论基础之深厚、论证之严密、体系之完备在当代是非常罕见的，这个伟大而深邃的思想本身就是说不尽的，极具研究价值。

---

① ［德］伽达默尔：《文本和解释》，《诠释学Ⅱ：真理与方法》（修订译本），洪汉鼎译，商务印书馆 2007 年版，第 402 页。
② ［德］伽达默尔：《哲学生涯——我的回顾》，陈春文译，商务印书馆 2003 年版，第 31 页。
③ ［德］伽达默尔：《汉斯-格奥尔格·伽达默尔自述》，《诠释学Ⅱ：真理与方法》（修订译本），洪汉鼎译，商务印书馆 2007 年版，第 585 页。
④ ［德］伽达默尔：《歌德与哲学》，《美学与诗学：诠释学的实施》，吴建广译，北京大学出版社 2013 年版，第 57 页。

重艺术，这是伽达默尔的哲学给人的突出印象之一。哲学诠释学的阐释从艺术领域开始，进而扩展至整个精神科学，最终建立于艺术、历史和语言三大支柱之上。在伽达默尔思想不断完善和发展的过程中，伽达默尔进一步表现出以"诗"来表达哲学诠释学思想精髓的倾向，同时也非常注重在具体的诗歌批评中运用他的诠释学理论。总的说来，伽达默尔的艺术与文学造诣是其学术思想创立的基础之一，他的思想发展不但没有脱离文学与艺术，反而进一步向其靠拢，最终在总体上呈现出诗化的特征。

第二节　伽达默尔诗性思想的基本内涵及研究概况

一　"诗"的基本内涵与特征

这里提出的"诗性思想"作为伽达默尔毕生学术思想气质与精髓的总体概括，意指一种"以存在为根基的诗化哲学"。伽达默尔思想中的"诗"从根本上来说，是存在的本真状态。纵观伽达默尔一生的哲学思想进路，他谈"理解"、谈"艺术"、谈"历史"、谈"语言"，实际上谈的都是有关"存在"的问题，即真理问题，目的都是揭示存在之真并使人真正进入存在的本真境域。在伽达默尔行进的途中，"诗"的重要性在其思想中不断放大。"诗"在理论上首先成为集哲学诠释学艺术、历史和语言三大理论支柱为一体的观念，同时在现实中又通过诗歌语言建构起与存在本真相通的境域。"诗"对于伽达默尔而言并不仅仅是哲学诠释学理论构架中的艺术之维，也不仅仅是诠释学原则运用的一个领域，诗的境域从精神延展于生活和历史之中，是人类曾经真正生活过的活生生的有机整体境域，也是伽达默尔所执着追寻的理论与实践双重意义上的至高生存境界。思只有在存在层面上不断诗化，诗才能把早被思过并遗忘的东西——"存在"带到思者的近处。从后期发展来看，伽达默尔的思想早已不是"诠释学"理论能够概括的，他的视野的深度和广度远超于"理解"的范畴。这一观点自 20 世纪 90 年代以来已被越来越多的伽达默尔研究者所认同。[①] 由此可以认为，"诗性"是伽达默尔毕生哲学思想一个较为合理的

[①] 参阅 Dostal, Robert J.(ed.), *The Cambridge Companion to Gadamer*, Cambridge: Cambridge University Press, 2002; Risser, James, *Hermeneutics and the Voice of the Other: Re-reading Gadamer's Philosophical Hermeneutics*, Albany: State University of New York Press, 1997, introduction; 王业伟《论伽达默尔美学对审美现代性的批判》，北京师范大学出版社 2005 年版。

概括，伽达默尔哲学诠释学思想的诗化特征更能彰显伽达默尔的全貌和总体走向。

接下来需要探讨"诗"在伽达默尔的思想中具体有哪些所指。在西方诗学传统中，"诗"有两层基本含义：一是指狭义的"诗歌"，是与戏剧、小说并行的一种文学体裁；二是指广义的"文学"，是对于文学作品、文学批评和文学理论的统称。诗作为广义文学的统称具有悠久的历史，一般认为亚里士多德的《诗学》是这一传统的开端。提到诗学，如无特别规定也将其作为文学理论研究的代称。由于浪漫派的影响，近代以来"诗"无论是在文论家那里，还是在美学家或哲学家那里都越来越频繁地被用来意指"最高的艺术"。正如格罗塞在那部著名的人类学著作《艺术的起源》中所指出的那样："诗原是我们久已尊为最有效能的一种艺术。凭着伟大天才者的努力，诗在欧洲，几世纪以来，早已站在无与伦比的优越地位了。……无论在什么场合，没有一种艺术可以与诗比拟其社会影响的范围之广深的。"[①]"诗"的这一层泛美学化含义在世界范围内被广泛接受，诗成为最纯粹的艺术、至高的艺术，是"艺术中的艺术"。

以此为背景，在伽达默尔的言说中，对诗人诗作的文学批评、对艺术本质特征的把握以及对哲学真理的探寻常常交织在一起，因此"诗"之于伽达默尔而言有着丰富的含义：首先，它指狭义的"诗歌"，是与戏剧、小说并列的一种文体；进一步来看，由于诗在艺术论域中由来已久的尊贵地位，伽达默尔所言之诗也常常与"艺术"通用，代表最高层次的艺术美。其次，诗作为最纯粹的语言艺术，也被伽达默尔视为语言本真之所在；更重要的是，诗乃人类本真的生存境界，反思诗就是反思存在本真。概言之，伽达默尔诗化思想体系中的"诗"有四层含义：（一）诗歌；（二）艺术；（三）语言本体；（四）本真的生存境域。相应地，伽达默尔的诗性思想就大致包括：诗歌批评、艺术理论、语言本体论以及存在论。这四层含义层层递进，紧密联系，最后被"诗意的生存境域"所囊括。这样一来，用"理解和解释学"来形容伽达默尔的思想就不够全面，因为其中不仅包括了具体的艺术理论与批评实践，还有站在哲学立场上对诗性的引入和阐发，诗在伽达默尔的思想之中既保留了属于文学范畴内的基本意义，同时也深入到了哲学最核心的本体问题。因而称伽达默尔

[①] ［德］格罗塞：《艺术的起源》，蔡慕晖译，商务印书馆1984年版，第205页。

的思想为诗化哲学更贴近其哲学精神本源。

伽达默尔诗化哲学直接来源于《艺术作品的本源》的启发。海德格尔在他那篇震动东西方的《艺术作品的本源》中提出了一个既是美学问题,更引发现代哲学大讨论的深刻论题:艺术作品的本源是什么?文章从梵·高的画、迈耶尔的诗,一直谈到世界与大地的斗争。然而在文末的"后记"中海德格尔却自认这个问题乃"艺术之谜","这里绝没有想要解开这个谜。我们的任务在于认识这个谜"。[1] 而在"附录"中,海德格尔又进一步表示:"艺术是什么的问题,是本文中没有给出答案的诸种问题之一。其中仿佛给出了这样一个答案,而其实乃是对追问的指示。"[2] 这一由艺术展开的追问实则指向"存在"。对此,海德格尔的态度很明确:"《艺术作品的本源》全文,有意识地、但未予挑明地活动在对存在之本质的追问的道路上。只有从**存在**问题出发,对**艺术**是什么这个问题的沉思才得到了完全的和决定性的规定。"[3] 在《艺术作品的本源》中,海德格尔给伽达默尔的诗化哲学定下这样一种基调:对艺术和对存在的思考在根本上是同一个问题。而诗或者艺术之思真正面向的是存在,它不给出答案而是不断提出使我们接近存在本真的问题。这就是诗的基本运思方式。

再来谈谈诗性问题。何谓"诗性"?人们对诗性往往习而不察,有各自的理解,却永远也不能得到一个统一的定义。从古至今众多文人学者认为用语言对"诗性"作概念式的精确定义本身是就是非诗性的,是对诗性的亵渎和束缚。对于诗性,每个人只能用朦胧的、留白的语言去描绘它,展现它,而不能勾勒它。维柯在《新科学》中对于"诗性智慧"的阐发在西方影响很大,他说:"诗的起源,和人们前此所想象的不仅不同而且相反,要在诗性智慧的萌芽中去寻找。这种诗性智慧……无疑就是世界中最初的智慧。"[4] 似乎为诗性赋予了一层理性智慧的色彩,而维科又承认诗性与理性是背道而驰的,"在推理能力最薄弱的人们那里我们才发现到真正的诗性的词句。这种词句必须表达最强烈的热情,所以浑身具有

---

[1] [德]海德格尔:《艺术作品的本源》,《海德格尔选集》,孙周兴译,上海三联书店1996年版,第300页。
[2] [德]海德格尔:《艺术作品的本源》,《海德格尔选集》,孙周兴译,上海三联书店1996年版,第306—307页。
[3] [德]海德格尔:《艺术作品的本源》,《海德格尔选集》,孙周兴译,上海三联书店1996年版,第306页。
[4] [意]维柯:《新科学》,朱光潜译,人民文学出版社1986年版,第6—7页。

崇高的风格，可引起惊奇感。"① 同时神性、生命存在以及想象性语言也被维柯与诗性紧密联系在一起："最初的神学诗人们……对进入他们视野的全部宇宙以及其中各个部分，他们都赋予生命，使之成为一种有生命的实体存在。"② "神学诗人们所说的那种最初的语言并不是一种符合所指事物的自然本性的语言……而是一种幻想的语言，运用具有生命的物体的实体，而且大部分是被想象为神圣的。"③ 虽然维柯表现出明显的神秘主义倾向，但也并非毫无道理，因为诗在本源上就与富有神秘色彩的原始宇宙观和世界观密不可分。不得不承认，维柯对于诗性智慧的认识即便在现在看来也是很精到的。他将诗性智慧的特点与"强烈的感觉力和广阔的想象力"联系在一起，承认并尽量降低理性在其中的作用，把万物有灵观视为创造出诗与神话的古代诗人的普遍宇宙信仰，这些都道出了诗性起源的个中奥秘。

伽达默尔深谙个中道理，不曾给出诗性的明确定义，他对诗性的认识渗透于他的著作与言谈之中，从未以条条框框来约束，这也是对待诗性应有的基本态度。因此，从宏观上把握伽达默尔眼中"诗性"的特征是更贴近伽达默尔本意的一种做法。首先，对伽达默尔而言，诗性固然包括作为文学体裁的诗歌所具有的文学性和审美特性，但它绝不为诗歌和诗人专有，"诗性"是人类艺术、语言、思维、情感、人性以及人与自然关系的至真至美的凝集。其次，诗性不逃避现实、不遁入虚空，它深入人生、直面世界，以一种弥合主客观对立分裂之姿入世，唤醒和温暖失去生命尊严、精神依托与生存归所的人类。再次，诗性是游戏的、节日的、生生而动的，它是生命力和生存原初本真的状态。最后，诗性的上述特点决定了诗性的认知方式只能是"回到事物本身"的感性直观，即对诗意语言的"倾听"。

对诗性思想的内涵有了初步的认识之后，还需对伽达默尔诗化哲学思想的建构有粗略了解。总体上，伽达默尔诗性之思由体用二维构成。一方面，伽达默尔以诗的自我展现特质为切入点，最终进入诗意存在论，这种以诗为核心的哲学理论构成为"体"；"体"又主要由三个层面构成：艺术论、语言论以及存在论。另一方面，诗化哲学理论尤其突出地通过伽达

---

① [意] 维柯：《新科学》，朱光潜译，人民文学出版社 1986 年版，第 29 页。
② [意] 维柯：《新科学》，朱光潜译，人民文学出版社 1986 年版，第 164 页。
③ [意] 维柯：《新科学》，朱光潜译，人民文学出版社 1986 年版，第 178 页。

默尔具体的诗歌批评活动得到展现，诗歌批评既是体之印证，又是体之实践，乃"用"之维。如此，伽达默尔的诗化哲学便形成了一种"理论阐发—批评实践"的体用互动结构，其中诗的本体论由艺术、存在和语言三个向度交织建构而成，与伽达默尔的诗歌批评相互辉映、彼此包含，共同生成一个环环相扣、流动又立体的体系。

综上所述，诗性之思并非伽达默尔哲学诠释学的一个阶段，也不是其中的一个方面，而是其哲学的主线和灵魂，或者说是伽达默尔学术思想本身。从各时期的发展来看，《真理与方法》成书及之前，诗性之思是一条隐秘的思想线索；而进入晚期，特别是20世纪70年代以后，诗化思想则逐渐从隐线变成了明线，成为伽达默尔晚年思想的基本走向。至此可以初步明确：伽达默尔毕生哲学思想，是一种以诗性为特征、以语言对话为根基的存在之思。

二 研究概况与存在问题

20世纪60年代初，哲学诠释学一经推出就在西方思想界产生巨大反响，引发了人文科学众多领域对于伽达默尔思想的研究热潮，接受美学和读者反应文论也随之在诠释学文论的催化下诞生。70年代到80年代中期，伽达默尔与哈贝马斯、赫施、利科、德里达等名家的数番论战进一步扩大了伽达默尔在世界范围内的影响。正是在这一时期，伽达默尔的思想逐渐进入中国学者的视野中，相关的理论研究也随着译介活动而展开。20世纪90年代以来，随着伽达默尔晚年大量论著的陆续出版，中外学者对于伽达默尔思想有了新的认识，伽达默尔研究也呈现多元化、纵深化的新局面。虽然由于译介的问题，国内的伽达默尔研究起步较晚，材料也有待扩充和丰富，但是在洪汉鼎、章启群、严平、何卫平、吴建广等一批新老翻译与研究专家的不懈努力之下，国内的伽达默尔研究进步很快，在该领域中外的差距不断缩小。

总体而言，无论在中国还是西方，伽达默尔的相关研究都大致经历过这样三个发展阶段：

第一个阶段是对伽达默尔以及诠释学这门学科的一般性介绍。比较有代表性的成果有：大卫·霍埃（David C. Hoy）的《批评的循环》[①]、温

[①] Hoy, David Couzens, *The Critical Circle: Literature, History, and Philosophical Hermeneutics*, Berkeley: University of California Press, 1978.

施梅尔（J. C. Weinsheimer）的《伽达默尔的诠释学：〈真理与方法〉解读》①、国内张汝伦的《意义的探究：当代西方释义学》②、殷鼎的《理解的命运：解释学初论》③ 以及章启群的《伽达默尔传》④ 等。这个时期，伽达默尔哲学诠释学的基本理论构成和历史沿革逐步为学界所了解。

  第二个阶段是对伽达默尔哲学和美学思想理论的深入探讨期，即从思想介绍进入了理论分析阶段。在这一阶段，国内外学者纷纷对伽达默尔哲学诠释学中的重要理念如"效果历史""视域融合"进行具体深刻的阐发，力图抓住其本质，同时注意厘清历史流变、发展脉络，将其置于西方诠释学历史以及现象学历史中进行考察，力争从内部和外部两个方向同时加深对伽达默尔思想的理解。这一阶段有影响的著作包括：伽达默尔传记作家让·格朗丹（Jean Grondin）的多部专著《哲学诠释学导论》⑤《诠释学之源》⑥ 《伽达默尔的哲学》⑦ 等，詹姆斯·瑞瑟（James Risser）的《诠释学与他者的声音：伽达默尔哲学诠释学重读》⑧，国内严平的《走向解释学的真理：伽达默尔哲学述评》⑨，何卫平的《通向解释学辩证法之途：伽达默尔哲学思想研究》⑩，章启群的《意义的本体论：哲学诠释学》⑪ 等。

  第三个阶段是扩展性研究阶段。总体而言，这一阶段的研究有两大方向：一是将诠释学原则与方法应用于文学、美学、译介学、法学、历史学

---

  ① Weinsheimer, J. C., *Gadamer's Hermeneutics: A Reading of "Truth and Method"*, New Haven: Yale University Press, 1985.
  ② 张汝伦:《意义的探究：当代西方释义学》，辽宁人民出版社1986年版。
  ③ 殷鼎:《理解的命运：解释学初论》，生活·读书·新知三联书店1988年版。
  ④ 章启群:《伽达默尔传》，河北人民出版社1998年版。
  ⑤ Grondin, Jean, *Introduction to Philosophical Hermeneutics*, Translated by Joel Weinsheimer, New Haven: Yale University Press, 1994.
  ⑥ Grondin, Jean, *Sources of Hermeneutics*, Albany: State University of New York Press, 1995.
  ⑦ Grondin, Jean, *The Philosophy of Gadamer*, Translated by Kathryn Plan, Montreal: McGill-Queen's University Press, 2003.
  ⑧ Risser, James, *Hermeneutics and the Voice of the Other: Re-reading Gadamer's Philosophical Hermeneutics*, Albany: State University of New York Press, 1997.
  ⑨ 严平:《走向解释学的真理：伽达默尔哲学述评》，东方出版社1998年版。
  ⑩ 何卫平:《通向解释学辩证法之途：伽达默尔哲学思想研究》，上海三联书店2001年版。
  ⑪ 章启群:《意义的本体论：哲学诠释学》，上海译文出版社2002年版。

等其他领域中去(其中以"文学诠释学"研究的发展较为引人注目[①]);二是探讨伽达默尔思想的整体发展走向问题(其中以走向"实践哲学"为基本共识[②])。第二个研究方向的出现表明,随着对伽达默尔晚年论著新材料的掌握,人们从伽达默尔中后期的作品中越发深刻感受到一个问题:伽达默尔整体思想其实并非"理解"或"诠释"理论所能囊括,伽达默尔的思想视野应该比诠释学的范畴更为广阔。在此所做的伽达默尔诗化哲学研究,取的便是这后一种研究方向:伽达默尔思想的整体走向研究,而焦点则置于"思"与"诗"的关系之上。

伽达默尔研究目前已步入一个有条不紊的平稳发展期,既有相当的理论积淀,又有多样的运用实践。然而,从中仍可以发现一些问题以及进一步拓展的空间。比如在理论层面上,研究的注意力仍主要集中在《真理与方法》这一大部头著作上,迄今国内外对于伽达默尔前、中、后期的理论还没有一个全面、系统、贯通的整体性研究问世。在实践层面上,一些研究对于伽达默尔的诠释学原则采用的是条块分割、个别撷取的应用方法,还有一些则是生搬硬套、直接拿来;另外,对伽达默尔晚年的诗歌评论实践研究也远不及诠释学原则实践研究的规模。这反映出目前的一部分研究仍然停留于表层研究以及局部研究,没有在总体上形成对伽达默尔理论的真正领会与反思。

事实上,伽达默尔在各个时期都不同程度地思考着一个主题:诗。在西方经典文本和德国文学的浸染中长大,并作为海德格尔嫡传弟子,伽达默尔一生都在对诗做着反复深入的考量,不断将诗深深融入自己的哲学思想之中,这一特点在其晚年则表现得越来越突出。早在1934年,伽达默尔就撰文《柏拉图与诗人》从哲人的角度为诗人一辩,之后陆续写下

[①] 温施梅尔(J.C.Weinsheimer)所著《哲学诠释学与文学理论》是文学诠释学研究的代表性作品。此外,国内可见的文学诠释学研究成果也非常丰富,张隆溪、金元浦、李建盛、李咏吟等学者从中西文学诠释思想的接洽、文学作品的诠释学结构、作品接受的诠释学视域等角度进行了深入探索。这表现出伽达默尔的诠释学思想与诗学之间的天然亲近,二者有着相互印证、相互渗透的可观空间。参见 Weinsheimer, J.C., *Philosophical Hermeneutics and Literary Theory*, New Haven: Yale University Press, 1991; 金元浦《文学解释学》,东北师范大学出版社1997年版;张隆溪《道与逻各斯》,冯川译,四川人民出版社1998年版;李建盛《理解事件与文本意义:文学诠释学》,上海译文出版社2002年版;李咏吟《诗学解释学》,上海人民出版社2003年版。

[②] 参见 Schuchman, Paul, "Aristotle's Phronesis and Gadamer's Hermeneutics," *Philosophy Today*, 1979, 23(1):41—50; 张能为《理解的实践:伽达默尔实践哲学研究》,人民出版社2002年版;张能为《西方实践哲学传统与当代新发展——从亚里士多德、康德到伽达默尔》,中国社会科学出版社2018年版,第119—126页。

《荷尔德林与古希腊》《荷尔德林与未来》《歌德与哲学》《论人类的精神历程：歌德未完成诗歌之研究》等充溢着诗思的文章。在《真理与方法》之后，他发表了《诗与标点》《情感最深处的神》《关于伊默曼的追随者小说》《希尔黛·杜敏："壮气歌之二"》《诗人都沉默了吗？》《荷尔德林和格奥尔格》《希尔黛·杜敏：回归的诗人》《保罗·策兰诗的含义与含义的遮蔽》《神话诗的颠覆——里尔克〈杜伊诺哀歌〉探析》《五十年后的里尔克》《我和你同一个灵魂》《恩斯特·迈斯特，纪念诗之五》《诗文与整体》《歌德〈浮士德〉中的守塔人之歌》《荷尔德林的当下性》《斯特凡·格奥尔格对科学的作用》《我是谁而你又是谁？》《镜中的诗与思——关于荷尔德林"追思"一诗》《论诗歌对探索真理的贡献》《诗与交谈——读恩斯特·迈斯特诗歌的思考》《哲学与诗歌》《诗中的思》《卡夫卡与克拉姆》《歌德与莫扎特——谈歌剧问题》《从现象学和语义学进入策兰诗？》等一系列数量可观的重要诗论文论，表达了对诗性的推崇和向诗语的回归。诗从青年时代一直贯穿至伽达默尔晚年思想，与构成哲学诠释学的艺术观、历史观和语言观紧密缠绕在一起，是解读伽达默尔的一条重要思想线索。但是伽达默尔重要的诗评诗论比《真理与方法》的撰写时间要晚，多集中在70—80年代甚至90年代之后，时间跨度很大；再加上伽达默尔的诗性之思在其前中期的论著中隐藏较深，往往很难捕捉，种种原因造成了伽达默尔诗性思想研究的零散与滞后。可以说伽达默尔诗化思想研究实际上还未真正起步，虽然已有极个别学者开始思考诗之于伽达默尔的学术价值，但大都也是浅尝辄止，相较于伽达默尔思想中的其他理念，诗仍然是一个被冷落的课题。

迄今的国内外相关研究论著，尚未有任何一部对伽达默尔诗化哲学思想进行专门探讨，另外与这一论题相关的论文也并不多见。《伽达默尔读歌德》[①]（"Gadamer's Reading of Goethe"）的作者约翰·皮泽认为，伽达默尔对策兰、歌德等诗人的诗歌批评并未脱离诠释学循环的方法论窠臼，且未能彻底区分审美与经验。1994年詹姆斯·瑞瑟在《伽达默尔诠释学中的诗意栖居》[②]（"Poetic Dwelling in Gadamer's Hermeneutics"）中指出

---

① Pizer, John, "Gadamer's Reading of Goethe," *Philosophy and Literature*, 1991, 15 (2): 268-277.

② Risser, James, "Poetic Dwelling in Gadamer's Hermeneutics," *Philosophy Today*, 1994, 38 (4): 369-379.

"诗"对伽达默尔而言是一个有着重要意义的概念,伽氏之"诗"与导师海德格尔的"诗意地栖居"并无二致。而克里斯多夫·劳恩 2001 年撰文《伽达默尔论诗性语言与日常用语》①("Gadamer on Poetic and Everyday Language")就伽达默尔对诗语和日常用语之间关系的看法进行了初步探讨。唯有 2004 年复旦哲学院彭兴伟的硕士学位论文《伽达默尔对诗与哲学关系的阐释》②,尝试把伽达默尔眼中的诗思关系作为研究对象。但论文主要从伽达默尔的诗歌评论谈起,论述的重点是西方不同历史时期的诗人和哲人对诗与哲学关系的认识,而非针对伽达默尔诗化哲学本身的思考分析,涉及的伽达默尔诗歌评论篇目也比较有限。此外,2002 年出版的论文集《伽达默尔剑桥指南》中收录有《作为范式的抒情诗:黑格尔与伽达默尔诠释学中涌现的诗思》③("Lyric as Paradigm: Hegel and the Speculative Instance of Poetry in Gadamer's Hermeneutics"),这篇论文对伽达默尔诗性思想的一些关键问题很有创见,比如作者贝克发现伽达默尔的诗性之思表现出不同于海德格尔诗性思想的思辨性,以及"诗性语言"在伽达默尔那里占据的绝对核心位置。而 80 年代末曾跟随伽达默尔修习过的郑湧先生,在其撰写并由伽达默尔批注修改过的《伽达默尔哲学解释学的基本思想》一文中,特别突出了"诗"作为一个基本概念对于伽达默尔的重要性:"哲学的解释学所需要的'哲学语言',不仅仅是'对话'的,并且是'诗'的。"伽达默尔本人紧接着做了批注:"(而'哲学活动',)也必须用诗来引出某些对话……然后,它就成为事实上的对话,而不仅仅是艺术的样式(文学的种类)。"④ 此外,洪汉鼎先生根据伽达默尔晚期关于"诗或诗文化"的著作与对话,明确提出了"'作为想象艺术的诠释学'应是伽达默尔思想的晚年定论"的观点。⑤ 在此基础上,

---

① Lawn, Christopher, "Gadamer on Poetic and Everyday Language," *Philosophy and Literature*, 2001, 25 (1): 113-126.

② 彭兴伟:《伽达默尔对诗与哲学关系的阐释》,复旦大学出版社 2004 年版。

③ J. M., Baker, "Lyric as Paradigm: Hegel and the Speculative Instance of Poetry in Gadamer's Hermeneutics", *The Cambridge Companion to Gadamer*, Edited by Robert J. Dostal, Cambridge: Cambridge University Press, 2002: 143-166.

④ 郑湧:《伽达默尔哲学解释学的基本思想》,《安徽师范大学学报》(人文社会科学版) 2007 年第 6 期。

⑤ 洪汉鼎:《作为想象艺术的诠释学(上)——伽达默尔思想晚年定论》,《河北学刊》2006 年第 1 期;洪汉鼎:《作为想象艺术的诠释学(下)——伽达默尔思想晚年定论》,《河北学刊》2006 年第 2 期。

近几年来国内学者开始关注伽达默尔晚年的诗歌评论,有代表性的论文如:吴建广、梁黎颖《诗学对神性与自然的倾听——伽达默尔解读歌德和荷尔德林》[①]、陈芸《"神话诗学的回转"?——论伽达默尔对〈杜伊诺哀歌〉的诠释》[②]。这些材料汇集起来进一步证明了诗化问题是伽达默尔研究中一个很有价值、亟待发掘的课题。

  回望伽达默尔一生思想发展与诗的关系,其实是颇耐人寻味的。从对艺术和诗歌数十年的热爱和研读,到建立起一个以艺术为起点和基点的哲学体系,进而又将诗歌批评作为理论实践和拓展的重地,伽达默尔始终将"诗"置于一个显著的位置来考虑。很明显,"诗"是贯穿和打通伽达默尔艺术观、历史观和语言观的一条重要线索,这一问题的厘清,牵扯到伽达默尔整个思想的内部结构和风格走向。然而以往涉及伽达默尔诗性思想的研究,往往困于伽达默尔的艺术观阐释这个相对狭小而断裂的局域内,尚未有更为整体性的理论探索。考虑到诗在伽达默尔思想建构中这种牵动全局的重要位置,选择贯穿伽达默尔学术思想的"诗"作为线索,从"诗"这个核心理念辐射至伽达默尔学术思想全局,可以窥见其整个学术思想各层面之间的关系和总体发展走向,在澄清诗性之思的内涵与特征的同时,可以对伽达默尔美学乃至哲学思想一种尽量贴近其本意的整体性观照和反思。

  诗不但是重新认识伽达默尔整体思想的一个新的切入点,同样也是西方思想源流走向的一个折射点。西方思想史在某种意义上来说就是哲学与诗的关系史。从柏拉图、亚里士多德到康德、黑格尔、狄尔泰、叔本华、尼采直至海德格尔、阿多诺,西方大哲学家几乎没有不把诗纳入思考的范围之中的。伽达默尔的哲学思想也是深深扎根于这个传统之中才枝繁叶茂、开花结果。因此对于伽达默尔诗化哲学不能仅从伽达默尔个人思想内部来分析,还要将其置于西方诗与哲学的关系发展史这一背景之中来考量,在对伽达默尔诗化哲学的追本溯源中,同时展现西方诗思交织的思想史流变,从一个更广阔的视野来看待诗性思维对于整个人类思想和生活的意义与价值。

---

  ① 吴建广、梁黎颖:《诗学对神性与自然的倾听——伽达默尔解读歌德和荷尔德林》,《德国研究》2013年第3期。
  ② 陈芸:《"神话诗学的回转"?——论伽达默尔对〈杜伊诺哀歌〉的诠释》,《浙江学刊》2016年第2期。

第一章

伽达默尔诗化哲学溯源

任何思想都不是凭空而来的。每个人的思想都是一个统一体，或者说是一种关系，由传统、他者以及思想者本身的体验与反思共同构成。伽达默尔早已注意到"传统"与"历史"的重要，他力证历史性和有限性为理解的真理所固有，而这恰恰是海德格尔以前占主导地位的形而上学真理观一直视而不见的。伽达默尔眼中的理解是基于历史和传统的理解，是基于自己以及他者已有经验的理解，他笃定"历史是与理论理性完全不同的真理源泉"[①]。以历史性的眼光去理解问题并不是让历史仅仅成为认识与思考的对象，而是让历史成为"在世界中存在"的背景和基础，在此过程中形成对问题的新认识，并使我们正视自我的有限性。正如伽达默尔本人所言："承认古代，并不等于就要复古或仿古。就解释学而言，承认古代仅仅意味着，建筑在自我意识之上的现代哲学思想将意识到自身的片面性，并替自己建立一种解释学经验，即我们通过古代往往比借助现代能更好地理解某些东西。"[②] 伽达默尔诗化思想的形成发展过程中从未脱离这种深刻的历史意识，历史性意识是一切创造性理解与阐释的基础。伽达默尔对既往诗与思的交锋与交融饶有兴趣，对诗思问题的种种过去保持着一种开放的态度并进行过反复的思酌，逐渐形成诗化意味浓厚的哲学特色。鉴于"历史"意识以及"概念史"分析在伽达默尔诗化哲学体系建构过程中的重要性，回溯过去那些对伽达默尔产生过实在影响的伟大思想便绝非一种例行的模式，而是接近并走进伽氏诗性思想之必需。

---

① [德] 伽达默尔：《诠释学Ⅰ：真理与方法》（修订译本），洪汉鼎译，商务印书馆 2007 年版，第 38 页。
② [德] 伽达默尔：《逻辑学抑或修辞学——再论解释学的早期历史》，严平编选《伽达默尔集》，邓安庆等译，上海远东出版社 2003 年版，第 223 页。

第一节　古希腊之源

古希腊是伽达默尔的思想故里。早年伽达默尔专攻古希腊哲学，尤以柏拉图和亚里士多德研究见长。此外，作为古典修辞学大家的伽达默尔对古希腊文学和哲学文本有着数十年的精深研究。在追随导师海德格尔之后，伽达默尔确立了哲学诠释学这一现代诠释学体系，晚年的伽达默尔又表现出回归古希腊哲学的趋向，后期伽达默尔对哲学诠释学所做的重要发展，比如"澄明"（alētheia）、"自成"（ereignischarakter）、"实践"和"诗"等理念的凸显，都与希腊思想有关。这不禁会让人想到黑格尔说过的话："一提到希腊这个名字，在有教养的欧洲人心中，尤其在我们德国人心中，自然会引起一种家园之感。"[①] 古希腊是伽达默尔美学思想的一个非常醒目的印记，那些非凡的古老思想是伽达默尔哲学和美学思想之滥觞，并从始至终一直流淌于伽达默尔的思想之中。我们在伽达默尔的诗性之思中能随处看到古希腊的痕迹，但又时时惊叹于这些古老思想在伽达默尔诗化哲学中的焕然一新。

一　神话意识：从诠释学的起源谈起

诠释学（Hermeneutics）正式登上学科历史舞台，以 17 世纪丹恩豪尔（Johann Conrad Dannhauer）在《圣经诠释学或圣书文献解释法》中开始使用 Hermeneutica 一词为标志。但作为一门关于解释的古老学问，诠释学的历史发端至少可以上溯至亚里士多德的《解释篇》（"Peri Hermeneias"）。几个世纪以来，诠释学从词源上源自古希腊神话中神使赫尔墨斯（Hermes）之名的观点被普遍接受。

近 50 年来较流行的另一种词源学观点是，Hermeneutics 源自古希腊 hermēneia[②] 这一名词。当代著名诠释学家理查德·帕尔默（Richard Palmer）将 hermēneia 的词源意义归纳为三点：（一）"诗意言说"（poetic saying），古希腊神旨只有通过诗人之口才得以在人间传诵；（二）"解释"

---

① ［德］黑格尔：《哲学史讲演录》（第 1 卷），贺麟、王太庆译，商务印书馆 1978 年版，第 157 页。

② hermēneia 的基本含义为"思想的表述"，柏拉图的《政治篇》和亚里士多德的《解释篇》对此都有讨论。hermēneuein 为其动词形式。

(interpretation),译介者将神谕的意义转述给众生;(三)"翻译"(translation),将一种语言的信息转换为另一种语言而不丢失其中的主旨精神。① 帕尔默对诠释学起源于赫尔墨斯(Hermes)的神话表示了高度的怀疑,因为首先 hermēneia 与 Hermes 两个词产生的时间孰先孰后并不一定,况且 Hermes 本身也可能源自其他表示"言说"(Speech)的希腊语。② 另一位诠释学专家、伽达默尔的学生让·格朗丹在《诠释学之源》一书中也认为,"诠释学"和 Hermes 之间并无确切的词源学意义上的关联。③ 并且,从目前这种以现代语言学为基础的 Hermeneutics 词源分析来看,诠释学的其他含义在很长时间里都被"解释"这层单一意义所覆盖。④ 令人惊讶的是,词源学上"诗意言说"这个长久被掩埋的诠释学本初之意,竟然与伽达默尔诗性之思的精髓不谋而合。依照这种新近的语言学观点,诠释学从古希腊起源之初就已然与诗以及诗人密切相连。

当然仍有相当一部分诠释学学者认为诠释学 Hermeneutics 的起源与神使赫尔墨斯(Hermes)有着显见的联系。伽达默尔本人就更倾向于传统的诠释学起源说,他完全赞同诠释学一词来自神使赫尔墨斯之名的观点。伽达默尔认为,从现代语言学出发考察诠释学的词源不过是证明了一种逻辑学的"科学理论观念"⑤,这种实证主义的语料考据很难就此完成对诠释学原初诗意的把握。依伽达默尔之见,诠释学既然是一门关于人文科学理解和解释的学问,那么"科学"和"客观"这样的自然科学标准就有其显而易见的盲区。传统是掷地有声的,尽管传统看起来不比语言学证据更具"说明力"和"科学性",但却是孕育诠释学的真正摇篮。要探讨诠释学是如何起源的,即便是中世纪奥古斯丁的神学诠释学对于诠释学的理

---

① Palmer, Richard, *Hermeneutics: Interpretation Tory in Schleiermacher, Dilthey, Heidegger, and Gadamer*, Evanston: Northwestern University Press, 1969: 12-32.

② Palmer, Richard, *Hermeneutics: Interpretation Tory in Schleiermacher, Dilthey, Heidegger, and Gadamer*, Evanston: Northwestern University Press, 1969: 13.

③ Grondin, Jean, *Source of Hermeneutics*, Albany: State University of New York Press, 1995: 21.

④ 让·格朗丹认为 Hermēneuein 的"解释"和"翻译"两层含义实际上可被"解释"所囊括,因为翻译即是将不熟悉的发音组合转换为熟悉的语言,这在一定意义上也是解释的一种。参见 Grondin, Jean, *Introduction to Philosophical Hermeneutics*, New Haven: Yale University Press, 1994: 20-21.

⑤ [德]伽达默尔:《逻辑学抑或修辞学——再论解释学的早期历史》,严平编选《伽达默尔集》,邓安庆等译,上海远东出版社 2003 年版,第 216 页。

解也要比现代语言学的科学论证更具参考价值。①

总体上，伽达默尔关于诠释学起源于赫尔墨斯的主张有如下几层意义。

首先，这一主张从根源上确定了理解与解释的基本活动是以语言为基础的不同世界之间的对话。按照荷马的描述，赫尔墨斯作为神的信使，把神的旨意传达给凡人，那么诠释者的任务就是在不断的交流和对话中把他人意指的东西重新用语言表达出来，诠释就是完成意义从一个世界到另一个世界的转换和交流，从神的境界转换到人的境界，从一个陌生的语言世界转换到自己熟悉的语言世界，抑或从自己熟悉的语言世界进入一个陌生的语言世界。

其次，借由赫尔墨斯之名，伽达默尔抵制了现代语言学分析所代表的科学理性对于诠释学的侵蚀。伽达默尔采用赫尔墨斯起源说并非信手拈来，而可谓是用心良苦。他感觉到五光十色的希腊神话和诗歌以及从中浮现出来的原始的世界经验几乎消失不见，科学以强硬的姿态占据了西方思想的主导地位。从数学、天文、地理、医学到教育、音乐、绘画甚至哲学和文学本身，理性思维和概念式理解无孔不入，消解了神话和诗的意象。这对于人类理解本身以及人类文明都是一种致命的打击，是一种本末倒置。"我们根本无法解释神话，因为神话是在解释我们"，实际上"理性其实反倒受神话的包围并永远处于神话的支配之中"。"只要神话在诉说，它们就是真正的思考，是真正的全知者，它们在黑暗中闪烁照明并对我们进行教导。"② 伽达默尔在此是以赫尔墨斯之名，行人文科学自我捍卫之实。

最后，伽达默尔坚持诠释学源自古希腊神话中脚蹬羽翼之靴、宣讲神谕的信使赫尔墨斯的意象，这本身就使诠释学起源呈现出浓重的古希腊诗性色彩，是一种极富有诗意的言说。伽达默尔对神话起源说的坚持并不是对一种艺术类型或者神学理念的坚持，他在这里找回并保留的正是西方思想所逐渐丢弃的东西——人类起初对世界最朴素自然的体验和感受，人类最初为自己的生活留下的不带任何功利色彩的记忆和希望。这就是伽达默

---

① ［德］伽达默尔：《逻辑学抑或修辞学——再论解释学的早期历史》，严平编选《伽达默尔集》，邓安庆等译，上海远东出版社 2003 年版，第 218 页。
② ［德］伽达默尔：《当今德国哲学中的历史问题》，《诠释学Ⅱ：真理与方法》，洪汉鼎译，商务印书馆 2007 年版，第 41—42 页。

尔在诠释学问题上绝不肯放弃神话意义的最根本原因。"古希腊的诗和神话就是一个东西，一个无分离的统一体。"① 更重要的是，伽达默尔发现了"神话的可变性，即它总是可以通过诗人而获得新的解释这种开放性"② 乃是古代神话能够穿越人类历史永葆生命力，对每个时代的人产生意义的奥秘所在。故此，诠释学的赫尔墨斯起源说已经在思想源头上为伽达默尔初步奠定了古希腊式的诗性基础。在随后的伽达默尔诗化哲学理论构筑以及批评实践中可以看到，对神话的倚重始终是伽达默尔非常突出的风格。

二　光的形而上学：柏拉图美的本质说的照耀

在伽达默尔四十岁之前，其哲学研究的中心人物无疑是柏拉图。1922年伽达默尔在马堡提交了题为《柏拉图对话中欲望的本质》的博士学位论文，1928年完成教授资格论文《柏拉图的辩证伦理学——〈菲利布篇〉的现象学解释》，此后数年里伽达默尔还撰写了一系列以柏拉图为论题的长文（后载入《对话与辩证法》以及《全集》第5卷）。细心留意就会发现，在《真理与方法》中柏拉图也是伽达默尔最常引用的思想家之一。虽然伽达默尔对以柏拉图为源头的西方形而上学传统之种种弊端保持批判态度，但是正因为伽达默尔对柏拉图有着数十年的透彻研究，他能够敏锐地发现柏拉图思想中早已被人所忽视的熠熠发光之处，并给予中肯评价。

在伽达默尔看来，柏拉图对美的本质的把握尤其精准，并对其进行了比较深入的挖掘。事实证明，这个问题的研究为"自我显现""澄明""耀现"等关键范畴在哲学诠释学体系中的确立奠定了非常重要的基础。伽达默尔在《真理与方法》的结尾部分集中讨论了这个问题。他将柏拉图美的本质观称为"光的形而上学"（Lichtmetaphysik），这源自柏拉图《斐多篇》中对美的赞美：在美之中我们不会被拙劣的模仿和假象所欺骗，只有美才享有这一点，即它是最光亮的和最值得爱的东西。美如同光一样，是自明的而不需其他事物来证明，"依靠美本身，美的事物才成为美的"③。如果柏拉图的这段话还让人不甚明了，那么伽达默尔对此的阐

---

① 刘小枫：《诗化哲学——德国浪漫美学传统》，山东文艺出版社1986年版，第83页。
② ［德］伽达默尔：《自我理解的疑难性》，《诠释学Ⅱ：真理与方法》，洪汉鼎译，商务印书馆2007年版，第151页。
③ ［古希腊］柏拉图：《斐多篇》，《柏拉图全集》（第一卷），王晓朝译，人民出版社2002年版，第110页。

发足以清晰说明，柏拉图美的本质说为什么在伽达默尔眼中成为一种光的形而上学："美的东西的美只是作为光，作为光辉在美的东西上显现出来。美使自己显露出来。实际上光的一般存在方式就是这样在自身中把自己反映出来。光并不是它所照耀东西的亮度，相反，它使他物成为可见从而自己也就成为可见，而且它也唯有通过使他物成为可见的途径才能使自己成为可见。"① 伽达默尔进而明确表示柏拉图的这一理念对其哲学思考具有重要意义："美之照明（Vorscheinen）和可理解事物之自明（Einleuchtende）之间的密切关系建立于光的形而上学的基础之上。正是这一关系引导着我们的诠释学探索。"② 从而将柏拉图美的本质观融入哲学诠释学艺术论以及存在论的理论建构之中。

这就出现了一个问题。既然伽达默尔发现形而上学那种静止而绝对的思维方式带来的主观与客观、形式与内容、精神与物质之间的分裂已经将哲学带入了一个极度危险的境地，那么他又为什么赞同柏拉图的"光的形而上学"？这难道不是自相矛盾吗？伽达默尔本人显然对这种可能的诘问有所准备，他说，如果我们对光的形而上学和哲学诠释学研究之间的关系加以注意，就会认识到柏拉图所谓的"光的结构显然同一种新柏拉图主义—基督教思想风格的感官—精神之光源的形而上学观点相分离"。③ 对柏拉图而言，光的存在方式即为"照亮"，它与它所照亮的一切为一体；而到了新柏拉图主义那里，光已成为物质—精神/主观—客观二元分立结构中的认识对象，光与光所照亮的对象彻底分裂。伽达默尔要反对的是新柏拉图主义的观点，对于柏拉图提出的光的理念伽达默尔是给予充分肯定的。

实际上，伽达默尔在"美的照明本质"与"可理解之物的自明"之间找到的那种"密切关系"本身就可以说明光的形而上学与一般意义的形而上学之间的区别。理解这一关系有两个要点。第一，美之照明和理解

---

① ［德］伽达默尔：《诠释学Ⅰ：真理与方法》（修订译本），洪汉鼎译，商务印书馆2007年版，第649—650页。

② Gadamer, Hans-Georg, *Truth and Method*, Translated by Joel Weinsheimer and Donald G. Marshall, New York: Continuum, 2004：478. 同时参见［德］伽达默尔《诠释学Ⅰ：真理与方法》（修订译本），洪汉鼎译，商务印书馆2007年版，第651页。笔者认为此句中文版译文的意义不够清楚明了，而英文版相较之下更为明晰，故采用英文版译义。

③ ［德］伽达默尔：《诠释学Ⅰ：真理与方法》（修订译本），洪汉鼎译，商务印书馆2007年版，第651页。

的存在方式都具有自成性（Ereignischarakter）；第二，诠释学经验，即对历史流传意义的经验，具有直接性，而这种直接性同样是审美经验之特征。① 即是说，美、理解的存在方式和光一样，它们不是像一般存在物那样"在那里"，它们的存在方式是"照耀"，也就是使自己直接显露出来，在使他物可见的同时从而自己也成为可见，这也是它们存在和显现的唯一方式。光的存在、照亮他物以及展现自身是浑然一体的，不分先后，彼此不可剥离。但是光的自明和照明他物需要预设光这一理念，即"光"是先验的，这也就是所谓的光的"形而上学"。恰恰是借由"光"的理念，美的存在方式和本质乃至伽达默尔诠释学中理解真理的显现才得到恰如其分甚至是巧妙的说明。

可以看出，光的形而上学更接近于一种古老而朴素的美的存在论或美的本体论，伽达默尔也如是说："这样一种关于美的规定乃是一种普遍的本体论的规定。"② 美的存在方式就是这样在自身的发光中展现自我，是一种"自明"而不是靠从外界照射或倾注在某种形态上的反光。伽达默尔指出，柏拉图通过把这样一种澄明（alētheia）证明为美的本质，将美从形而上学的形式学说（Forma-Lehre）中解放出来。"正如我们所见，美的形而上学标志就在于，它弥补了理念和表现之间的裂缝。"③ 换言之，凡在柏拉图呼唤美的地方，美都以其光一般的自明扬弃了理念及其表现之间的分裂对立。

在伽达默尔对柏拉图美的本质论的回溯中，可以发现伽达默尔后期诗化哲学中反复出现的"澄明"（alētheia）、"显露"（Vorschein）、"自成"（Ereignischarakter）等基本理念的原始出处，这些理念并非通常人们认为的那样来自海德格尔，而是有着更古老的渊源。可以看出伽达默尔确实是一位对柏拉图美学思想有着特别敏感度的现代思想家。总之，柏拉图带有明显本体论色彩的美的本质说为伽达默尔后期的诗化思想照亮了前路，特别启发了伽达默尔艺术作品本体论的建立，柏拉图这一卓越洞见成为伽氏诗性之思另一个重要的古希腊来源。

---

① ［德］伽达默尔：《诠释学Ⅰ：真理与方法》（修订译本），洪汉鼎译，商务印书馆2007年版，第652页。
② ［德］伽达默尔：《诠释学Ⅰ：真理与方法》（修订译本），洪汉鼎译，商务印书馆2007年版，第645页。
③ ［德］伽达默尔：《诠释学Ⅰ：真理与方法》（修订译本），洪汉鼎译，商务印书馆2007年版，第656页。

三 存在之根：古希腊语言存在观的印记

存在是伽达默尔诗性思想的核心范畴，伽达默尔的哲学从根本上来说是一种诗化存在论，伽达默尔的最终目的就是要以诗的语言构筑诗意的存在世界。在存在的问题上，伽达默尔自然受到海德格尔更为直接的影响。但是，海德格尔的存在论也有其源头——古希腊存在观。而后期伽达默尔也经常绕过海德格尔直接回到古希腊的原初思想之中。古希腊存在观经过形形色色的分流嬗变，以直接或间接的方式对伽达默尔产生着持续的效应。鉴于此，在追溯伽达默尔存在观的根源时，就必须首先对古希腊存在观的影响展开阐析。

"本体"一词来源于希腊文 ontos（存在/有），本体论（ontology）也被称为存在论，即以本体/存在为研究对象的学问。巴门尼德（Parmenides）在他的哲学诗中提出了"存在就是存在"，这被后代哲学家们视为西方本体论的伟大开端。但巴门尼德也为后人留下了众说纷纭悬而未决的问题：本体/存在究竟意味着什么？对于柏拉图的继承者们而言，本体就是理念乃至绝对精神，是思想中绝对并永恒不变的存在。那么到了伽达默尔这里，本体又是什么呢？

《真理与方法》的第三部分给出了这个问题的答案，实际上这一部分整体上就是对于伽达默尔语言本体论的详细论证。此部分伊始，伽达默尔开宗明义：语言是人类全部世界经验的本体。他说，人类世界经验的"语言性"显然是自柏拉图"逃入逻各斯"以来希腊存在思想发展所依据的主线。因此必须探究的是，希腊形而上学对于存在的回答——它一直持续到黑格尔——在多大程度上适合于指导着我们的提问。[①] 不难看出，伽达默尔本人对于回溯古希腊本体论特别是语言本体论有着明显的主动意识。

伽达默尔并没有对更早的前苏格拉底时代的存在观展开过多的追问，他主要是在对柏拉图—亚里士多德存在观和语言观的反思中提出自己的观点，伽达默尔这里所说的"希腊思想"指的也多是柏拉图和亚里士多德的思想观念。伽达默尔认为，希腊形而上学把存在物的存在视为在思想中实现自身的存在，是一种神性存在论。努斯（Nous）被预设为最高和最

---

① [德]伽达默尔：《诠释学Ⅰ：真理与方法》（修订译本），洪汉鼎译，商务印书馆2007年版，第616页。

完美的存在物，它把一切存在物的存在都聚集于自身之中。"逻各斯的表达将存在的结构带入语言之中，而在希腊思想中，语言表达就是存在本身的显现，是存在的澄明（alētheia）。"① 从而初步将语言与存在的澄明联系到一起。伽达默尔指出希腊存在论中对于"自我"的彻底遗忘是绝不可取的，但是我们仍要沿着这一路线探索究竟能在多大程度上复兴语言存在观的可能性。② 这意味着，伽达默尔反对希腊形而上学存在观将存在本体先验神化的意识；同时，他又不想因此简单地排斥其中合理的部分，即"语言表达是存在本身的显现和澄明"这一思想。所以，伽达默尔要对希腊存在观和语言观做进一步的深究。

首先，伽达默尔在柏拉图那里发现了精神和世界存在的密切关系。虽然柏拉图认为存在只有在思想中才能实现，但对柏拉图而言存在物就其本质是真实的，即便是在对"灵魂"的定义上，柏拉图也将灵魂视为对真实存在的参与。③ 而亚里士多德也说，灵魂在某种意义上就是一切存在之物。④ 伽达默尔指出，在这种希腊思想之中根本没有谈到一种与世界无关的精神，相反，这种精神本身已经意识到必须寻找通向世界存在的道路。伽达默尔从中领会到，精神和世界的存在从原初之时就相互依存。它们之间的关系是最根本的。⑤

其次，伽达默尔高度赞赏了柏拉图将实践（phronesis）与存在联系在一起的思想。"实践"是后期伽达默尔反复思考并逐渐提升至诗化思想中心的一个重要理念。Phronesis 意义的澄清乃至翻译自古以来就是一个令人头疼的问题，一般常被采用的有"实践智慧""合理性""明辨"，但其实远不止这些。比如詹姆斯·瑞瑟就认为 phronesis 最恰当的英译义应该是"判断"（judgment），即"不能被规矩约束的执行善的决心"。⑥ 伽

---

① Gadamer, Hans-Georg, *Truth and Method*, Translated by Joel Weinsheimer and Donald G. Marshall, New York: Continuum, 2004: 453.
② Gadamer, Hans-Georg, *Truth and Method*, Translated by Joel Weinsheimer and Donald G. Marshall, New York: Continuum, 2004: 453.
③ ［古希腊］柏拉图：《斐多篇》，《柏拉图全集》（第一卷），王晓朝译，人民出版社2002年版，第71—72页。
④ ［古希腊］亚里士多德：《动物志》（第三卷），苗力田主编《亚里士多德全集》（第四卷），颜一译，中国人民大学出版社1997年版。
⑤ Gadamer, Hans-Georg, *Truth and Method*, Translated by Joel Weinsheimer and Donald G. Marshall, New York: Continuum, 2004: 455.
⑥ Risser, James, *Hermeneutics and the Voice of the Other: Re-reading Gadamer's Philosophical Hermeneutics*, Albany: SUNY press, 1997: 110.

达默尔采用了"实践智慧"的基本义，实际上也涵盖了"合理性"和"明辨"之义。在伽达默尔看来，亚里士多德对于 phronesis 的定义之模糊是有目共睹的，当然这可能是缘于 phronesis 本身难以用理论规范的这种天然的不确定性。① 虽然实践哲学由亚里士多德创立，但柏拉图早已赋予 phronesis 在亚里士多德那里所具有的基本意义。在《柏拉图—亚里士多德哲学善的理念》中，伽达默尔论述了柏拉图如何扩展 phronesis 这个希腊用语的惯用意义，使其包含了辩证的因素，即是说，伽达默尔认为柏拉图用 phronesis（实践/明辨/合理）辅助和丰富了辩证法，同时也就从根本上将实践智慧与语言联系在一起。由于 phronesis 被证明为柏拉图辩证思想的组成成分，那么在伽达默尔看来柏拉图之"辩证"既不是一种"技艺"（techne），也非一种"能力或知识"，而是"一种存在的方式"，并且是与语言相关的存在方式。② 值得注意的是，在"实践"的问题上亚里士多德和柏拉图本人都没有受到柏拉图理念说的过多束缚，比如亚里士多德就曾强调说，在实践中不可能有那种数学家所达到的高度精确性。要求这样一种精确性其实乃是一种错误，实践具有不确定性。③ 综上，伽达默尔从柏拉图和亚里士多德的实践观中发现了"实践是人类基本生活方式和生存状态"这一希腊存在观，并且从根源上把"实践"跟人所特有的实践方式——语言紧紧联系在一起。

最后，伽达默尔在希腊形而上学那里得到了语言作为存在之根本的原始依据。根据伽达默尔的观点，早在爱利亚学派那里，存在的命题中就贯穿着"语言的事实性"（Sachlichkeit）这一线索。"存在物其实并非真的象认为的那样是陈述的对象，而是存在物'在陈述中进入了语言'。由此它就在人类思想中获得了它的真理性和可显现性。所以希腊的本体论是建筑在语言的事实性之上的，因为它从陈述出发勾画语言的本质。"④ 也就是说，在伽达默尔看来希腊语言本体观尚未将存在物视为纯粹的语言表述

---

① Bruns, Gerald, "The Hermeneutical Anarchist", *Gadamer's Century: Essays in Honor of Hans-Georg Gadamer*, Edited by Jeff Malpas and etc., Cambridge: the MIT press, 2002: 48.

② Gadamer, Hans-Georg, *The Idea of the Good in Platonic-Aristotelian Philosophy*, Translated by Christopher Smith, New Haven: Yale University Press, 1986: 35–39.

③ ［古希腊］亚里士多德：《尼各马可伦理学》，《亚里士多德全集》（第八卷），苗力田编译，中国人民大学出版社1997年版，第35页。

④ Gadamer, Hans-Georg, *Truth and Method*, Translated by Joel Weinsheimer and Donald G. Marshall, New York: Continuum, 2004: 443.

对象，在人类生存境域中，存在物不断进入语言这一本体结构中，存在物唯有在语言中才能向人显现自己的意义。"存在"之结构并不是单纯地被反映出来，事实上人类经验的秩序和结构最初是在语言中形成并不断运动变化着的。① 如此一来，如果要认识存在就必须继续牢牢抓住语言这一线索。在伽达默尔对希腊形而上学语言存在观的层层盘剥之下，"语言是存在本身的显现和澄明"这一伽达默尔诗化哲学本体论实际上在古希腊思想中早已定下基调。

以上是对伽达默尔诗化哲学的古希腊思想来源的概括分析，主要包括神话意识、柏拉图美的本质观以及古希腊语言存在观的影响。不难看出，伽达默尔诗性之思最重要的古希腊思想来源在很大程度上与柏拉图和亚里士多德有关，这也在情理之中。伽达默尔哲学生涯的前20年几乎就是在进行柏拉图和亚里士多德的专门研究，伽达默尔对于二人思想的关注和挖掘持续了一生。柏拉图与亚里士多德虽然被后世普遍认识是西方形而上学的源头，但实际上他们的思想中既留有大量早期原初朴素的存在论成分，又表现出爱智求知的先验理性倾向。伽达默尔反对的绝不是柏拉图，他真正反对的是主客观彻底分裂的西方形而上学传统，他反对的是亚里士多德身后以新柏拉图主义和康德为代表的彻底的二元对立思维，而伽达默尔反驳的依据大部分正来自柏拉图和亚里士多德思想中的合理部分。正是在这个意义上，伽达默尔晚年曾坦率而言："我是一名柏拉图主义者。"② 即是说，与伽达默尔诗化思想有本质关联的是柏拉图本人的思想，而不是柏拉图身后的柏拉图主义。伽达默尔的努力方向正是要整理和恢复被后世不断误读和曲解的柏拉图与亚里士多德思想之本来面貌，进而对西方形而上学采取"以子之矛，攻子之盾"的攻势。当形而上学大厦土崩瓦解之后，人们就会透过尘嚣看到人类真正应该皈依的故乡：古希腊的诗意世界。此外，伽达默尔从古代思想中汲取养分的方式也给人留下了深刻的印象：他既不急于全盘继承，也不彻底颠覆否定，他不受后世既定评价的太多干扰，擅于在反思中挖掘出已被遗忘、忽视甚至误解的那部分意义，将它们联系起来为己所用；概言之，伽达默尔是在与经典开展批判性对话的基础上对古希腊遗产中被遗忘被误解的内容进行系统性的恢复和复兴工作，这

---

① Gadamer, Hans-Georg, *Truth and Method*, Translated by Joel Weinsheimer and Donald G. Marshall, New York: Continuum, 2004: 453.

② Fortin, E. L., "Gadamer on Strauss: An Interview," *Interpretation*, 1984 (12): 10.

与他同时代众多思想家惊世骇俗的推翻和颠覆有着明显不同的取向，也因而在当代西方人文领域树立起独特的个人风格。这样做的结果，用伽达默尔本人的话来说，就是使人们对"所列举的这些形而上学的基本词汇，可以不再以形而上学传统所赋予它们的意义方式来阅读它们"①。

第二节　德国浪漫主义遗风

到了 18 世纪末 19 世纪初，西方哲学思辨逐渐提升到了一个新的高度，康德、费希特、施莱尔马赫、黑格尔、谢林、叔本华等哲学大家开始审慎地对待诗和艺术，虽然仍未将诗置于与哲学完全等同的地位，但也意识到没有了艺术美，感性与理性之间的断裂是无法逾越的。随着浪漫主义的强大思潮在 18 世纪末的德国诞生继而席卷整个欧洲，诗在人类生活中的地位再一次变得非常重要，它述说爱与苦难、生存与死亡、有限与永恒，追问存在的价值与意义，成为人类对世界活生生的言说与回应。此次思想浪潮的力量如此强大，以至于时至今日浪漫主义仍然渗透于文学、艺术、教育、哲学等各领域各流派，乃至普通人的思想和日常生活之中。浪漫主义思潮成为近代西方意识领域中最伟大的一次转折。浪漫精神的深入人心在很大程度上与德国浪漫主义的气质与禀赋有着直接关系。与英法或热情狂放或空灵忧郁的浪漫风格不同，德国浪漫主义自诞生之日起就更深沉内敛，更富思辨色彩，也更有生命力，这也许是因为只有在德国才真正形成了与浪漫主义文学相呼应的哲学之故。朱光潜先生就曾指出："德国古典哲学本身就是哲学领域里的浪漫运动，它成为文艺领域里的浪漫运动的理论基础。"② 刘小枫进一步明确了哲学领域内浪漫精神的来源及构成："德国古典哲学以及浪漫派的哲学的出现，才真正把浪漫精神作为一种哲学形态确定下来，并在思辨化和诗化两个方面把它提升到一个全新的高度。"③

对于维特根斯坦、海德格尔、阿多诺、阿伦特、哈贝马斯或者其他任何一位现代德国哲学家而言，德国古典哲学和德国浪漫主义思想都是其骨

---

① ［德］伽达默尔：《存在、精神、上帝》，严平编选《伽达默尔集》，邓安庆等译，上海远东出版社 2003 年版，第 445 页。
② 朱光潜：《西方美学史》（下卷），人民文学出版社 1964 年版，第 349 页。
③ 刘小枫：《诗化哲学——德国浪漫美学传统》，山东文艺出版社 1986 年版，第 9 页。

子里纠结羁绊、无法抹去的东西,他们坦然承认浪漫主义的影响,也从不掩饰对此的骄傲。这里要讨论的德国浪漫主义,指的就是 18 世纪末以来德国的这种思想传统,而不是单一的文学流派,也不局限于 19 世纪初那场著名的文学运动。实际上 19 世纪末以来的尼采、狄尔泰、海德格尔、阿多诺等德国哲人,19 世纪末至 20 世纪初的格奥尔格(Stefan Anton George)、里尔克(Rainer Maria Rilke)、特拉克尔(Georg Trakl)、策兰(Paul Celan)等一大批德语诗人都是德国浪漫思想的重要传承者,他们构成了德国浪漫主义传统中一个非常独特的发展阶段。① 这些重要人物被视为德国浪漫主义影响的一种延续。

  在 1972 年《真理与方法》第三版后记中,伽达默尔首先为浪漫精神在当代的衰微表示了遗憾与忧心,同时表达了对浪漫主义传统的深深敬意,并明确指出这一传统对其个人思想的奠基性意义。他说:"社会科学,主要是社会心理学和社会语言学所出现的新高涨也并没有为浪漫主义精神科学的人文主义传统预示美好的前景。但这乃是我的研究借以出发的传统。这勾勒了我理论研究的经验基础——虽说并非我理论研究的界限和目标。"② 伽达默尔在晚年另一篇有代表性的美学论文《文本和解释》中表示,浪漫主义传统之于他的影响绝不亚于海德格尔,他正是在这一传统和海德格尔之间找到了自己的哲学立场:"我自己'翻译'海德格尔的企图就证明了我的限制,它尤其表明,我自己如何强烈地扎根在精神科学的浪漫主义传统及其人文主义遗产中。但我正是相对这种承载我的'历史主义'传统而找到一种批判的立场。"③

  海德格尔与伽达默尔之间的承继关系一直是诠释学研究的课题。但是伽达默尔思想中的浪漫因素只是得到了普遍的承认,却鲜有深入的挖掘和细致的梳理。实际上,伽达默尔涉及的德国浪漫主义思想相当广泛,其中

---

① 当代一些学者将"一战"前后德国出现的这批极富哲理沉思的诗人称为"新浪漫派"诗群。另一部分学者认为"新浪漫派"用语不甚确切,因为实际上并无新浪漫派,只有象征主义、表现主义等流派。这算是一家之言。但实际上"新浪漫派"一词在现代德国文学史、哲学史研究中被广泛采用。在鲍尔森编《现代德国文学中浪漫派的余生》中有对此问题的探讨。以上主要参考刘小枫《诗化哲学——德国浪漫美学传统》中关于新浪漫派的看法。参见刘小枫《诗化哲学——德国浪漫美学传统》,山东文艺出版社 1986 年版,第 185 页。
② [德] 伽达默尔:《第 3 版后记》,《诠释学Ⅱ:真理与方法》(修订译本),洪汉鼎译,商务印书馆 2007 年版,第 545 页。
③ [德] 伽达默尔:《文本和解释》,《诠释学Ⅱ:真理与方法》(修订译本),洪汉鼎译,商务印书馆 2007 年版,第 402 页。

既包括史雷格尔、诺瓦利斯、狄尔泰等大思想家的沉思，也不乏荷尔德林、里尔克、格奥尔格等天才诗人的灼见。可以说，德国浪漫主义传统中那种诗与思前所未有的激情碰撞即便不是促使伽达默尔诗性思想形成的最直接因素，也是其生根发芽的土壤，当然这土壤深层还蕴藏着源于古希腊的给养。德国古典哲学家、浪漫派和继承了浪漫精神的新浪漫派诗人虽然在哲学理念和审美情趣上不尽相同，但在浪漫精神的气质禀赋上是完全相通的。德国浪漫精神由一个庞大的思想群体演绎，对伽达默尔产生影响的德国浪漫精神既不能简单以时间段划分，也不适于以几个重要人物来代表。因此这里以伽达默尔所承袭的浪漫精神的典型气质特征来继续问题的讨论。

一 将艺术与美推上高峰

以赛亚·伯林在《浪漫主义的根源》中曾说过："我们完全可以肯定浪漫主义运动不仅是一个有关艺术的运动，或一次艺术运动，而且是西方历史上的第一个艺术支配生活其他方面的运动，艺术君临一切的运动。"[①]这次以艺术为中心的运动影响相当深远，以至于浪漫主义精神仍以各种形式在19世纪以后的各思想流派中延续。从哲学进程来看，德国古典哲学和浪漫主义美学是在唯理论和经验论的对峙中成长起来的。审美成为这一时期面对种种尖锐矛盾的哲学家们所普遍选择的调和途径：康德以审美批判作为桥梁去弥补感性与理性之间的断裂；席勒进一步扩大了审美的功用，将人类解放与自由和谐的全部希望都寄予艺术与审美活动；歌德把主客观的高度统一视为艺术所能达到的最高境界；谢林则坚定地认为，哲学的普遍工具及其大厦的基石乃是艺术哲学；黑格尔用"美是理念的感性显现"将上述以审美作为普遍分裂之中介的努力推向顶峰。德国逐渐形成了独具特色的美学传统，在哲学研究中德国人必然要为美和艺术留出一个显要的位置。

而到了浪漫派以及新浪漫派那里，诗的地位达到了前所未有的高峰，代表着艺术美最高境界的诗以及诗人得到了最美好最热烈的赞颂。奥·史雷格尔提出，在一切美的艺术中，于技巧部分之上还有一个诗的部分，在诗中可以看出想象力最自由的创造性活动。在更普遍的意义上，诗才是一

[①] [英]以赛亚·伯林：《浪漫主义的根源》，亨利·哈代编，吕梁等译，译林出版社2008年版，第3页。

切艺术所共有的。① 诺瓦利斯宣称:"诗歌是真正绝对的真实。这是我的哲学的核心。愈有诗情,就愈加真实。"② 席勒则说:"诗的精神是不朽的,它决不会从人性中消失;它只能同人性本身一起消失,或者是同人的感受的能力一起消失。"③ 对于浪漫派而言,诗不仅是强烈情感的自然流露,而且是人类活动和生存本身,诗的光辉广被宇宙万物。此外,浪漫派也表现出诗与哲学并举的思想倾向。弗·史雷格尔提出,如果诗应当成为艺术,如果艺术家应当具有自己的手段和目的,那么诗人应当为了自己的艺术而研究哲学,"诗和哲学应当统一起来"④。诺瓦利斯则认为,诗如同哲学一样,是心情的一种和谐的情绪,在那里一切都美化了,每一种事物都找到了它本来的容貌,一切都找到了恰如其分的陪衬和环境。⑤ 相应地,体验、想象、情感、回忆和直观等非理性手段也被确定为浪漫派美学的主要认知方式。这里需要指出的是,虽然德国浪漫派有时仍表现出对感性能力的夸大,但是由于他们对感性能力的认识和理解是与德国古典哲学的理性思辨紧紧相连的,因此德国浪漫派对于感性诸因素的强调与神秘主义有本质上的不同。这种对于艺术和审美的极力推崇初看之下似乎是诗人对于自我价值和存在意义热情的讴歌;实际上,这是德国浪漫派在看到现实与心灵的一系列分裂之后,以德国古典哲学对于艺术和美的深刻理论剖析为依据,为了艺术和人类的未来发展所进行的严肃探索。

重视艺术与美的德国思想传统对于伽达默尔的影响是很深的。伽达默尔对艺术与哲学的重要关联保持着相当清醒的认识:

---

① [德]奥·史雷格尔:《关于美文学和艺术讲座》,中国社会科学院外国文学研究所外国文学研究资料丛刊编辑委员会编《欧美古典作家论现实主义和浪漫主义(二)》,中国社会科学出版社1981年版,第361页。
② [德]诺瓦利斯:《断片》,中国社会科学院外国文学研究所外国文学研究资料丛刊编辑委员会编《欧美古典作家论现实主义和浪漫主义(二)》,中国社会科学出版社1981年版,第393页。
③ [德]席勒:《论素朴的诗与感伤的诗》,伍蠡甫、胡经之编《西方文艺理论名著选编》(上卷),北京大学出版社1985年版,第473页。
④ [德]弗·史雷格尔:《断片》,中国社会科学院外国文学研究所外国文学研究资料丛刊编辑委员会编《欧美古典作家论现实主义和浪漫主义(二)》,中国社会科学出版社1981年版,第384页。
⑤ [德]诺瓦利斯:《断片》,中国社会科学院外国文学研究所外国文学研究资料丛刊编辑委员会编《欧美古典作家论现实主义和浪漫主义(二)》,中国社会科学出版社1981年版,第393页。

> 我对于艺术经验居然会与哲学有关这件事当然不可能无动于衷。艺术可能是哲学的真正工具，而不是它的骄傲自负的敌手，这是一个真理，这个真理为直到唯心主义时代终结为止的德国浪漫主义哲学提出了它的内容广泛的任务。黑格尔之后时期的大学哲学因其未能认识到这个真理而日趋衰落。……正是我们的历史遗产向我们表明，应该重新掌握这个真理。①

显然，伽达默尔敏锐地感觉到艺术与哲学的亲缘关系，并指出在古希腊之后唯有德国浪漫主义哲学试图正确对待这一问题。当代学院派哲学未能继承浪漫传统却过多受到实证主义影响并直接导致真理的中落，这一事实让伽达默尔颇感失望和责任沉重。伽达默尔认为诗与思的合一"是一个真理"，他所要做的工作就是在哲学领域中恢复这种重艺术的浪漫主义精神。

二　将生命与诗合而为一

浪漫精神关注的终极问题，是人生在世的意义和价值，是人生的皈依问题，对这类问题的深刻思考完全是在艺术和诗中展开的。19—20世纪，"生命"的观念开始得到普遍的关注，早期浪漫派思考的"哲学与艺术"关系被"生命与诗"的关系替代，这种思想一直延续到德国现代哲学家和新浪漫派诗人那里。刘小枫对于19世纪末至20世纪初这一思潮特点的把握很精到："一个最突出的特点就是把感性个体的实在生存性（Dasein）从纯粹思辨的领域中解救出来，它形成了从叔本华直到狄尔泰、西美尔的生命哲学的强大冲击力量。这是德国现代哲学上的一次重大转变。哲学之思从抽象的概念领域一下子转向生命、生存、生活。"② 这股思潮的影响力的确不可小觑，在海德格尔以及受海德格尔荫庇的一大批现代哲学家、美学家乃至文论家那里都可以感受到其余波，这其中就包括伽达默尔。相较于早期浪漫派在哲理沉思中引入艺术美的做法，尼采之后这种生命的诗化、诗的生命化进程为伽达默尔定下了诗意生存的本体论基调和根本表达方式，因此对伽达默尔的意义相当重大，值得一探究竟。

---

① ［德］伽达默尔：《汉斯-格奥尔格·伽达默尔自述》，《诠释学Ⅱ：真理与方法》（修订译本），洪汉鼎译，商务印书馆2007年版，第585页。
② 刘小枫：《诗化哲学——德国浪漫美学传统》，山东文艺出版社1986年版，第131页。

虽然这股思潮在叔本华那里便初露端倪，但确切地说，是从尼采开始得到了极端推演。尼采以鄙夷苏格拉底以来的西方智慧之姿登上哲学舞台，他将真理斥为"丑的"，幸而人类有了艺术，"依靠它我们就**不致毁于真理**"①，艺术成为人生在世以及拯救人类命运的唯一依靠。在尼采看来，艺术与生命简直是一回事，"我们必须了解艺术的基本现象，它叫做'生命'"②，"世界犹如一件自我生育的艺术品"③。他把艺术与生命意志同一化了。人的生命力也就是强力意志，它并不是通过诗化或美化来表现的，生命本身就是诗与美。尼采引领了从无限而绝对的精神本体向有限而诗意的生命本体的大转向。

本体论转向的同时也带来了认识论的变化，经由知识和逻辑来分析和把握世界本真的认知手段自此受到深深的怀疑和空前猛烈的抨击，而直观感受和生命体验成为重新认识世界的主要途径。尼采曾说过，在思想深刻的人那里，一切体验是长久延续着的。伽达默尔从中悟出，一切体验都不是转瞬即逝的，与之相应的领会也是一个漫长的过程，体验的意义正存在于与个体生命感受同在的这一过程中。④ 依尼采之意，世上的一切都是生成的，没有永恒的事实，就像没有绝对的真理一样，因而历史性的哲学思考是必要的。⑤ 正是在这个意义上，伽达默尔说："我们在有限性中追问意义"，对于历史性或有限性的关注作为"浪漫主义的遗产在由19世纪带来的现代科学的繁荣中仍得以保持了下来"。⑥ 因此，正视有限性/历史性问题是以体验为基础的诗化生命观非常重要的前提。只有历史性真正被视为人类经验的内在本质，短暂生命之美、有限人生的价值才能代替对绝对真理的诉求成为人文学者的新课题。否则，个体有限生命的意义只能在形而上学的统治下被一再搁置和忽视。

---

① ［德］尼采：《作为艺术的强力意志》，《悲剧的诞生——尼采美学文选》，周国平译，生活·读书·新知三联书店1986年版，第366页。

② ［德］尼采：《权力意志：重估一切价值的尝试——尼采后期思想文集》，张念东、凌素心译，中央编译出版社2000年版，第7页。

③ ［德］尼采：《作为艺术的强力意志》，《悲剧的诞生——尼采美学文选》，周国平译，生活·读书·新知三联书店1986年版，第348页。

④ ［德］伽达默尔：《诠释学Ⅰ：真理与方法》（修订译本），洪汉鼎译，商务印书馆2007年版，第97页。

⑤ ［德］尼采：《人性，太人性的》，《尼采散文》，杨恒达等译，浙江文艺出版社2001年版，第29页。

⑥ ［德］伽达默尔：《当今德国哲学中的历史问题》，《诠释学Ⅱ：真理与方法》（修订译本），洪汉鼎译，商务印书馆2007年版，第32—33页。

第一章 伽达默尔诗化哲学溯源

与尼采差不多同时代的狄尔泰也因其关于生命与诗的历史性思考而引起伽达默尔的重视。虽然狄尔泰和伽达默尔同是诠释学历史上的关键人物，但伽达默尔对狄尔泰为精神科学制定一套独立的诠释方法论的企图并无多大兴趣，狄尔泰思想中深深的历史意识才是伽达默尔真正关心的问题。在伽达默尔看来，狄尔泰为当代人文思想做出的最突出贡献就在于历史意识的启蒙，历史性反思是研究现代人类生存状态的前提，没有历史性或有限性意识，就不会有正确的生命意识，存在观也会随之发生根本偏差。他指出："狄尔泰是历史启蒙的思想家。历史意识就是形而上学的终结。"① 狄尔泰把人之存在的基本属性描述为"Leben"（生命/生存），而 Leben 在本质上具有历史所决定的有限性。Leben 是一切历史认识都要回归的原始事实，相应地，人类生活中的所有客体都应返回到"体验"当中去，而不是返回到一种认识论的主体那里。② 体验本身就内在于生命过程中，生命整体在每一个当下也处于体验之中。受到德国浪漫主义历史意识的影响，狄尔泰把"历史性"视为人类经验中事实存在着的、无法忽视的本质，并以此作为哲学思考的出发点。

然而，对于狄尔泰而言"生命"是不能自明的，狄尔泰常常用"世界之谜"和"生命之谜"来形容生命自身的晦暗难解，它的意义唯有在诗中才能得到最大的彰显。"诗歌就是生命的理解过程所具有的器官；而诗人就是对生命的意义加以辨别的、洞察力异乎寻常的人。"③ 因为"只有诗歌能够不受任何限制地既处理实在的领域、又处理观念的领域。……如果说有某种艺术作品对世界观进行了表达，那么，这种艺术作品就是诗歌"④。许多伟大的诗歌通过独白、对话或者合唱，使各种有关生命的观念相互结合起来，形成对于生命的某种连贯的且具有普遍性的解释，在狄尔泰那里，诗即是生命体验。"所有各种真正的诗歌通过其内容，即通过具体的体验，便与诗人在他自己的内心之中、在其他人的内心之中，以及

---

① ［德］伽达默尔：《当今德国哲学中的历史问题》，《诠释学Ⅱ：真理与方法》（修订译本），洪汉鼎译，商务印书馆 2007 年版，第 37 页。
② ［德］伽达默尔：《当今德国哲学中的历史问题》，《诠释学Ⅱ：真理与方法》（修订译本），洪汉鼎译，商务印书馆 2007 年版，第 34 页。
③ ［德］狄尔泰：《历史中的意义》，艾彦、逸飞译，中国城市出版社 2001 年版，第 245 页。
④ ［德］狄尔泰：《历史中的意义》，艾彦、逸飞译，中国城市出版社 2001 年版，第 243 页。

在有关那些历史事件的各种各样记录之中所发现的东西，非常紧密地结合起来了。与生命有关的经验是一条活生生的溪流，诗人所具有的有关这些事件之意味的知识就来源于这种溪流。"① 在体验之中，生命与诗、自我与他者、现在与过往合而为一了。

狄尔泰的局限当然是显而易见的。他将诗和生命体验置于内心世界之中考虑，基本上是以一种主观唯心主义的视角来对待生命的意义问题。伽达默尔注意到了这一点，他认为狄尔泰所代表的西方体验艺术观因为过分强调内心感受实际上减缩了人类经验的范围，并且最终导致艺术成为体验的对象，成为内心世界的一种再现。伽达默尔进而认识到，如果我们能跳脱出体验艺术的界限并让一种"经历性"的标准生效，那么一个崭新而陌生的艺术世界就会展现在我们面前。② 虽然狄尔泰仍未能摆脱主观主义的窠臼，但他将深刻的历史意识与生命意识交相融合的努力即便在当代仍颇具意义，因此得到伽达默尔多次赞赏。回到伽达默尔诗化思想的整体中来看，德国浪漫主义哲学对于生命的历史性和有限性的深入分析，对于其存在论根基的夯实功不可没。这种将有限生命与诗完全合一的理念对伽达默尔最终走上诗化道路是一个极大的促进，成为伽达默尔另一主要思想来源。

三 将希腊诗境作为归宿

伽达默尔对希腊思想的借鉴并不是一种个人的偏好，也不仅仅是从海德格尔回归希腊而得到的启发。德国人对希腊精神的崇敬和向往在浪漫派时期就已蔚然成风。浪漫精神的一个重要特征就是将返回古希腊诗意世界作为解决现实困境的出路。伽达默尔看到了德国传统中古希腊元素的稳定性和持久性："古希腊对德意志文化之作用的特质就在于，当我们精神的命运发生变化时，这种作用依然能以其充满神秘的方式跟上步伐。"③ 虽然个别人例如早期的蒂克（Ludwig Tieck）拒斥希腊风，但在德语世界里歌德、席勒、史雷格尔兄弟、施莱尔马赫、诺瓦利斯、荷尔德林、谢林、

---

① [德] 狄尔泰：《历史中的意义》，艾彦、逸飞译，中国城市出版社 2001 年版，第 248 页。
② [德] 伽达默尔：《诠释学Ⅰ：真理与方法》（修订译本），洪汉鼎译，商务印书馆 2007 年版，第 102—103 页。
③ [德] 伽达默尔：《荷尔德林与古希腊》，《美学与诗学：诠释学的实施》，吴建广译，北京大学出版社 2013 年版，第 1 页。

叔本华、里尔克、策兰等众多有影响力的近现代哲学家和诗人都醉心于古代希腊的诗意。如伽达默尔所说,"希腊图像从温克尔曼到尼采的演变能够丈量出希腊本质极为宽广的张力跨度",① 这种思想上的返乡绝非率性任意而为,而是与严肃的现代性危机紧紧相连的。面对主观主义和科学主义的极度张扬,研究古希腊哲学出身的伽达默尔深深感到,仅仅从希腊哲学理念中汲取的力量远不足以拯救人类于困境之中,唯有像浪漫精神倡导的那样返回希腊原初的诗意生存境界,才能够摆脱这场空前的现代危机。

自进入工业社会,不论哲人抑或诗人都无法忽视工业与科技发展所导致的异化,他们看到科技理性建构的"文明"中人类精神的孤苦无依,也预感到长此以往人类终将无家可归的宿命。人的特质在日益科学化和物质化的生存状态中逐渐弱化甚至失去了人之为人的意义。作为人类预言家的诗人和哲学家不可能面对这种现代悲剧无动于衷,他们比以往任何时候都更为人类的处境与未来忧心忡忡,其冥思苦想的出发点和归宿都转向了人的现实生存问题,并且更热烈地呼唤一种与物质化相对抗的力量。在这个意义上,德国浪漫派诗人和哲学家实际上是最现实的诗人与哲人。出于共同的忧患意识,诗人与哲学家的界限变得模糊起来,"把哲学诗歌化,把诗歌哲学化——这就是一切浪漫主义思想家的最高目标。"② 一直以来相互攻击的诗人与哲人不约而同地找到了同一个归宿——古希腊的诗意境界,那里蕴藏着人类最后的希望。深深沉醉在酒神精神中的尼采曾发出这样深深的感慨:"任何人只要一度哪怕在梦中感觉自己回到古希腊生活方式,他就一定能凭直觉对这种效果的必要性发生同感。"③

席勒、史雷格尔和尼采等浪漫思想家以及荷尔德林、里尔克、策兰等德语诗人都认为古希腊神话和诗歌同根同源,古希腊世界就是神话世界,就是诗的世界。同时,古希腊诗歌从不注重表现诗人主观上对客观世界的感受,古希腊诗歌里只有朴素而充满灵性的人与原始的世界最自然的相处,即一种无关主客、不分物我的和谐存在状态。希腊艺术是如此炫目,让浪漫时代的思想家纷纷心向往之,比如在席勒眼中,近代诗歌与古代诗歌就几乎不能加以比较,如果不得已为之,那简直是对后者的贬抑和对前

---

① [德] 伽达默尔:《荷尔德林与古希腊》,《美学与诗学:诠释学的实施》,吴建广译,北京大学出版社 2013 年版,第 1 页。
② [德] 卡西尔:《人论》,甘阳译,上海译文出版社 1985 年版,第 198 页。
③ [德] 尼采:《悲剧的诞生》,《悲剧的诞生——尼采美学文选》,周国平译,生活·读书·新知三联书店 1986 年版,第 108 页。

者的礼遇了。尼采则感叹：希腊时代"抒情诗人的'自我'就这样从存在的深渊里呼叫；现代美学家所谓抒情诗人的'主观性'只是一个错觉"①。而科学主义要以一种新的方式实现人类对自然的支配，就必须将人从和谐的诗意世界中引诱出来，放大以理性为中心的人的主体性，将神话和诗代表的希腊艺术视为与科学真理对立的假象，如此的恶果就是使人脱离和忘记故土，无根地飘荡在浮躁而干涸的思想荒原上。面对科学主义的横行，尼采曾痛心地表示："只要想一想这匆匆向前趱程的科学精神的直接后果，我们就立刻宛如亲眼看到，神话如何被它毁灭，由于神话的毁灭，诗如何被逐出理想故土，从此无家可归。"② 现代哲人与诗人身处于虚伪冰冷的机械社会，苦苦找寻着出路，最终发现只有在希腊世界中才保留着最丰富最纯真的情感、美与人性——这些凝聚在一起就是人身上真正的诗性。现代西方文化就如同一个脱离母体后失去母亲庇佑的婴孩，营养不良又受到各种毒素的侵染最终导致畸形，虽然侥幸生存至今，但他永远饥肠辘辘，不得不向来路探寻着，寻找自己的根。

伽达默尔也将希腊神话的诗性力量看得很特别，这自然有着德国人骨子里的浪漫因素在其中。但伽达默尔进一步加入了深刻的历史性考量，认为神话具有与历史理性不同的真正历史深度，因此他不像叔本华、尼采等人在言语中透露着悲观情绪，而是对未来仍充满着希望。伽达默尔认为人类古老的神话与童话就像火把一样，虽然有时暗淡，但从未熄灭，它们为人类指引着走出困境的方向。他说：

> 神话的意义和童话的意义是隐藏得最深层的意义。……实际上，只要神话在诉说，它们就是真正的思考，是真正的全知者，它们在黑暗中闪烁照明并对我们进行教导。……我们这些历史人在被儿童称作自己的东西的神话和童话面前显得无援无助。因此，我们经过启蒙的理性仍处于神话力量的控制之下。人类的精神史并不是解脱世界的神话的过程，不是用逻各斯用理性去消解神话的过程。……理性其实反

---

① ［德］尼采：《悲剧的诞生》，《悲剧的诞生——尼采美学文选》，周国平译，生活·读书·新知三联书店1986年版，第18页。
② ［德］尼采：《悲剧的诞生》，《悲剧的诞生——尼采美学文选》，周国平译，生活·读书·新知三联书店1986年版，第73页。

倒受神话的包围并永远处于神话的支配之中。①

不难看出，对于伽达默尔而言，回到古希腊的境界就意味着恢复神话般的诗意以及童话般的赤子之心。人类文明以神话和诗为诞生的摇篮，历史证明人类命运也的确如神话与诗所预言的那样发展轮回。我们知道我们从何而来，又怎样一路至此，那么应该去往何处？这个问题已然不言自明：神话与诗既是人类的故乡，同样也是人最终的皈依之所。

概言之，以艺术作为哲学的阵地，将诗与生命的意义完全融为一体，为现实中人类的异化深感忧虑进而试图回归希腊诗意世界，上述德国浪漫主义精神的典型特征在伽达默尔的诗化思想中都有所反映。实际上，德国浪漫主义反思的最大共同点就是不再以思辨和理性为中心，而是一再关注人的命运、价值和归宿问题，从根本上说这是一种人本主义的态度和运思方式。18 世纪末以降，德国浪漫精神经过几代人的发展传承，始终将人的生命和生活世界浪漫化，以诗来拯救陷于科学主义包围的人类，伽达默尔几乎完全继承了这一遗风。正如伽达默尔自己所说，浪漫主义的人文传统构成了其思想特别是与诗有关的思想的出发点和基础，同时他又没有完全浸淫于浪漫传统而无法自拔。因此他能够走得更深更远，途经同样继承了浪漫精神又表现出强烈个人风格的海德格尔诗意生存思想，最终形成独具特色的诗化哲学。

第三节　师门之学

伽达默尔的哲学思想给人的印象之一是兼容并蓄、海纳百川。从伽达默尔的著述中可以看到，自古希腊直至整个 20 世纪，哲学、美学、神学、语言学、人类学等人文领域里上百位思想者都曾是伽达默尔反思的对象，为伽达默尔点燃过思想的火花。但是这其中还是有几个格外突出的人物，除了上述提及的，还要特别为胡塞尔和海德格尔留出显著的位置。伽达默尔是海德格尔的爱徒，而胡塞尔是海德格尔的老师。伽达默尔除了反复研读过胡塞尔和海德格尔的著作外，也接受过二人的耳提面命。伽达默尔本人的论著以及几十年来的学界评述也能反映出，胡塞尔和海德格尔对伽达

---

① ［德］伽达默尔：《当今德国哲学中的历史问题》，《诠释学Ⅱ：真理与方法》（修订译本），洪汉鼎译，商务印书馆 2007 年版，第 41—42 页。

默尔影响之直接与强烈是不争的事实。总体而言，伽达默尔的哲学本体论建立在海德格尔的语言存在论基础之上，而伽达默尔的方法论和认识论则主要源于胡塞尔的现象学。师门之学是伽达默尔诗化哲学体系真正的奠基之石。

一 胡塞尔现象学方法的影响

"现象学"（Phanomenologie/Phenomenology）在词源上可以回溯至18世纪德国哲学家朗贝尔特《新工具》一书的第四部分"现象学或关于假象的学说"。朗贝尔特虽然首先提出"现象学"，但他所研究的现象实为假象，现象学乃一种鉴别真假象之法，还不是一门追问事实本质的现象学研究。"现象学"后经赫尔德以及康德、费希特的发挥，在黑格尔《精神现象学》中得到了确立。黑格尔强调现象学研究应该经由现象去寻求本质，认为这是从普通认识上升到绝对精神的阶梯。[1] 如果说朗贝尔特、康德、费希特以及黑格尔是现象学研究的先驱，那么胡塞尔则是20世纪上半叶席卷哲学界的"现象学运动"当之无愧的领军人。没有胡塞尔，包括海德格尔、伽达默尔、萨特、列维纳斯、梅洛-庞蒂在内的当代哲学家的思想可能就不会以今天的面貌呈现。对此，伽达默尔指出："20世纪，特别是第一次世界大战后的哲学运动，都是与现象学的概念联系在一起的。"[2]

胡塞尔的现象学重组与胡塞尔对西方危机根源的深刻洞察是分不开的。自工业革命以来，西方思想家普遍关注危机，然而胡塞尔对于危机的感受和认识是一般哲学家所没有的。对于现代人类危机胡塞尔不仅亲眼看到，而且亲身体验。胡塞尔在"一战"中痛失一个儿子，另一个儿子身受重伤，战后又遭遇了席卷欧美的经济大萧条以及随之而来的德国政治动荡。1933年希特勒上台。1935年，年逾七旬的犹太哲学家胡塞尔被剥夺公民权，从精神到生活都陷入窘境。在这种持续而强烈的现实冲击之下，这位从不过问政治也反对学生过多参与政治活动的思想家推出了人生的最后一部著作《欧洲科学危机和超验现象学》，对欧洲人的生活危机及其思

---

[1] 国内当代著名的黑格尔研究专家贺麟先生在翻译《精神现象学》过程中，对朗贝尔特到黑格尔的这段"现象学前史"进行了梳理。参见［德］黑格尔《精神现象学》（上卷），贺麟、王玖兴译，商务印书馆1979年版，"译者导言"，第7—11页。

[2] ［德］伽达默尔：《海德格尔和形而上学语言》，《哲学解释学》，夏镇平、宋建平译，上海译文出版社1994年版，第229页。

想根源进行了自现象到本质的全面追问和深入反思。

胡塞尔从一开始就指出,科学危机是生活危机的表现。他看到的并不是危机的现实表象,而是不同领域中具有不同特征的危机之间的内在联系。人真正的危机并非科学带来的物质世界的改变,而是哲学的危机,即思想的危机。实证主义令胡塞尔尤为深恶痛绝,他认为欧洲危机主要源于实证主义对理性主义的误导、对传统理性精髓的腐蚀。他沉痛地指出实证主义思想不仅仅统领了科学,而且在整个社会中肆虐。"现代人让自己的整个世界观受实证科学支配,并迷惑于实证科学所造就的'繁荣'。这种独特现象意味着,现代人漫不经心地抹去了那些对于真正的人来说至关重要的问题。只见事实的科学造成了只见事实的人。"[①] 胡塞尔揭示了现代价值判断的剧变及其隐藏的危险,半个多世纪后的今天,胡塞尔的这一洞见越发显现出了现代预言的意味。因为实证主义对人生意义这一根本问题做不出任何回答,因而在实证主义统领的时代探问人生价值也就变得毫无意义;此外,怀疑论、神秘主义也参与阻挠欧洲人的自我疗伤。在这个意义上,欧洲文明的命运最终取决于一场真科学与伪科学之间的斗争。胡塞尔确信,只有提供一个完整的现象学哲学基础,才能从思想根源上扭转这场人类生存的严重危机。

胡塞尔在 1907 年出版的《现象学的观念》中对"现象学"做了如下规定:"现象学:它标志着一门科学,一种诸科学学科之间的联系;但现象学同时并且首先标志着一种方法和思维态度:典型哲学的思维态度和典型哲学的方法。"[②] 胡塞尔译介及研究专家倪梁康先生从胡塞尔的现象学概念中划分出两层含义:"作为哲学的现象学"与"作为方法的现象学"。[③] 作为哲学的现象学是先验本质的现象学,它所探讨的是纯粹先验意识的根本结构;而作为方法的现象学其基本立场就是反对形而上学思辨,反对主客观的对立分裂,突出本原意义上的事情本身,主张在"直观"中把握事实本身。只要对 20 世纪西方哲学稍作回顾就可以确定,"'现象学的效应'首先并且主要是通过'作为方法的现象学'而得以传

---

① [德]胡塞尔:《欧洲科学危机和超验现象学》,张庆熊译,上海译文出版社 1988 年版,第 5—6 页。
② [德]胡塞尔:《现象学的观念》,倪梁康译,上海译文出版社 1986 年版,第 24 页。
③ 倪梁康:《现象学及其效应:胡塞尔与当代德国哲学》,生活·读书·新知三联书店 1994 年版,第 35 页。

播的，它是使'现象学运动'得以可能的第一前提"①。由于伽达默尔对于胡塞尔"作为哲学的现象学"那种先验唯心的倾向并不赞同，在此主要分析现象学方法对伽达默尔诗化哲学的直接影响。

胡塞尔现象学方法的核心是"本质直观"。在胡塞尔之前，形而上学认识论认为"直观"的对象只能是客观存在的事物即"表象"，而"本质"只能通过抽象思辨获得。胡塞尔不以为然，他提出在意向性活动中，以回忆、想象等对外界的感知活动为基础的多次"个体直观"最终将过渡到"本质直观"。这种"本质直观"的结果既非纯主观的，也非纯客观的，而是一个"心物统一体"，这便是"事情本身"。借助"本质直观"，胡塞尔意在打破近代哲学认识论上的主客观对立，通过"直观中见本质"的方法揭示主体与客体之间无法割裂的联系，突出本原意义上的"事情本身"。

胡塞尔对伽达默尔的实质影响恰恰就在于他给伽达默尔带来了一种特殊的"方法与思维态度"。伽达默尔在《真理与方法》第二版序言中明确道："我的书在方法论上是立足于现象学基础上的，这一点毫无疑义。"②胡塞尔"回到事情本身"的现象学口号给了伽达默尔哲学思维方式以极大启发。伽达默尔指出："所有正确的解释都必须避免随心所欲的偶发奇想和难以觉察的思想习惯的局限性，并且凝目直接注意'事情本身'。"③伽达默尔领会到"回到事情本身"就是让事情自己活动，而人尽量进入到这种活动中去，而不是以主体之姿站在事情之外去审视和分析。也就是说，万事万物是和人一样的独立存在，人如果要认识事物只能以平等的而非凌驾的方式进行。但是现代人根本不准备倾听自在的事物，事物早已附属于人类世界的建构和设计，沦为被人使用的工具或消费的对象。"在一个越来越技术化的世界中谈论对事物的尊重显得越来越荒唐。……现象学分析力图揭露包含在不适当的、带偏见的、任意的构造和理论中的随意假定。"④ 究其根本，现象学为20世纪提供了一种推翻传统形而上学二分法

---

① 倪梁康：《现象学及其效应：胡塞尔与当代德国哲学》，生活·读书·新知三联书店1994年版，第36页。
② ［德］伽达默尔：《第2版序言》，《诠释学Ⅱ：真理与方法》（修订译本），洪汉鼎译，商务印书馆2007年版，第541页。
③ ［德］伽达默尔：《诠释学Ⅰ：真理与方法》（修订译本），洪汉鼎译，商务印书馆2007年版，第363—364页。
④ ［德］伽达默尔：《事物的本质和事物的语言》，《哲学解释学》，夏镇平、宋建平译，上海译文出版社1994年版，第72—73页。

的可能性。

伽达默尔对现象学的运用突出表现在以"游戏"概念为核心的艺术观以及语言观的阐发中。借助"游戏",伽达默尔打破了主观主义的窠臼,将艺术和语言阐释为一个独立于主体意识存在的开放世界,它不断吸引人们参与其中,在这个双方平等无间的游戏过程中,产生了真正的理解,存在的真理同时得以显现。伽达默尔强调:"我对游戏或语言的分析应被认为是纯粹现象学的。"① 以"游戏"为主线的艺术观和语言观已支撑起伽达默尔思想的大半,现象学方法对于伽达默尔的重要性不言而喻。虽然伽达默尔将现象学方法视为一种相当有效的方法,但也清楚意识到它并不能作为唯一有效的方法。伽达默尔说道:"谁试图去理解,谁就面临了那种并不是由事情本身而来的前理解的干扰。理解的经常任务就是作出正确的符合于事情的筹划。"② 在"前理解"这个关键性问题上,伽达默尔洞察到胡塞尔及其整个现象学研究所忽视的一个关键性因素:历史性因素。他认为这一缺失造成了现象学方法本身的局限性,无法解释人类经验中固有的有限性问题,因而会将人正常的有限性当作一种片面或错误来对待。即便晚年胡塞尔提出"生活世界"作为早年纯粹"意识世界"的补充,但是这种视域仍主要是一种淡化了时间观的直观视域,并非真正的历史性视域。因此伽达默尔必须对现象学方法进行改造,他在现象学方法基础上融入了历史意识以及黑格尔的辩证法,"事情本身"就从意向性意识变为了此在的彰显。这一改造为哲学诠释学最终进入人类理解的各个领域提供了有力的方法论支持,为现代人从认识上接近久被遮蔽的真理开辟了可行之路。

总的看来,胡塞尔现象学对于伽达默尔的意义并不在于其具体理论内容,而在于现象学所提出的问题以及看待问题的崭新方式。化解现实人类的生存困境是伽达默尔走向诗性之思的原动力,而胡塞尔把科学危机提高到哲学的高度上来认识,这种深刻的现代危机意识对伽达默尔诗化哲学的形成起到了无形的推动作用。"回到事情本身"的现象学方法经伽达默尔改造后,也成为著名的诠释学方法之硬核。

---

① [德] 伽达默尔:《第 2 版序言》,《诠释学Ⅱ:真理与方法》(修订译本),洪汉鼎译,商务印书馆 2007 年版,第 541 页。
② [德] 伽达默尔:《诠释学Ⅰ:真理与方法》(修订译本),洪汉鼎译,商务印书馆 2007 年版,第 364 页。

二 海德格尔早期存在论的奠基

海德格尔对于伽达默尔的启发与影响不但闻名于整个哲学界,而且伽达默尔本人也从不讳言,这也就意味着海德格尔影响研究是理解伽达默尔整体思想的一个基本而关键的环节。总体看来,海德格尔的思想发展有两个关键期:一是以《存在与时间》为标志的早年存在论时期,二是众所周知的晚年诗化转向时期。海德格尔对于伽达默尔的影响也可大致按这两个时期进行划分,即海德格尔早期存在论为伽达默尔存在观的奠基,以及海德格尔晚年诗化转向对伽达默尔后期思想发展的潜移默化。

首先来看海德格尔早期存在论对伽达默尔基本存在观的奠基作用。

深植于伽达默尔哲学思想之中的存在论立场是在伽达默尔与海德格尔相遇之后建立起来的。在此之前,马堡大学的年轻学生伽达默尔一直潜心于新康德主义研究,然而海德格尔的到来彻底改变了伽达默尔的哲学观念。年近八旬之时,伽达默尔提起当时受到的思想冲击仍是记忆犹新,娓娓道来。伽达默尔回忆道:"当我碰到海德格尔以后,一切都变了样,海德格尔的出现,不只是对我,而且对那时的整个马堡来说都是一个决定性事件。"[1] 自此以后,伽达默尔终身以海德格尔的门徒自居:"我越来越以模仿的方式跟随他的思想,而打心眼里追求历史性的东西。当我在海德格尔身上找到了这种依托,尤其在表述那些思想的历史性和对一去不复返的东西进行阐释学的深化时,往日对自己是尼古拉·哈特曼学生的认同崩溃了。我让自己走海德格尔的路。"[2]

海德格尔的路是一条怎样的路?那是一条通往被封闭许久的存在本真之路。巴门尼德说"存在之外并无非存在","存在"早在古希腊就已经被确立为第一哲学。"存在"一直是哲学家探寻宇宙与人生奥秘的立足点,但是海德格尔却深刻洞悉到西方传统哲学的致命问题也恰恰出在人们的存在观上。"一切哲学都沦于存在之被遗忘状态中。但同时,这种存在之被遗忘状态亦已在《存在与时间》中成了对思想的命运性要求。"[3] 海

---

[1] [德]伽达默尔:《哲学生涯——我的回顾》,陈春文译,商务印书馆2003年版,第23页。

[2] [德]伽达默尔:《哲学生涯——我的回顾》,陈春文译,商务印书馆2003年版,第26—27页。

[3] [德]海德格尔:《〈形而上学是什么?〉导言》,《路标》,孙周兴译,商务印书馆2000年版,第446页。

德格尔指出，形而上学从一开始就用"存在者"和"存在物"代替了"存在"，将存在等同于存在者的总和。这也就意味着，"存在"早已在"存在论"中被无声无息地遗忘，我们处于对存在的离弃状态。这样一种形而上学存在论研究是建立在"目的论的自然学说基础之上"① 的，这使得西方哲学从古希腊开始就一直仿照自然科学模式发展，并在现代到了极致。然而，西方形而上学大厦沿着"存在者"的研究方向建得越高，与根基之间的裂缝也就越大，最终全面瓦解崩塌。因此海德格尔要做的唯一事情就是彻底改变人们对于存在的认识，从根源上解救人类及其哲学精神。

海德格尔将重提存在问题的必要性总结为三点：（一）"存在"是"最普遍的"概念，但并不等于说它是最清楚的概念而不需要进一步讨论。"存在"这一概念毋宁说是最晦暗的概念。（二）"存在"是不可定义的。虽然传统逻辑的定义法可以在一定限度内规定"存在者"，但这一方法并不适用于"存在"。其实传统逻辑本身就根植于存在论中，因此它无法规定存在。存在的不可定义性并不取消对存在意义的追问，而是让我们正视这一问题。（三）"存在"是自明的。只有"自明的东西"才应当成为哲学家的课题，然而概念思维触及"自明性"便会陷入一种僵局。② 上述三点指明，西方哲学对存在的研究从方法到观念都有很大问题，以新的方式重提存在问题便成为一种迫切要求。

海德格尔早期存在观有两个核心范畴："此在"（Dasein）以及"时间性"。海德格尔选择"此在"这一表述主要有两个考虑：一是他不想将"存在"与意识、主体、自我再联系到一起，此在即"人之在场"，是一种境域式的存在构成，无关主客观的对立或划分；二是仍然强调人作为存在者的特殊性，人是唯一能意识到其存在的存在者，存在只有与人产生关系之时才具有完满的意义："此在是一种存在者，但并不仅仅是置于众存在者之中的一种存在者。从存在者层次上来看，其与众不同之处在于：这个存在者在它的存在中与这个存在本身发生交涉。"③ 再来看"时间性"。

---

① 郑湧：《M. 海德格尔对解释学的哲学贡献》，《人文杂志》2008 年第 6 期。此处引文为伽达默尔对郑湧论文的批注。
② ［德］海德格尔：《存在与时间》（修订译本），陈嘉映、王庆节译，生活·读书·新知三联书店 1999 年版，第 4—6 页。
③ ［德］海德格尔：《存在与时间》（修订译本），陈嘉映、王庆节译，生活·读书·新知三联书店 1999 年版，第 14 页。

海德格尔的意图是以时间性来阐释此在，时间实为理解存在问题的视域。"在隐而不彰地领会着解释着存在这样的东西之际，此在由之出发的视野就是时间。我们必须把时间摆明为对存在的一切领会及解释的视野。"①时间性并不"存在"而是"到时候"，这一特性决定了人一被抛入世界就向死而生，对死亡的忧心与畏惧使人们认识到自身的有限性，但也正是始终面向死亡的有限生存使得存在的整体性以及存在的本真境域对人充满意义。因此，时间性被海德格尔作为"我们称为此在的这种存在者的存在之意义"。②如此看来，海德格尔存在论的主要内涵即存在者并非存在，但存在是存在者的存在；人生而被抛入世，以一种充满生存意义的方式与世界同在，而存在的意义也唯有在人的参与之下才能显现。这种基本存在论要求人们体会与顺应既非主观也非客观但又同时包含主客观世界的自然生存状态，体会存在本质上的时间性/历史性，而不再从早已根深蒂固的主客观对立的绝对立场去看待存在。海德格尔的前期思想侧重于从现象学对此在生存状态进行描述，呈现出人存在的事实性先于人对生存的反思性这一真理。伽达默尔将海德格尔的存在观吸纳入自己的哲学思想中，形成了贯穿其诗性思想始终的基本存在论立场。

伽达默尔的哲学起步于将海德格尔的存在论纳入真理问题的探讨。其实在海德格尔那里，真理就已经与存在紧密联系在一起，在《存在与时间》之后，海德格尔也通过《形而上学导论》《论真理的本质》等著述继续就这一关系进行了一些探讨。伽达默尔则集中精力将存在真理观扩大化和明朗化。可以说伽达默尔的哲学探究的只有一个问题：真理如何得以可能，这也是《真理与方法》的题旨所在。无论对于海德格尔还是对于伽达默尔，真理的实现只与存在的显现唯一相关。质言之，海德格尔的存在论是伽达默尔思想体系的根本立足点，存在论立场从伽达默尔哲学诠释学确立之时直至晚年的诗化期都没有动摇过，海德格尔的存在论对于伽达默尔思想的重要性是毋庸置疑的。

三 海德格尔晚期诗化思想的潜移默化

自20世纪30年代起，海德格尔开始深入思考诗、艺术和语言，希望

---

① ［德］海德格尔：《存在与时间》（修订译本），陈嘉映、王庆节译，生活·读书·新知三联书店1999年版，第21页。

② ［德］海德格尔：《存在与时间》（修订译本），陈嘉映、王庆节译，生活·读书·新知三联书店1999年版，第22页。

借此彻底摆脱西方概念思维，直接进入思与在的原初本真。海德格尔从思想观念到语言风格都发生了明显的转变，他从《存在与时间》时期操着哲学语言建构存在论思想体系的哲学家，变成了一位以朦胧诗语引领人们进入理想栖居世界的诗化哲人。值得注意的是，在向诗和艺术靠近的过程中，海德格尔发现东方智慧与他所要追寻的东西有着惊人的相通之处，他在东西方思想之间建立起对话的基点，这不失为海德格尔诗化探索的一大贡献。一方面，西方形而上学的根基以及内部结构在海德格尔这一轮更具震撼力的攻势之下遭到了进一步破坏，西方开始对概念式思维进行普遍的反思；另一方面，东方诗意思维在世界范围内也受到新的瞩目。伽达默尔对海德格尔的诗化以及向东方智慧的探索也有着自己的认识："有两件事对每个人来说都是无可否认的：与海德格尔相比没有人像他考虑的那么深远，使人们明白了人类历史终止于今天的技术文明；要为直接从希腊思想中充分理解建立起科学和形而上学的大地主宰（思想）而奋斗。没有人敢在不合传统概念这块摇摇晃晃的土地上第一次将其他文化特别是亚洲文化的人类经验从远方作为我们自己经验的可能性呈现出来。"[①] 可以肯定地说，思想的全面诗化并未弱化海德格尔在人类思想史上的影响力，反而为他的存在论增色添彩。海德格尔的诗化之思给人类思想带来的改变只不过刚刚开始，其影响还在持续。

海德格尔晚年酷爱荷尔德林甚至亲手写诗，并尝试以半诗化的语言来表达思想，因为海德格尔确信只有诗才能通达真理开启存在。"作为存在者之澄明和遮蔽，真理乃通过诗意创造而生成。"[②] 海德格尔晚年从诗歌出发，但绝不囿于作为文学的诗，他的"诗"是一个宽广得多的范畴，诗是存在的家园，而诗人是守乡者。这里要注意，海德格尔所谈之诗，德文作"Dichtung"，而不是狭义的诗歌"poesie"。海德格尔看重 Dichtung 所含的"构造""筹划""设计"之义，[③] 以突出诗使存在真理澄明的建构性和过程性。在《荷尔德林诗的阐释》第二版前言中，海德格尔曾特别指出："诗的历史唯一性是决不能在文学史上得到证明的，而通过运思

[①] [德] 伽达默尔：《哲学生涯——我的回顾》，陈春文译，商务印书馆 2003 年版，第 208 页。

[②] [德] 海德格尔：《艺术作品的本源》，孙周兴选编《海德格尔选集》，上海三联书店 1996 年版，第 292 页。

[③] 陈嘉映：《海德格尔哲学概论》，生活·读书·新知三联书店 1995 年版，第 285 页。

的对话却能进入这种唯一性。"① 而该书增订第四版前言只有一句话："本书的一系列阐释无意于成为文学史研究论文和美学论文。这些阐释乃出自一种思的必然性。"② 可见，海德格尔的诗化思想仍是一种哲学之思，因为唯"诗"能思现代哲学所不思，所以他才走向诗，以诗的力量来拯救思想。综观海德格尔晚年诗性之思，其要点大致如下：

其一，"诗"思科学所不思。

海德格尔将科学视为传统哲学即形而上学自身的问题。海德格尔质疑，现代人经常提起的"哲学的终结"真的源于外部力量对哲学的摧毁吗？海德格尔指出，科学是在形而上学开启的视域内发展起来的。科学进程实际上属于哲学之完成，"这一进程的展开如今在一切存在者领域中正处于鼎盛。它看似哲学的纯粹解体，其实恰恰是哲学之完成"③。因此，海德格尔对于科学以及形而上学的反思是绑缚在一起的。在海德格尔看来，哲学在科学达到顶峰的今天，也走向了尽头。那么在哲学从开端到终结的历史中，"想必还有一项任务隐而不显地留给了思想，这一任务既不是作为形而上学的哲学能够达到的，更不是起源于哲学的诸科学可以通达的"④。我们不禁要追问：哲学终结之际为思想留下了何种任务？

这一任务就是思科学所不思、思形而上学所不思之事。哲学及科学所未思的是什么呢？海德格尔说：是"澄明"（Lichtung）。"我们把这一允诺某种可能的让显现（Scheinenlassen）和显示的敞开性命名为澄明。"⑤显现必须在某种光亮中进行，光亮在真正自由的敞开之境中游戏运作，并在其中与黑暗相冲突。照亮某物就是使某物轻柔，使某物自由自在，使某物敞开，如此形成的自由境界就是"澄明"。一言以蔽之，"澄明乃是一切在场者和不在场者的敞开之境"⑥。没有光就没有美的外观——柏拉图早已认识到了这一点。而海德格尔进一步指出倘没有自由的澄明之境，就

---

① ［德］海德格尔：《荷尔德林诗的阐释》，孙周兴译，商务印书馆2002年版，第2页。
② ［德］海德格尔：《荷尔德林诗的阐释》，孙周兴译，商务印书馆2002年版，第1页。
③ ［德］海德格尔：《哲学的终结和思的任务》，《面向思的事情》，陈小文、孙周兴译，商务印书馆1996年版，第60页。
④ ［德］海德格尔：《哲学的终结和思的任务》，《面向思的事情》，陈小文、孙周兴译，商务印书馆1996年版，第62页。
⑤ ［德］海德格尔：《哲学的终结和思的任务》，《面向思的事情》，陈小文、孙周兴译，商务印书馆1996年版，第67页。
⑥ ［德］海德格尔：《哲学的终结和思的任务》，《面向思的事情》，陈小文、孙周兴译，商务印书馆1996年版，第68页。

无所谓光；而没有光，黑暗也就失去了意义，那么这个混沌世界也就谈不上存在与否了。澄明是存在的根本，它是一切存在物的在场，但却是形而上学及其科学所未曾思的。

海德格尔注意到，其实在哲学开端之际也有过谈论澄明的言说，出现于巴门尼德的哲理诗中。巴门尼德在《残篇》第一篇第28行以下，道出了"无蔽"。无蔽在一个"圆满丰沛"的轨道上循环，开端和终点处处同一，中间绝无扭曲、阻隔和闭锁的可能。无蔽本身犹如心脏，将一切允诺无蔽的东西聚集于自身，而首先使无蔽成为可能的乃是敞开的澄明。[①] 海德格尔指出，"无蔽"只有在"在场性之澄明意义上"才与真理的显现相关，在这个意义上，真理也如澄明一样，久被人所遗忘。

乍看之下有人可能会问，这种"澄明"之思难道不是一种神秘主义玄想吗？针对这种质疑，海德格尔给予了坚决的反击。首先，在理性或者说合理的东西已经变得站不住脚的情况之下，关于非理性主义的种种断然否定本身也就是虚幻且毫无根据的；其次，思想和生活的现实危机告诉我们，理性化和科学化那摄人心魄的魔力已然成为这个世界上非理性的最极端的代表。在理性主义面前，海德格尔的澄明之思反倒是一种极为清醒的思想追问。澄明总是对被遮蔽的存在的澄明，是自身一直隐于晦暗中的澄明，是处于"被遮蔽"状态之下的澄明。伽达默尔显然领悟到了海德格尔这种看似晦涩玄妙的表述背后的深刻："从年轻的海德格尔的最早讲演中就流传出这样一句话：'生命是朦胧的。'朦胧的存在……是指它云蒸雾罩。因而这句话就是说，从属于生命之本质的，就不是在自我意识中所能完全公开说明的，而总是不断地在烟幕的遮蔽之中。"[②] 海德格尔的思考并未就此止步，他发现长久以来不为哲学与科学所察所思的"澄明"不正是原初的希腊诗境吗？意识到这一点的海德格尔，毫不犹豫地走向了诗。

其二，诗思同源。

当海德格尔回望思之源头发现，在古希腊前苏格拉底时代"诗"与"思"有着同源关系，它们共同源于"在"。"让值得思的东西向我们道说，这才意味着——运思。当倾听诗的时候，我们在思索诗。这便是诗与

[①] [德]海德格尔：《哲学的终结和思的任务》，《面向思的事情》，陈小文、孙周兴译，商务印书馆1996年版，第70页。

[②] [德]伽达默尔：《康德与解释学转向》，严平编选《伽达默尔集》，邓安庆等译，上海远东出版社2003年版，第316页。

思在场的方式。"① 而思误入歧途成为形而上学，与诗也就渐行渐远。诗思的同源性指明了当代人的出路：返回。返回何处呢？返回到开端，返回到天地神人和谐共存的世界。迷途之思要完成这一回归，就必须与诗结缘。为了达到这种诗思合一的境界，海德格尔甚至以诗论诗，通过作诗来展现诗与思在场的方式。海德格尔《从思的经验而来》组诗之九表达的正是"诗思同源于在"的主题：

  运思之诗性依然蔽而不显。

  运思之诗性彰现处
  有如半诗歌之智性虚幻
  久而久之矣。

  而运思之诗
  实乃在之地志学

  在之地志学
  以在的真实到场
  公布着在之行止。②

"诗"者"思"者皆朝向存在。然而在这黑夜漫漫、幽困昏冥的时代，本应公布"在"之出场及隐没的思想家却早已转而去言说人的主体意志，只剩下诗人于黑暗中吟咏道说存在之澄明。在这种情形下，诗人"必须特别地诗化诗的本质"③ 才能独自肩负起被哲学家放弃的彰显存在的天职。而在世之人如果仍然想做真正运思之人，就要学会倾听诗人的道说，因为在诗中隐藏着被黑暗遮蔽的存在。海德格尔看重荷尔德林的原因也正在于作为诗人的荷尔德林担负起了思入存在的哲学重任。"诗人思入

---

① Heidegger, M., "Words", *On the Way to Language*, Translated by Peter D. Hertz, New York: Harper & Row Publishers, 1982: 155.
② ［德］海德格尔：《从思的经验而来》，孙周兴选编《海德格尔选集》，上海三联书店1996年版，第1162页。
③ ［德］海德格尔：《诗人何为?》，《林中路》，孙周兴译，上海译文出版社2008年版，第245页。

那由存在之澄明所决定的处所。……荷尔德林的作诗活动如此亲密地居于这一处所之中，在他那个时代里任何别的诗人都不能与之一较轩轾。荷尔德林所到达的处所乃是存在之敞开状态；这个敞开状态本身属于存在之命运，并且从存在之命运而来才为诗人所思。"① 在这里应特别注意，海德格尔所谓的思并不提供传统意义上的观念或概念，而是一种体验或直观，是"作为与存在之关联的转变来经验和检验自身"②。

由此，海德格尔为哲学指明了向诗靠拢、向诗意存在回归的方向。思是充满诗意之思，而诗是思的倾听与诉说，诗与思都是存在的敞开与澄明。在海德格尔那里，诗、思、在是浑然一体的。事实证明，海德格尔对诗思同源性的确认给包括阿多诺、伽达默尔、哈贝马斯等人在内的新一代哲学家带去了思想深处的震动，他们的哲学或多或少表现出了诗性气质。海德格尔的诗思同源观几乎被伽达默尔完整吸纳，成为伽达默尔诗性思想的基本观念之一。

其三，人诗意地栖居。

"劬劳功烈，然而人诗意地／栖居在大地上。"荷尔德林的这句诗，因为海德格尔的推崇广为人知。如今，这一名句已经被深深的烙上了"海德格尔的印记"，成为海德格尔思想的最佳代言。正如海德格尔自己所说的那样，他采用这一诗句，"并不是对一种从科学遁入诗歌来拯救自己的思想的装饰"③。他希望由此使人们终有一天能够真正地思索：什么是"存在之境"和"栖居"。如何能进入到诗意栖居的境界才是海德格尔诗化哲学的全部奥秘所在。

在这里，"栖居"即为"在之中"（In-Sein）④，是此在的基本存在建构或方式。人究竟如何栖居于大地之上？海德格尔认为通过"筑造"，而"作诗"便是使人栖居的"筑造"。海德格尔指出："作诗乃是原初性的筑

---

① ［德］海德格尔：《诗人何为？》，《林中路》，孙周兴译，上海译文出版社2008年版，第246页。
② ［德］海德格尔：《论真理的本质》，《路标》，孙周兴译，商务印书馆2000年版，第233页。
③ ［德］海德格尔：《关于人道主义的书信》，《路标》，孙周兴译，商务印书馆2000年版，第422页。
④ 在《存在与时间》中，海德格尔已从词源学上指明"在之中"（In-Sein）的"之中"（in-）源自"居住"（innan-）、"逗留"（habitare）。参见［德］海德格尔《存在与时间》（修订译本），陈嘉映、王庆节译，生活·读书·新知三联书店1999年版，第63页。

造。作诗首先让人之栖居进入其本质之中。作诗乃是原始的让栖居。"①在这个意义上,"作诗建造着栖居之本质。作诗与栖居非但并不相互排斥。毋宁说,作诗与栖居相互要求着共属一体"②。海德格尔认为,我们在现实中确实可能非诗意地生活着,但人在本质上仍是诗意栖居的。为什么会如此?海德格尔告诉人们,一种栖居之所以可能是非诗意的,只是由于栖居在本质上原是诗意的。这就如同人必须本质上是明眼人,才可能成为盲人。一块木头或石头是决不会失明的。③ 因此,我们对于诗意的追寻,实际上是为了找回忘却了的记忆,是一种生存意义上的返乡;仅仅因为在现实中找寻诗意而不可得,便放弃或否定生存本质上的诗意,这是根本性的错误。人最早作为人而非动物在大地栖居,并不是以建筑居所为标志,而是以拥有了语言为核心的诗化文明为标志。人类在原始时期进行的一切活动和思想无不散发着诗性,天地间到处飘荡着人类真挚纯真的吟咏歌唱。那时的人们诗意地栖居在大地上,而如今的我们却惶惶地居留在冰冷的钢筋水泥框架中。只有理解了原初的诗意栖居,我们才能切实地体会到现实中的非诗意的居住,洞彻我们何以非诗意地栖居,才有可能迎来从非诗意到诗意栖居的转变。

同狄尔泰、尼采、胡塞尔等哲学家一样,海德格尔提出"诗意地栖居"是针对科学所引发的人类身心生活的迷惘而做出的反思,其中蕴含着深刻的社会现实意义。在现代生活中,几乎所有的居住都是与诗意格格不入的。"我们的栖居为住房短缺所困扰。即便不是这样,我们今天的栖居也由于劳作而备受折磨,由于趋功逐利而不得安宁,由于娱乐和消遣活动而迷迷惑惑。"④ 耕耘栽种、建房架桥,此为筑居的方式之一。但这种制造式的筑居成就并没有证明人已进入栖居,更重要的是,如果将这种筑居视为最终目的而渴慕追求,缘木求鱼,反而会阻止栖居进入其本质。刘小枫先生对栖居也给出了自己的理解:"人之为人者,是他能在劳碌奔忙的范围内,

---

① [德]海德格尔:《"……人诗意地栖居……"》,孙周兴选编《海德格尔选集》,上海三联书店1996年版,第478页。
② [德]海德格尔:《"……人诗意地栖居……"》,孙周兴选编《海德格尔选集》,上海三联书店1996年版,第478页。
③ [德]海德格尔:《"……人诗意地栖居……"》,孙周兴选编《海德格尔选集》,上海三联书店1996年版,第478页。
④ [德]海德格尔:《"……人诗意地栖居……"》,孙周兴选编《海德格尔选集》,上海三联书店1996年版,第463页。

由此范围出发,超越此范围而仰望神圣。"① 遗憾的是,庸庸碌碌的现代人已经忘记了生活的本来面目,即"栖居是以诗意为根基的"②。

该怎样进入诗意栖居的境界?这就涉及海德格尔诗化思想的真正核心——语言。海德格尔认为,诗的语言才是存在的家,人与存在只能在诗的语言中相遇。因此,人要重返诗意的栖居,就必须仰赖诗性语言。

其四,诗以语言彰显存在。

对人类而言,"存在"存于何处?海德格尔早已指明:在语言之中。"语言是存在之家。人居住在语言的寓所中。思想者和作诗者乃是这个寓所的看护者。"③ 海德格尔又说:"存在自行澄明着达乎语言。存在总是在通向语言的途中。"④ 真正的思想者和诗人就是通过他们的诗意道说在语言之中保持着对存在澄明的敞开状态,他们将语言从语法和逻各斯中解放出来,并使之进入原初的构造中,即与存在相联通的建构。"唯有这样,语言才以那种神秘的、但又始终贯通并且支配着我们的方式而存在。"⑤ 存在并不是现成之物,它必须通过一种最普遍也最基本的中介才能为人们切实感受,那就是语言。人们一直行进于通往语言的途中,在那里与存在相遇,进入存在的澄明与亮敞之光。在这个意义上,语言是人与存在本真照面的唯一方式。

那么人长久以来与存在背道而驰,一直在黑暗之中游荡的原因又是什么?问题也恰恰就出在语言上。在晚年的海德格尔看来,语言既是"最清白无邪的事情"所在的领域,又是人拥有的"最危险的财富"⑥。语言一方面提供存在之敞开绽放的可能性,"惟有语言处,才有世界。"⑦ 另一方面,它也造成了存在之迷误,这就是形而上学给语言带来的危险性。

---

① 刘小枫:《诗化哲学——德国浪漫美学传统》,山东文艺出版社1986年版,第241页。
② [德]海德格尔:《"……人诗意地栖居……"》,孙周兴选编《海德格尔选集》,上海三联书店1996年版,第465页。
③ [德]海德格尔:《关于人道主义的书信》,《路标》,孙周兴译,商务印书馆2000年版,第366页。
④ [德]海德格尔:《关于人道主义的书信》,《路标》,孙周兴译,商务印书馆2000年版,第426页。
⑤ [德]海德格尔:《关于人道主义的书信》,《路标》,孙周兴译,商务印书馆2000年版,第426页。
⑥ [德]海德格尔:《荷尔德林和诗的本质》,《荷尔德林诗的阐释》,孙周兴译,商务印书馆2002年版,第38页。
⑦ [德]海德格尔:《荷尔德林和诗的本质》,《荷尔德林诗的阐释》,孙周兴译,商务印书馆2002年版,第40页。

"语言同时既是存在之家亦是人之本质的寓所。唯因语言是人之本质的寓所，历史性的人类和人才可能并不以他们的语言为家，以至于语言在他们那里变成了他们的各种阴谋诡计的外壳。"[1] 将语言仅仅作为理性标志的主观主义倾向最终导致了现在普遍流行的语言符号论，语言在现代沦为现成的词汇与句法规则构成的符号系统，仅仅是人们表达交流的工具。但在海德格尔看来，"语言不只是人所拥有的许多工具中的一种工具；相反，惟语言才提供出一种置身于存在者之敞开状态中间的可能性"[2]。与俗成的语言工具论对立，海德格尔认为语言在本质上并非"人"的言说，而是语言自身的言说。在形而上学的误导之下"语言必然不断进入一种为它自身所见证的假象中，从而危及它最本真的东西，即真正的道说"[3]。所以海德格尔最终将语言分为两种：导致假象和空谈的形而上学语言，以及通往存在之敞开的诗性语言。要真正思入存在就必须抛弃逻辑理性的形而上学语言，返回诗性语言。在思者误入歧途的情况之下，世间只剩下诗人仍在倾听与应和存在的言说，即语言本身的言说。诗人虽仍然被海德格尔所看重，但在他那里，诗人已经从浪漫主义时代有如神助的"语言创造者"退为"语言的聆听者"，唯有诗本身还保持着语言的原初本色，诗被推上了"原语言"的至高之位。"诗乃是对存在和万物之本质的创见性命名——绝不是任意的道说，而是那种首先让万物进入敞开域的道说。……诗乃是一个历史性民族的原语言（Ursprache）。"[4] 这就是海德格尔后来在思想以及思想的表达上都极力地偏向诗性语言的根本原因。

虽然诗语也被伽达默尔最终确定为思想的基点，但也正是在诗语问题上伽达默尔与海德格尔的分歧也表露出来。这成为了解伽达默尔诗性思想的关键。

事实上，在伽达默尔诗化思想形成初期，即《真理与方法》成书前后，海德格尔的思想转向对于伽达默尔的强烈影响就已相当明显，正是海

---

[1] ［德］海德格尔：《关于人道主义的书信》，《路标》，孙周兴译，商务印书馆2000年版，第425页。
[2] ［德］海德格尔：《荷尔德林和诗的本质》，《荷尔德林诗的阐释》，孙周兴译，商务印书馆2002年版，第40页。
[3] ［德］海德格尔：《荷尔德林和诗的本质》，《荷尔德林诗的阐释》，孙周兴译，商务印书馆2002年版，第40页。
[4] ［德］海德格尔：《荷尔德林和诗的本质》，《荷尔德林诗的阐释》，孙周兴译，商务印书馆2002年版，第47页。

德格尔学说中"蕴含的诗意和能量"使他前此的经历"都变得苍白一片"①。伽达默尔从艺术到存在乃至语言三大支柱领域的基本观念都脱胎于海德格尔晚年的诗化语言思想：艺术真理的去蔽、诗思科学所不思、诗思同源以及诗意栖居等与存在澄明密切相关的海德格尔诗化思想被伽达默尔悉数吸收，在这些问题上师徒二人保持着高度的一致性和相通性。伽达默尔本人也坦然承认："我的哲学诠释学正是试图遵循后期海德格尔的探究方向并以新的方式达到后期海德格尔所想完成的工作。"②

恰恰在诗性语言观上，伽达默尔提出了与海德格尔不同的观点。虽然伽达默尔也将诗性语言作为存在本体，但是他并不同意海德格尔将诗性语言从语言中独立出来的说法。在伽达默尔看来，当海德格尔的形而上学语言观产生时，海德格尔便陷入了一种语言的困境。③ 伽达默尔质疑，一种语言因为思考形而上学就应该被称为形而上学的语言吗？伽达默尔认为并非如此。因为语言总是具有准备表达的无限可能性，也许有的时候真理在语言中被遮蔽，有时真理又得到澄明，但语言本身是没有界限和尽头的，这些都是走在语言途中的正常遭遇。诗性语言和表达形而上学概念的语言在本质上都是语言，绝不应该将这二者视为两条根本不同的语言道路。如果硬要用诗性语言来对抗形而上学语言，将会陷入语言的自我分裂的境地，最后也就从内部瓦解了存在论的根基。对于伽达默尔而言，诗性语言并不是对立于传统语言的另一类语言，而是彰显存在的典型语言。在诗歌中，语词直接展现自我遮蔽又自我敞开的存在律动，是具有极大语言威力的语言，也就是伽达默尔后来常说的"卓越文本"。因此，伽达默尔明确表示："现在我自己也不得不反对海德格尔，我认为根本不存在形而上学的语言。……实际上只存在其内容由语词的运用而规定的形而上学概念。"④ 总之，语言是伽达默尔诗性之思的全部基础，伽达默尔之所以坚决捍卫语言的整体性，正是要避免其个人思想体系乃至整个存在主义思想

---

① [德]伽达默尔：《哲学生涯——我的回顾》，陈春文译，商务印书馆 2003 年版，第 25 页。
② [德]伽达默尔：《在现象学和辩证法之间——一种自我批判的尝试》，《诠释学Ⅱ：真理与方法》，洪汉鼎译，商务印书馆 2007 年版，第 12 页。
③ [德]伽达默尔：《在现象学和辩证法之间——一种自我批判的尝试》，《诠释学Ⅱ：真理与方法》，洪汉鼎译，商务印书馆 2007 年版，第 11—15 页。
④ [德]伽达默尔：《在现象学和辩证法之间——一种自我批判的尝试》，《诠释学Ⅱ：真理与方法》，洪汉鼎译，商务印书馆 2007 年版，第 13 页。

流派从根基瓦解的危险。

章启群先生在 20 世纪末已看到海德格尔诗化转向与伽达默尔重艺术、重历史、重语言的思想风格之形成有着直接的联系,"在诗中,存在处于敞亮和澄明之中,真理因而出现。所以,纯粹的语言是诗,诗是真理发生之处,亦是存在昭示之所。海德格尔这种哲学的诗化,亦是开伽达默尔熔哲学、历史、艺术于一炉的先河"①。但是,伽达默尔在《真理与方法》之后经过一番审慎抉择也走上了诗化之路,这一现象还未引起多少注意。实际上,伽达默尔晚年思想表现出的浓郁的诗性色彩与海德格尔早年存在论的奠基以及晚年诗化思维的影响都有着脱不开的干系。也正是因为牢牢扎根于海德格尔早年存在论,伽达默尔最终发展出了有别于海德格尔晚年风格突转的诗性语言观,其诗化思想保持着高度的内在一致性,完成了继承与反思中的自我发展。

第四节 小结:哲学史视域下的伽达默尔诗化哲学思想

哲学家思诗论诗自古有之,诗与哲学之间的关系一直为西方哲学家与美学家津津乐道,成为西方思想的标志性主题。长久以来,对存在本真的追求,被西方哲学家奉为圭臬,亦是诗人之宗旨。诗与思同源而生,比邻而居,然而形而上学的出现割裂了这种初始和谐,诗人和哲人都自命追寻人类命运之源,却不能给予对方同样的无上荣耀,公元前 6 世纪到前 5 世纪古希腊那场著名的诗人与哲人之争宣告"两派争论将在以后各个世纪中,以各种不同的形式持续下去"②。柏拉图将荷马和希腊剧作家驱逐出理想国曾给予诗人以沉重一击,在伽达默尔看来"或许我们再也找不到另一个哲学家如此完全彻底,如此激烈地摒斥艺术的价值,否定它所宣称的对最深刻、最难以获得的真理的揭示"③。这样的攻击如果来自一位枯燥刻板的理性主义哲学家倒也不足为奇,但却很难想象"从一个他自己

---

① 章启群:《理解与审美——伽达默尔解释学及其美学意义》,《解放军外语学院学报》1994 年第 5 期。
② [美] 吉尔伯特、[德] 库恩:《美学史》,夏乾丰译,上海译文出版社 1989 年版,第 10 页。
③ [德] 伽达默尔:《柏拉图与诗人》,《伽达默尔论柏拉图》,余纪元译,光明日报出版社 1992 年版,第 43 页。

的著作被诗歌源泉滋润的人中，从一个放射着诗的光辉（这种光辉数千年来培育着人类）的哲学家那里得到这种观点"①。柏拉图站在哲学家的立场对诗人充满敌意，然而其笔下苏格拉底的对话又被公认为极富诗化色彩，其中蕴含的诗意以及哲思究竟该如何协调？柏拉图身上的巨大矛盾正说明了诗与哲学之间世代对抗但又难舍难分的复杂关系。虽然由于柏拉图的影响，诗被排斥于真理门外，在很长时间里主要供娱乐或教化之用，但事实上要诗人不预言人类命运，不展现存在的意义，这样的时刻在人类历史上从未有过。文艺复兴之后，哲学作为智性的代表在理性主义时代占据了明显上风，而诗则因为语言浮华、情感放纵而再次遭到贬弃。18世纪末，德国古典哲学将形而上学推上了顶峰。令人惊讶的是，诗的光芒不但没有熄灭，反而从18—19世纪开始重又照亮了哲学家的双眸。诗作为艺术和审美的杰出代表得到历来仇视诗歌的哲学家的垂青，诗成为缓和形而上学带来的一系列分裂的最后的镇痛药。

尼采以降，情况发生了更显著的变化。工业与科技的异常发展，使现代西方哲学家隐隐感到了哲学与人类的空前危机，理性建构的哲学大厦摇摇欲坠。哲学家们只能积极寻找哲学以外的声音，他们不约而同听到了诗歌的曼妙之音。于是哲学家背离了几千年来轻慢诗歌的传统，纷纷走上了通往诗境的虔诚皈依之路。在此过程中，德国人再一次表现出深邃思想与卓越文采的激情碰撞。自狄尔泰以来的德国哲人尤为喜欢从富有哲理沉思的德国新浪漫诗作的解读中发挥个人思想——海德格尔、本雅明、马尔库塞、伽达默尔、阿多诺、阿伦特都是如此；同时，里尔克、格奥尔格、策兰、特拉克尔、黑塞等极具哲学家气质的德语系诗人迅速崛起，以富有哲学意味的诗文继续追问人有限生命的存在方式问题。诗与哲学的颉颃状态发生了改变，哲学与诗渐渐化敌为友，相互呼唤彼此依靠，出现了这种前所未有的局面，其中固然有德国浪漫主义遗风的因素，但究其根源还是因为它们共同遭遇到了一场空前的危机，不得不联手奋力抵抗同一个冰冷无情的强大敌人——科技文明。

伽达默尔的诗化哲学就是在对哲学与诗这种相斥相吸、分分合合的历史反思中形成并发展起来的。伽达默尔从青年时代开始就始终与当时最具影响力的思想流派——如现象学、存在主义、解构主义接触与论辩。他与

---

① ［德］伽达默尔：《柏拉图与诗人》，《伽达默尔论柏拉图》，余纪元译，光明日报出版社1992年版，第51页。

时代潮流紧紧相连，又不轻易向其屈从，始终从一种深邃的历史意识出发思考一切问题。古希腊哲学、德国古典美学不可避免地在新康德主义阵营中成长起来的这位德国学院派哲学家的思想中留下深深印记；文学研究及古典修辞学的专业背景使古希腊思想、德国浪漫精神以及荷尔德林、里尔克、格奥尔格、策兰的抒情诗都成为伽达默尔重要的思想来源；更无须赘述思想导师海德格尔对他沁入骨髓的浸润溉济。所有这些汇聚在一起非但没有湮没伽达默尔，反而成就了他，成为伽达默尔得天独厚的优势，帮助他形成了兼容并包的诗哲风格。

在哲学诠释学迅速崛起的同时，反对的声音也不绝于耳。20 世纪 70—80 年代以来，德里达、阿佩尔和哈贝马斯等哲学家纷纷指责伽达默尔的理论过于维护传统权威，缺乏学术中应有的批判性，质疑哲学诠释学是否真的具有包容纷争、化解矛盾的普遍有效性。这成为伽达默尔晚年走向诗性之思一个主要的外在诱因。在论战过程中，伽达默尔逐渐反省到《真理与方法》仍不成为一个自足的体系，他陆续撰写了大量论文表达了随后的思想发展，其中一个越来越明显的倾向，就是开始有意强调诗对于哲学诠释学的重要性。在 1985 年出版的自传中，伽达默尔明确指出后期论文对《真理与方法》是一种重要补充，同时伽达默尔特别提到，这一时期，"我对诗学的研究也是一项集大成的工作"[1]。另据国内伽达默尔研究的权威专家洪汉鼎先生回忆，2001 年 101 岁高龄的伽达默尔提出了"诠释学是一种幻想力或想象力"（Hermeneutik ist Phantasie）的新观点，伽达默尔随后还对此进行了补充说明："在我们这个充满科学技术的时代，我们确实需要一种诗的想象力，或者说一种诗（Gedicht）或诗文化。"[2] 借助诗，伽达默尔几乎不可思议地将有限与无限、物质与精神、感性与理性等在西方形而上学传统中极端对立的多重矛盾带入了一种相对平衡的状态。诗性之思不仅不是伽达默尔哲学研究之余的闲情逸致，反而是哲学诠释学进一步的思想升华。如此看来，诗无疑是伽达默尔思想中大可追问的东西。因此有必要进入伽达默尔创造的诗意世界，揭开其中一些鲜为人们提及的重要内容，重新认识和把握伽达默尔的整体思想脉络。

---

[1] ［德］伽达默尔：《哲学生涯——我的回顾》，陈春文译，商务印书馆 2003 年版，第 172 页。

[2] 洪汉鼎：《作为想象艺术的诠释学（上）——伽达默尔思想晚年定论》，《河北学刊》2006 年第 1 期。

第二章

诗化哲学之"体"
——伽达默尔诗性之思的理论剖析

伽达默尔的诗化哲学是兼顾体用的整体思想。"体"为伽达默尔诗化之思的理论维度,由艺术论、语言论、存在论三个层面交织而成;"用"为诗化思想在诗歌批评中的体现与应用,即实践维度。如严复所言:"体用者,即一物而言之也。有牛之体,则有负重之用;有马之体,则有致远之用。"[①] 体用为一,理事互融,双向回环,两个维度共同构成一个完整、立体、动态的体系。本章从艺术、语言和存在三个基本层面对于伽达默尔诗性思想之体进行理论上的梳理,下一章则反观伽达默尔的诗歌批评实践对体的呼应和契合,从而尝试对伽达默尔诗化哲学做一全景式的观照。

第一节 艺术论

伽达默尔曾就艺术在人类历史中的重要意义发出这样的感慨:"传统给我们提供了哪些手段呢?首先给我们提供方向的是'艺术'这个词,我们永远也不要低估这个词可能告诉我们的东西。"[②] 伽达默尔将本人难以掩盖的艺术情结首先归结为德国浪漫主义人文精神在其思想中的遗存与发展,并认为人文主义使得精神科学天然上接近艺术经验。他说:"我的出发点只是:历史的精神科学,即使当它脱离了德国的浪漫主义并渗透了现代科学精神时,仍然保存了一种人文主义的遗产,这种遗产不仅使它区别于现代所有其他的研究,而且使它接近了完全是另外一类的非科学经

[①] 严复:《严复集》(第三册),王栻主编,中华书局1986年版,第558—559页。
[②] [德]伽达默尔:《美的现实性——作为游戏、象征、节日的艺术》,《美的现实性——作为游戏、象征、节日的艺术》,张志扬等译,生活·读书·新知三联书店1991年版,第17页。

验，尤其是艺术的经验。"① 除此之外，伽达默尔艺术观在更大程度上是《艺术作品的本源》中海德格尔艺术观的延续。伽达默尔充满激情地将海德格尔关于艺术作品本源的讲演称为"轰动一时的哲学事件"，认为这一讲演的论题"激发了一种令人惊异的新的理解性"②。毫无疑问，自此艺术便被伽达默尔确定为诗性之思的起点及最广阔的天地。《真理与方法》的运思便是一个很好的证明。与一般哲学论著大相径庭，《真理与方法》一书并没有开门见山地提出哲学理念，而是以艺术作品的存在方式为切入点，从揭开艺术真理的神秘面纱开始展开关于理解真理的系统论述。学界公认伽达默尔对一般哲学家颇感棘手的艺术问题，特别是对于艺术迥异于自然科学的表现方式的分析是全书一大亮点。艺术的独特意义在伽达默尔晚年言说中更为突出，他撰写了诸如《美的现实性》《论诗歌对探索真理的贡献》《词语与意象中的艺术作品："如此真实，如此富于存在感！"》《哲学与诗歌》等大量艺术专论，不断对诗与真理的关系进行深入探索。即便在教育等其他论题的论著当中，诗与艺术作为真理的澄明也被伽达默尔反复提及。

　　长久以来，艺术被视为艺术家的宣泄方式、欣赏者的审美对象、大众的娱乐消遣工具——总之，艺术作品是人的主观意识与情趣的附属品。伽达默尔却提出了截然不同的观点：一件艺术作品，在完成之后就是一个自在自为、自我展现的"构成物"，它不再受作者和外界的影响；相反，它吸引欣赏者进入其中与之游戏，艺术作品在展现自我中存在。艺术在伽达默尔那里获得了本体论的意义。伽达默尔艺术思想中最突出的一点，就是打破"艺术只与美有关，而与真毫不相干"的审美思维定式，指出艺术不但"美"而且"真"，艺术之"真"又直接与"在"相关。究其实质，艺术真理乃是"存在的去蔽与显现"。

　　当然，仅从本体论角度对艺术真理问题进行探究，不见得会走得深远。对于艺术，总是存在一个如何理解和解释的问题，也就是一般意义上的认识论和方法论问题。在伽达默尔看来，探讨艺术真理问题不仅离不开理解问题，而且理解本身就是艺术真理构成的一个核心环节，因为艺术真

---

　　① ［德］伽达默尔：《第2版序言》，《诠释学Ⅱ：真理与方法》（修订译本），洪汉鼎译，商务印书馆2007年版，第532页。

　　② ［德］伽达默尔：《〈艺术作品的本源〉导言》，《美的现实性——作为游戏、象征、节日的艺术》，张志扬等译，生活·读书·新知三联书店1991年版，第96页。

理只有在欣赏者达成理解的过程中才得以实现,这种真理是过程性的、场域性的。他指出:"艺术作品的经验包含着理解,本身表现了某种诠释学现象,而且这种现象确实不是在某种科学方法论意义上的现象。"① 很明显,对于伽达默尔而言,"理解"一方面具有本体论意义,另一方面也确实与"通往真理的方式"相关,即同时还具有传统认识论和方法论层面的意义。鉴于伽达默尔在论述中对"认识论"与"方法论"等概念有意回避以此与自然科学方法论相区别,这里也不采用"诠释学方法"这一诠释学相关研究论著中的常见提法,而是倾向于尊重伽达默尔的本意,以"理解论"来表示从艺术出发的人文科学"真理的通达方式"。对伽达默尔诗化哲学艺术论层面的解析也从"艺术真理观"以及"艺术理解论"两个向度展开。

一 艺术真理观

伽达默尔因为对真理这个古老命题的孜孜以求闻名于当今思想界。历史上对人类思想产生重大影响的真理观主要有两种:宗教真理观以及科学真理观。虽然两种真理观时至今日仍受到极其广泛而坚定的膜拜,但是伽达默尔敏锐地察觉到,两千年前彼拉多(Pilatus)的提问"真理是什么?"② 从未失去意义,直到今天仍然决定着我们的生活,这种疑问推动着人类真理观的不断发展。"真理是什么?"是彼拉多对宗教信仰之下的"真理"的质疑,尼采把这种怀疑发展为对科学真理的怀疑。在尼采看来,科学总是要求证明并提出证明,因而和宗教狂热者一样毫不宽容,科学压根是一种虚弱的标志,是人类生命晚期的产品,是辩证法的创造者苏格拉底带到世上的颓废遗产。虽然伽达默尔在对科学的认识上并不完全跟随尼采,但是他将尼采对于科学真理的怀疑精神延续下来。伽达默尔心中也有着同样的疑问:"科学真的像它声称的那样是真理最后的审定者和唯一承担者吗?"③ 难能可贵的是,伽达默尔并没有急于对科学进行全盘否定,他认为,科学本身并没有什么过错,相反它对物质生活和精神生活的进步功不可没。一方面,科学给现实生活带来了实质性的巨大改善;另一

---

① [德] 伽达默尔:《诠释学Ⅰ:真理与方法》(修订译本),洪汉鼎译,商务印书馆2007年版,第142页。
② 《新约·约翰福音》第18章第38行。
③ [德] 伽达默尔:《什么是真理?》,《诠释学Ⅱ:真理与方法》(修订译本),洪汉鼎译,商务印书馆2007年版,第52页。

方面，科学也曾使人类"从众多成见中解放出来并从众多幻觉中醒悟过来"①，让人们对世界有了更客观和准确的认识和了解。真正有重大问题的是近代以来以准确性去衡量一切真理的"科学方法"，"科学方法"被应用到太多它本不该出现的领域中，科学狂热很多时候是科学方法的狂热，它尤其在人文科学领域中埋下了巨大隐患。

伽达默尔再次从古希腊思想之源展开科学问题的探讨。伽达默尔看到这样一个事实：由古希腊人创造的科学理念和我们现代科学概念的范畴完全不同。对于古希腊人来说，真正的科学只有数学而不是泛泛而言的自然科学。因为数学的对象是纯理性的存在，可以在完全封闭的演绎体系中得到表现，从而成为所有科学的典范；而现代科学观的看法则是，数学只是最完美的认知方法，对数学独特的存在方式却视而不见。从这种明显的对比中伽达默尔看到，"近代科学的形态经历了与希腊和基督教西方科学形态的根本决裂。如今占统治地位的是方法概念"②。伽达默尔进一步深刻地洞察到，科学方法的统治只能给人类带来整齐划一的思维定式，以及由其限定进而扭曲的真理观。伽达默尔对近代科学方法之路做出了这样的评价：

> 近代意义的方法尽管能在不同的学科中具有多样性，但它却是一种统一的方法。由方法概念规定的认识理想就在于我们这样有意识地大步走上一条认识的道路，以致有可能永远继续走这条道路。方法（Methodos）就叫作"跟踪之路"（Weg des Nachgehens）。总是可以像人们走过的路一样让人跟随着走，这就是方法，它标志出科学的进程。但由此就必然会对随着真理要求能出现的东西进行限制。③

从中可以看到，在真理问题上伽达默尔绝没有像尼采那样视科学真理为毒草而要将其连根拔除。相反，恢复人文科学真理"丝毫不使现代科

---

① [德] 伽达默尔：《什么是真理?》，《诠释学Ⅱ：真理与方法》（修订译本），洪汉鼎译，商务印书馆2007年版，第53页。
② [德] 伽达默尔：《什么是真理?》，《诠释学Ⅱ：真理与方法》（修订译本），洪汉鼎译，商务印书馆2007年版，第56页。
③ [德] 伽达默尔：《什么是真理?》，《诠释学Ⅱ：真理与方法》（修订译本），洪汉鼎译，商务印书馆2007年版，第56页。

学自身的内在发展规律丧失其本身的重要性"①，即并不破坏和否定自然科学应有的价值和意义。伽达默尔只是要恢复被科学方法遮蔽的另一种真理的作用范围，因为我们的时代受科学方法的制约也许比受科学本身的制约更强烈得多。在今天的人文学界，伽达默尔的真理观保持了一种极为难得的清醒和适度，一方面他努力抵抗自然科学方法的僭越，另一方面他又不会过分夸大精神科学真理的力量和界限，从而避免走向另一个反科学的极端。

在所有人类经验中，艺术经验无疑与科学最为不同，伽达默尔常常将艺术经验直接称作"非科学经验"。伽达默尔在艺术特别是诗中发现了迥异于科学的真理之光，艺术成为伽达默尔眼中真理显现的典范。在一定意义上，艺术与科学共同构成了人类文明的两极。如果艺术也有其真理，那么艺术真理的本质究竟是什么？一言以蔽之，就是诗意存在的显现与去蔽。伽达默尔正是要通过对艺术真理的维护，凸显自然科学的理念与方法在人文生活中的局限，洗刷掉数学和逻辑所规定的"真理"概念对艺术、历史以及整个人文科学的严重腐蚀，从而恢复人文科学真理的合法地位。伽达默尔主要从艺术作品的本体论意义、艺术作品的存在方式、审美存在的时间性三方面对艺术经验中存在的真理进行了深刻的揭示。

（一）艺术作品的本体论意义

艺术作品作为一种自主的存在，这是艺术真理显现的一个基本前提。只有自在自为、不受主观控制和外在因素绑缚的存在，才可能从本质上与真理相通。然而早在柏拉图那里，艺术便被认为与真理相隔两层，是对真理低劣的模仿，也就在根本上成为非真的东西。② 这一著名的艺术理念直接导致艺术在很长时间内被视为与真理无关的东西，甚至是与真理相对立的虚假幻象。艺术不过是依附于人的主观情感、意识和趣味的衍生物或是客观世界的反映物，这种艺术观时至今日仍然为众多人所接受。随着艺术本体地位的丧失，通往存在的艺术真理大门也紧紧闭锁了。

伽达默尔曾说过："当一个新的真理的要求与传统的形式相对抗时，

---

① ［德］伽达默尔：《第2版序言》，《诠释学Ⅱ：真理与方法》（修订译本），洪汉鼎译，商务印书馆2007年版，第532页。
② ［古希腊］柏拉图：《理想国》，《柏拉图文艺对话集》，朱光潜译，人民文学出版社1980年版，第68—79页。

艺术的合理性这一严肃的老课题就要一再被提出来。"① 伽达默尔的艺术真理观就是在与传统艺术观的遭遇中产生的。在此借助 M. H. 艾布拉姆斯著名的艺术坐标图式，对既往的艺术观做一扼要回顾，在参照之中能够更好地把握伽达默尔艺术本体论的理论特点。艾布拉姆斯对传统艺术理论类型做出了精彩的概括。他指出，千百年来艺术理论虽然层出不穷，极富多样性，但是几乎所有力求周密的理论都要涉及四要素：作品、艺术家、世界、欣赏者（见图 2-1）。

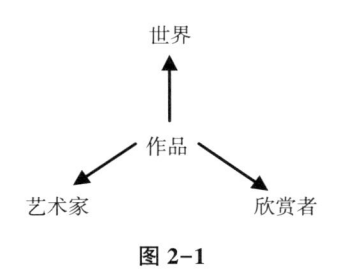

```
        世界
         ↑
        作品
       ↙    ↘
   艺术家    欣赏者
```

图 2-1

当然，四个坐标并非一成不变，而是在不同的艺术理论中各有范畴上的差别。以"世界"为例，它既可能指自然界，又可特指艺术家想象的活动天地，也会指向包括外在和内在世界的一个更宽泛的范畴。另外，不论哪种艺术观，它往往只偏重其中一个方向上两个坐标之间的关系。艾布拉姆斯注意到了这些事实，但同时也强调艺术理论流变的清晰呈现还是需要通过这样一个简单而灵活的参照系，因为，"增门添类固然加强了我们的辨识力，却使我们丧失了简便性和进行提纲挈领式分类的能力"②。以这个图式为基础，艾布拉姆斯提出艺术理论史有四大主要理论类型：模仿说、实用说、表现说和客观说。

"模仿说"关注作品和世界之间的关系，倾向于将艺术作品解释为对世间万物的模仿。柏拉图提出的艺术论是最早也最典型的模仿说。柏拉图认为艺术模仿的是表象世界，而表象世界又是对理念世界的模仿，因此艺术在世间处于很低的地位。在这里，判断艺术价值的唯一标准就是艺术与理念世界之间的关系。亚里士多德在《诗学》中也把诗界定为模仿，他

---

① ［德］伽达默尔：《美的现实性——作为游戏、象征、节日的艺术》，《美的现实性——作为游戏、象征、节日的艺术》，张志扬等译，生活·读书·新知三联书店 1991 年版，第 2 页。
② ［美］艾布拉姆斯：《镜与灯：浪漫主义文论及批评传统》，郦稚牛、童庆生译，北京大学出版社 2004 年版，第 6 页。

认为模仿是对万物运动过程本身的模仿，模仿不是抄袭事物的外形，而是一种创造性的活动，因此他与柏拉图在模仿的认识上有显著差别。亚里士多德从艺术作品与外部世界的各种关系出发去把握艺术的对象、手段、方式、类型，对后世艺术批评影响很深。"实用说"则将艺术作品的创作目的指向欣赏者的快感，最理想的标准是"寓教于乐"，这是从贺拉斯的《诗艺》到整个18世纪如塞缪尔·约翰逊、莱辛、赫尔德等绝大部分批评家持有的艺术观。根据其持续时间以及支持者的人数来看，这种实用主义的艺术观"大致上可被认为是西方世界主要的审美态度"[1]。但"实用说"有一个自我瓦解的潜在因素：艺术创作既然为了迎合欣赏，那么就要求诗人必须具有高超的判断能力和创作技艺。诗人的地位渐渐得到突出，诗人其他的心理能力和感情需要也得到重视，这就促使批评兴趣从欣赏者的快感逐渐转向艺术家自身，出现了一个新的艺术观——"表现说"。华兹华斯著名的"诗是强烈情感的自然流露"标志着这样一种艺术观的确立，即艺术作品既不是对外界现实的模仿，也不是为着迎合大众而作，真正的作品只是艺术家真挚情感淋漓尽致的表现。抒情诗顺理成章成为最高的艺术形式，因为诗是情感最纯正的表现；而诗人则接替神和欣赏者，成为新的审美规范的制定者。艺术理论的最后一个走向是客观化进程。"客观说"在原则上将艺术作品从世界、创作者和欣赏者所有这些外界参照物中孤立出来，把它当作一个由作品本身各部分按其内在关联而构成的自足体，这一观念在近几十年逐渐成为文艺批评的重要模式。

从传统"模仿说"到"表现说"，艺术作品从未获得真正意义上的自我存在：艺术作品先是对世界的模仿，后变为对欣赏快感的迎合，接着被视为艺术家情感的表达。不论在哪一种理论趋向中，艺术作品都无一例外地沦为主体认识与感受的媒介或对象。艺术作品作为研究对象，它的存在意义总是归结为背后的某种他在。艺术作品的价值标准要么是"它是否忠于自然、忠于现实？"要么是"它是否能对欣赏者起到教化作用？是否能引起观众的愉悦或悲伤？"或者是"它是否真挚？是否符合诗人创作时的真实心境？"概言之，艺术作品不过是一面镜子，一度面向自然和世界，一度又照向欣赏者和观众席，后来又转向诗人的心灵。可是艺术作品自己的真容是什么？艺术作品有没有独立存在的意义？这种疑问在伽达默

---

[1] [美]艾布拉姆斯：《镜与灯：浪漫主义文论及批评传统》，郦稚牛、童庆生译，北京大学出版社2004年版，第19页。

尔同时代甚至更早一些的诗人和文论家的脑海中同样存在，对于这个问题的探索最后导致了上述理论中的最后一种倾向——"客观说"的形成。俄国形式主义、英美新批评、结构主义等都可归于这一类。"客观说"首次把关注的焦点完全放在艺术作品本身，把作品视为自我决定的存在，是一个脱离一切外在关系的独立构成体。在淡化作者在艺术理解中的作用方面，伽达默尔的艺术本体论大体上属于"客观说"范畴。但实际上伽达默尔的艺术本体论仍具有明显区别于其他客观化理论的独特之处，区别的关键便在于艺术作品这个本体是否与欣赏者以及外部世界相关联，是否承认欣赏者在艺术价值实现过程中的重要性。伽达默尔重视作品的自主地位，将艺术作品视为一个自在自为的中心世界，但这是一个开放的世界，它始终处于与外部世界以及欣赏者千变万化的互动过程中。艺术品将欣赏者引入自己的世界，在欣赏者与之互动的过程中作品意义得以真正表现，艺术作品通过表现自我同时展现了这个世界的存在真理。

如此看来，对于伽达默尔而言艺术真理不是"对象式"的，而是一种"体验式"的真理。只有放弃先入为主的主观意识，将个体生命投入到艺术作品的世界中去，我们才有可能在一个流动的体验过程中与真理照面。所以重建艺术真理的第一步，就是要将本体地位交还给艺术作品。其实，伽达默尔坚持的艺术本体论并非什么前所未闻的独创观点，诗或者说艺术本就是一个独立自在的世界，这是前苏格拉底时代的普遍认识。但现代人早已遗忘这一点，粗暴地将原本属于艺术作品自身的主体性攫取占据，如此一来艺术中本应闪耀的真理之光也被遮蔽了。伽达默尔积极捍卫艺术被剥夺已久的自主权，正是因为他发现唯有恢复艺术作品的本体论意义，人们才能与"必须一起参与其中去获取的真理"[①] 照面，而这种照面"就是与某种未完成事物的照面，并且这种照面本身就是这种事物的一部分"[②]。

（二）游戏：艺术作品的存在方式

具有本体论意义的艺术作品是如何存在着的呢？这个问题在伽达默尔的真理观中是一个关键。与其说艺术作品的存在方式直接关系到艺术真理的显现，不如说艺术作品的存在方式就是艺术真理显现的方式。伽达默尔

[①] ［德］伽达默尔：《诠释学Ⅰ：真理与方法》（修订译本），洪汉鼎译，商务印书馆2007年版，第19页。

[②] ［德］伽达默尔：《诠释学Ⅰ：真理与方法》（修订译本），洪汉鼎译，商务印书馆2007年版，第140页。

在《真理与方法》中首先用游戏这一概念来表示艺术作品的存在方式，在 1974 年萨尔茨堡演讲中他再次以"游戏"为主题，对艺术作品的存在状态做了进一步描述。通过游戏，伽达默尔生动形象地呈现了艺术作品并不容易把握的独特存在方式。理解了伽达默尔赋予"游戏"的特殊内涵，就意味着离认识艺术作品的存在方式更近了一步。

这里必须澄清一点，当伽达默尔提出艺术的存在方式是"游戏"时，游戏已经具有与日常生活中的玩乐消遣活动不尽相同的内涵。伽达默尔清楚地表示，"游戏并不指态度，甚而不指创造活动或鉴赏活动的情绪状态，更不是指在游戏活动中所实现的某种主体性的自由"[①]，游戏在这里具有相当的严肃性，它是针对着长久以来主客体一分为二的主体化审美意识而特别提出的一个譬喻性理念。伽达默尔也绝非旨在挖掘游戏本身的意义，或单纯探讨艺术与游戏或节日之间的关系。游戏命题的出发点和归宿始终是艺术本真问题。因此，若以艺术与游戏之间必然存在的差异性为立足点进行种种批判，对伽达默尔艺术游戏理论的研究没有什么实际意义，更背离了伽达默尔的初衷。

回首以往，柏拉图曾用"床"喻来描述艺术作品与表象世界及本质世界之间的关系；尼采以"日神"和"酒神"精神对艺术起源进行过精彩的解析；海德格尔借助"世界"和"大地"的理念形象地展现了艺术作品中真理隐蔽与去蔽的斗争。伽达默尔则同样采用譬喻性的概念——"游戏"来表现艺术作品自然原初、不拘一格的存在方式，亦取得很好的效果。游戏这个有着古老历史的概念也因此引起美学界的新关注。

伽达默尔这样做，首先是出于一种方法论上的考虑。用比喻的手段辅助复杂问题的研究，在人类思想史上绝非偶然。从人文科学到自然科学，比喻都是话语系统中不可缺失的成分，包括那些非审美性的、描述性甚至是信息化的话语。艾布拉姆斯认为在这一点上"形而上学的系统尤甚，它在本质上是一个比喻的系统"[②]。美学和艺术论域中更是从来不乏比喻，但其中总有一些与众不同，得到明显的眷顾，也产生特别深远的影响。在艺术史上，从古希腊到浪漫主义时代曾经起过重大作用的"床""镜"

---

① ［德］伽达默尔：《诠释学Ⅰ：真理与方法》（修订译本），洪汉鼎译，商务印书馆 2007 年版，第 143 页。

② ［美］艾布拉姆斯：《镜与灯：浪漫主义文论及批评传统》，郦稚牛、童庆生译，北京大学出版社 2004 年版，第 33 页。

"光""源泉""风琴"等命题实际上都是对艺术本质的典型比喻。艾布拉姆斯对这一现象做出了精辟的分析:"传统的看法认为,许多说明性的类比都是偶发的、图解性质的;然而,却有少数几个似乎经常出现,它们不是说明性的,而是**构成性**的:它们能生发出一种文学理论或任何理论的总纲及其基本的构成因素,而且,它们还能对一种理论所包含的'事实'做出选择并施加影响。"① 透过喻体这一媒介物,艺术的某些隐藏特性往往会出人意料地凸现,例如,镜子说的提出,就使人对于艺术作为现实模仿物和反映物这一命题的印象格外深刻。更为重要的是,这种比喻本身提供了一个简单明了的理论框架,使美学家和文艺理论家能从为人熟知的概念构成入手抽象陌生的艺术问题,这在方法论意义上来讲对于艺术和美学观点的澄清极有裨益。

虽然游戏从人类诞生初始就是人类生活重要的一部分,但是游戏概念正式进入艺术论域还是近代的事情。康德借游戏概念对艺术自由问题的一系列阐发被公认为现代艺术游戏观的开端。而席勒以"游戏冲动"理念极大发展了康德的游戏观,引起了当时以及之后学界的普遍注意。艺术游戏观的思想火花给二百多年间的众多美学家、哲学家带去了无穷的理论灵感,赫伯特·斯宾塞、康拉德·朗格、卡尔·谷鲁斯、约翰·赫伊津哈、维特根斯坦、海德格尔、德里达都曾将游戏纳入各自的理论体系,从不同角度不断赋予这个古老命题以丰富内涵。从康德开始不同流派的众多思想家没有另辟蹊径,而仍然以同一个"游戏"概念作为立论和驳论的出发点和核心理念,这十分罕见。游戏是一条追寻近现代艺术理论演变的重要线索,同时也就意味着与前此的典型比喻相比,由康德正式援引入美学论域的游戏概念在某些方面也许更适合艺术真理的揭示。② 游戏譬喻的奇妙特性及其在美学史上的影响早已被伽达默尔所注意,他决定"选取曾在美学中起过重大作用的概念即游戏这一概念作为首要的出发点",③ 通过对游戏概念的全新认识将其个人的艺术真理观与康德、席勒赋予艺术的主观意义彻底分割开。伽达默尔从三个方面重新诠释了游戏的本质。

首先,"游戏"具有严肃性。伽达默尔一开始就挑战了人们对休闲游

---

① [美]艾布拉姆斯:《镜与灯:浪漫主义文论及批评传统》,郦稚牛、童庆生译,北京大学出版社2004年版,第34页。
② 宋阳:《论近代西方艺术游戏观的发端》,《湖北社会科学》2008年第7期。
③ [德]伽达默尔:《诠释学Ⅰ:真理与方法》(修订译本),洪汉鼎译,商务印书馆2007年第143期。

戏的主观思维定式。单纯用来玩的游戏，确实不是严肃的，因为这时游戏只是游戏者消遣的对象，这种游戏在伽达默尔看来也已经失去了游戏原本的意义。实际上，真正的游戏本身具有一种无目的的合目的性，即不是故意为了玩乐而认真自然地投入游戏，最终反而能在这个过程中淋漓尽致地感受到游戏的快乐。只有当游戏者全神贯注于游戏之中，游戏才会实现这种目的。在伽达默尔眼中，"使得游戏完全成为游戏的，不是从游戏中生发出来的与严肃的关联，而只是在游戏时的严肃"①。谁不严肃地对待游戏，谁就是游戏的破坏者，也就无从真正享受游戏的快乐。正是在这个意义上，"游戏活动本身就具有一种独特的，甚而是神圣的严肃"②。

其次，"游戏"的主体是游戏本身。在游戏与游戏者之间所做的惯常的主客观区分，并未反映出游戏的真实性质。严肃的游戏绝不允许游戏者像对待一个对象那样去对待游戏，伽达默尔明确指出："游戏的主体不是游戏者，而游戏只是通过游戏者才得以表现。"③ 游戏本身是一个在与游戏者不断的往复运动中更新自身的活动，这种交互运动对于游戏的本质规定是如此明显和根本，至于是谁进入到这种运动中倒是无关紧要的。"所以，游戏的存在方式并没有如下性质，即那里必须由一个从事游戏活动的主体存在，以使游戏得以进行。"④ 在这个问题上，伽达默尔注意到荷兰著名的游戏论专家约翰·赫伊津哈从人类学角度提出的印证。⑤ 赫伊津哈曾在所有文化中探寻游戏元素，并首先提出动物游戏、儿童游戏与宗教膜拜的"神圣游戏"之间的关联，即在本质上游戏活动者的意识对游戏的"非决定性"。这说明，游戏不仅没有目的和意图，也没有紧张性，游戏本身的秩序结构使得游戏者只要专注于游戏本身，就会摆脱造成此在紧张感的主动性使命感，从而得到一种真正放松性快感。伽达默尔指出，从游

---

① [德] 伽达默尔：《诠释学Ⅰ：真理与方法》（修订译本），洪汉鼎译，商务印书馆 2007 年版，第 144 页。
② [德] 伽达默尔：《诠释学Ⅰ：真理与方法》（修订译本），洪汉鼎译，商务印书馆 2007 年版，第 144 页。
③ [德] 伽达默尔：《诠释学Ⅰ：真理与方法》（修订译本），洪汉鼎译，商务印书馆 2007 年版，第 145 页。
④ [德] 伽达默尔：《诠释学Ⅰ：真理与方法》（修订译本），洪汉鼎译，商务印书馆 2007 年版，第 146 页。
⑤ [荷] 约翰·赫伊津哈：《游戏的人——关于文化的游戏成分的研究》，多人译，中国美术学院出版社 1996 年版。

戏的这种"**被动见主动**"的意义出发,"游戏相对于游戏者之意识的优先性"① 从根本上得到了承认。一切游戏活动都是被游戏的过程,即是说,不是人在玩游戏,而是游戏者被游戏卷入,成为游戏的一部分。"游戏的魅力,游戏所表现的迷惑力,正在于游戏超越游戏者而成为主宰。"②

最后,"游戏"按其本质是一种自我表现活动。自我表现是所有游戏的共同特征,游戏表现的不是人,游戏借助人的参与来表现游戏本身。表现不是游戏本质的一种显露方式,而恰恰是游戏的核心本质所在。游戏的表现性在"观赏游戏"中尤其突出,在这种游戏中由于有观赏者的参与,游戏本身的意义得到完满表现。伽达默尔认为,"观众之墙"是构建观赏游戏世界的最后一堵墙,由于面向观众,游戏才成为一个独立运转的完整世界。在观赏游戏中,游戏者变成了表演者,游戏者处于游戏的表现性整体当中,与游戏一道,向观赏者展现着游戏的意义。戏剧就完全是以观赏游戏的方式存在的。当然,除了戏剧以外,其他类型的艺术表现按其本质也是如此,即无论是否有倾听或观看的欣赏者在那里,艺术总是在展现自我中存在着的。只不过唯有当观赏者真正参与其中,艺术游戏的存在意义才会得到实现。游戏与艺术在自我表现性上的相通,使游戏最终成为诠释艺术作品存在方式的最佳选择被伽达默尔确定下来。

伽达默尔将游戏在本质上与艺术产生关联称为"**向构成物的转化**"③。因为只有在艺术游戏中,游戏才进一步表现出与游戏者的主体行为相脱离,而成为一种自在之物。"构成"意味着完整性、独立性以及实在性。在伽达默尔看来,"构成物就是另一个自身封闭的世界,游戏就是在此世界中进行。……只要游戏是构成物,游戏就仿佛在自身中找到了它的尺度,并且不按照任何外在于它的东西去衡量自身"④。而向构成物的"转化"则是以一个新的存在代替旧的存在。对于转化,伽达默尔给出了相当详细的解释,他指出,"转化"并不是"变化"甚至也不是"特别大规

---

① [德] 伽达默尔:《诠释学Ⅰ:真理与方法》(修订译本),洪汉鼎译,商务印书馆 2007 年版,第 148 页。
② [德] 伽达默尔:《诠释学Ⅰ:真理与方法》(修订译本),洪汉鼎译,商务印书馆 2007 年版,第 150 页。
③ [德] 伽达默尔:《诠释学Ⅰ:真理与方法》(修订译本),洪汉鼎译,商务印书馆 2007 年版,第 156 页。
④ [德] 伽达默尔:《诠释学Ⅰ:真理与方法》(修订译本),洪汉鼎译,商务印书馆 2007 年版,第 158 页。

模的变化"①，因为发生变化的东西同时仍是作为原来的东西存在，并且也总是有一个渐变的过程。而转化则是指"某物一下子和整个地成了其他的东西，而这其他的作为被转化成的东西则成了该物的真正的存在"②，原先的存在消失不见了。这里不存在从一物到另一物的渐变，"彼一物的存在正是此一物的消灭"，这最终也意味着，艺术构成物一旦生成，"在艺术游戏里表现的东西，乃是永远真实的东西"③，即构成物本身而非其他事物。在此意义上，伽达默尔也将转化视为一种"解救"，在艺术游戏的表现中出现的"就是这种属解救和回转的东西，被揭示和展现的，就是曾不断被掩盖和摆脱的东西"④。这就是为什么说艺术作品的自我表现过程其实就是真理的去蔽和显现的过程。

这样一来，主体性对艺术作品构成物的强行干预是如何违背真理也就很明显了。艺术作品一旦创作完成，它便转化成独立的构成物，原来的建筑者即创作者本人就不再是构成物中存在之物。以被消灭了的主体性存在去理解艺术作品的存在便是对构成物的扭曲和破坏。从而可以得出，以游戏方式存在着的艺术作品具有这样的品质：艺术作品的主体就是其本身，它面向观赏者表现自我，构成一个包含着观赏者和艺术作品本身在内的一个独立完整的自在世界，在这个世界中，艺术作品通过不断地自我展现最终开启的是真理的存在。艺术的存在不能仅仅被规定为主体审美意识的对象或者创作心理的反映，正相反，"审美行为乃是艺术作品表现活动中出现的存在事件的一部分"⑤。

如果说由康德奠基、席勒做出重要发挥的艺术游戏说仍然是千年来认识论发展变化的一环，那么伽达默尔的艺术游戏观则超越了认识论层面的思考，从本体论的高度重新提出了艺术作品的存在方式和艺术真理的显现问题。另外，伽达默尔也没有断然把人的主观审美能力完全排斥于艺术作

---

① ［德］伽达默尔：《诠释学Ⅰ：真理与方法》（修订译本），洪汉鼎译，商务印书馆2007年版，第157页。
② ［德］伽达默尔：《诠释学Ⅰ：真理与方法》（修订译本），洪汉鼎译，商务印书馆2007年版，第157页。
③ ［德］伽达默尔：《诠释学Ⅰ：真理与方法》（修订译本），洪汉鼎译，商务印书馆2007年版，第157页。
④ ［德］伽达默尔：《诠释学Ⅰ：真理与方法》（修订译本），洪汉鼎译，商务印书馆2007年版，第159页。
⑤ ［德］伽达默尔：《诠释学Ⅰ：真理与方法》（修订译本），洪汉鼎译，商务印书馆2007年版，第165页。

品的自为世界之外。对于伽达默尔来说,艺术构成物是以作品为中心的一个独立世界,但这个世界敞开和运动的最后一环始终是欣赏者的理解行为。也就是说,艺术作品的意义总是在向欣赏者表现的过程中实现的,欣赏者的参与、理解以及对话是艺术作品构成体实现意义的一个不可缺失的环节。艺术作品存在的方式就是作品与欣赏者之间永不间歇的游戏,艺术的真和美也在艺术游戏运动中隐显。相较于绝对主观化和客观化的两个极端,伽达默尔提出的艺术游戏构成看来更合理更丰满,也更切近艺术发生和存在的真实状态。

(三) 审美存在的时间性

面向审美存在的时间性,这标志着伽达默尔开始对艺术进行深及本质的探究。"审美存在"是对立于主观意识形态下的"审美对象"的一个范畴。伽达默尔坚决反对对象化的审美意识,他认为从一种对象化的观察角度审视艺术作品,完全背离了艺术美发生和展现的真实情况。他以审美存在代替审美对象,就是要将美学关注的焦点从分裂的审美心理和审美对象转移到美的整体存在上。审美存在是这样一种特别的存在:它不固着于任何存在物中,而存在于表现的过程和状态中——美在它的表现之中存在。审美存在固然是包括自然美和艺术美在内的美的普遍现象,但它尤其明显地在艺术中展现。文学、绘画、音乐和戏剧等所有类型的艺术,它的表现或表演本身都是某种根本性的东西,绝不是与本质相分离的表象。"在表现或表演中所完成的东西,只是已经属艺术作品本身的东西:即通过演出所表现的东西的此在 (Dasein)。"[①] 伽达默尔将"只有在表现之中存在"的这种特性与审美存在的"时间性"联系在一起。

涉及"时间性"这个存在论的核心范畴,进一步将艺术与存在的深层问题联系起来。伽达默尔认为有两种基本的时间经验。一种是日常的、实用的时间经验,即"为了某物"的时间。在这种经验中,时间是一个空无的结构,人们必须以某种东西填充进去。一个极端的例子就是"无聊",即没有向空无的结构中填充任何东西;与无聊相对的是"繁忙",也就是从来没有时间,并不断地企图做什么来填满时间,实际上也是一种空虚。在这两种情况下人的存在都没有与时间真正相关,即是说,存在没

[①] [德] 伽达默尔:《诠释学Ⅰ:真理与方法》(修订译本),洪汉鼎译,商务印书馆2007年版,第188页。

有产生意义。极端的无聊和极端的忙碌以同样的方式确定着时间相对于自身的位置,人们会认为自己没有得到或是得到了时间,但实际上并没有额外得到任何东西。伽达默尔指出:"时间在这里是作为必须'被排遣的'或是已排遣的东西体验到的,而不是作为时间来经历的。"① 另一种完全不同的时间经验,伽达默尔称之为"实现了"的时间或"属己"的时间。它不能仅仅由事务来排遣,也不受人的主观支配,它占用的是人的存在、人的生命,在这个意义上,时间才是真正属于人本身的。这种属己的时间突出表现在艺术作品或者审美存在的时间中。为了更明了地解释这个问题,伽达默尔引入了"节日"概念。因为从发生学上看,节日与艺术的起源都与宗教仪式有关,彼此有着最深刻的亲缘关系,可以"从此出发去摸清艺术的节日性和艺术作品的时间结构"②。

首先,节日庆典是一种不断稳定重现的活动,伽达默尔称之为"重返"。在伽达默尔看来,重返的节日庆典既不是对最初庆典的简单重复,也不是另一次截然不同的新庆典,实际上它是以不尽相同的方式对同一节日的表现。在节日独特的当下,它的回忆、现实和期待同时涌现,并将成为下一次庆典的记忆。在这个意义上,节日庆典表现出明显异于其他历史事件的独特性:"在变迁和重返过程中它才具有它的存在。"③

除了变化中的"重返"外,节日最突出的性质就是"同在性"。伽达默尔强调同在即"忘却自我地投入某个所注视的东西"④。对伽达默尔而言,同在意味着"忘我",也就是放弃主体性而"外在于自身"地存在,这构成节日中庆祝者的根本特征。在节日中,日常生活里各自忙碌的人们"不约而同地聚集",以群体形态举行各种从古流传至今的活动,进行共同的生命体验。"假如有什么东西同所有的节日经验紧密相连的话,那就是拒绝人与人之间的隔绝状态。节日就是共同性,并且是共同性本身在它

---

① [德] 伽达默尔:《美的现实性——作为游戏、象征、节日的艺术》,《美的现实性——作为游戏、象征、节日的艺术》,张志扬等译,生活·读书·新知三联书店1991年版,第69页。
② [德] 伽达默尔:《美的现实性——作为游戏、象征、节日的艺术》,《美的现实性——作为游戏、象征、节日的艺术》,张志扬等译,生活·读书·新知三联书店1991年版,第67页。
③ [德] 伽达默尔:《诠释学Ⅰ:真理与方法》(修订译本),洪汉鼎译,商务印书馆2007年版,第174页。
④ [德] 伽达默尔:《诠释学Ⅰ:真理与方法》(修订译本),洪汉鼎译,商务印书馆2007年版,第177页。

的充满形式中的表现。"① 如此看来，节日的时间不是由个人把一段空无的时间填充起来而实现的，相反，"时间是节日地生成的，如果节日的时间来到了的话，它便直接与节日庆祝的特性相联系"②。节日时间不再表现为循序渐进的日常时间，在节日时间里，人们处于突然发现自我生存状态的特殊时间，就如同某人突然发现"自己不是小孩子了"一样，人们进入一个被节日存在状态而非事务占据的时间。在属己的时间里由于时间与生命存在的经验相结合，人们去支配时间、安排时间的惯常反应被消除了。伽达默尔称之为"被激活的生命的时间经验"③。

从"节日"这种被激活的生命经验向艺术存在过渡是简单而自然的。因为"艺术表现总是极大地接近于具有'有机'存在的结构的生命的基本规定"，④ 直白地说，在伽达默尔眼中艺术作品就是一个具有生命特性的有机整体。伽达默尔把活生生的艺术有机体理解为："在它本身中有一个这样的中心，使得它的所有部分除了为自己的自我保存和生命力服务之外不服从第三个确定的目的。"⑤ 伽达默尔进一步总结出艺术有机体的生命力构成的两点要素：其一，它的生命力意味着它一定是"变化、替代、增加、删除"地表现着；其二，它的有机整体性要求艺术构成必须保持它"生动的统一性"，因此绝不允许对核心结构有任何触动。换言之，一件艺术作品的表现会不拘一格、千变万化，在人生的不同阶段带给观赏者新的感觉，但艺术作品的本真从不会因之改变，在这个意义上变化着的复现又始终是同源的、统一的。此外，同节日一样，艺术作品也具有"同在性"。这里的"同在"是指"某个向我们呈现的单一事物，即使它的起源是如此遥远，但在其表现中却赢得了完全的现在性"⑥。也就是说，艺术作品的同在，主要是从前与当下的相通为一，即古老的艺术能够不断对

---

① ［德］伽达默尔：《美的现实性——作为游戏、象征、节日的艺术》，《美的现实性——作为游戏、象征、节日的艺术》，张志扬等译，生活·读书·新知三联书店 1991 年版，第 65 页。
② ［德］伽达默尔：《美的现实性——作为游戏、象征、节日的艺术》，《美的现实性——作为游戏、象征、节日的艺术》，张志扬等译，生活·读书·新知三联书店 1991 年版，第 65 页。
③ ［德］伽达默尔：《美的现实性——作为游戏、象征、节日的艺术》，《美的现实性——作为游戏、象征、节日的艺术》，张志扬等译，生活·读书·新知三联书店 1991 年版，第 71 页。
④ ［德］伽达默尔：《美的现实性——作为游戏、象征、节日的艺术》，《美的现实性——作为游戏、象征、节日的艺术》，张志扬等译，生活·读书·新知三联书店 1991 年版，第 71 页。
⑤ ［德］伽达默尔：《美的现实性——作为游戏、象征、节日的艺术》，《美的现实性——作为游戏、象征、节日的艺术》，张志扬等译，生活·读书·新知三联书店 1991 年版，第 71 页。
⑥ ［德］伽达默尔：《诠释学Ⅰ：真理与方法》（修订译本），洪汉鼎译，商务印书馆 2007 年版，第 179 页。

新的时代产生意义。伽达默尔将这个问题看得很重,他认为,"艺术的课题所交给我们的这个谜归根结蒂正是过去与现在的同时性问题"①。由此可见,艺术作品是一种典型的历史性存在,艺术品有它的属己时间,即为存在而居留的时间。

最终,从艺术作品"游戏"和"节日"的存在特性出发,伽达默尔提出了在艺术中"逗留"的审美主张:"与艺术感受相关的是要学会在艺术品上作一种特殊的逗留……参与在艺术品上的逗留越多,这个艺术品就越富于表情、引人入胜。艺术的这种时间经验的本质就是学会停留,这或许就是我们所期望的、与被称为永恒性的那种东西的有限的符合。"② 逗留不仅仅意味着观看或碰触艺术品的刹那,而是真正以人的有限生命与作品的存在同在,在这个意义上逗留超越了纯粹的审美感知成为人们接近艺术作品及其真理的根本方式,在艺术作品中的短暂逗留是与被通称为永恒的真理的有限照面的时间,这就是观赏者如醍醐灌顶的美妙瞬间。"逗留"已经明显涉及观赏者面对艺术作品的理解问题,这也就引起了从艺术真理观到艺术理解论探讨的过渡。

二 艺术理解论

伽达默尔将学术思想命名为"哲学诠释学"(Philosophische Hermeneutik /Philosophical Hermeneutics) 首先表明他将"理解和解释"作为中心论题,其次意味着他提出的诠释学相较于传统诠释学有了本质改变——从认识论和方法论的诠释学研究转变为真正具有哲学建构的理解研究。把理解作为"此在的存在方式"来把握是从海德格尔开始的。伽达默尔秉承了导师对"理解"的基本理解,从人类的存在经验出发,把诠释学这门专注于精神科学方法和技巧的学科发展为体系严密的哲学。在《真理与方法》第2版序言里伽达默尔对于"理解"现象的本质做出了基本的规定:

我们一般所探究的不仅是科学及其经验方式的问题——我们所探

---

① [德]伽达默尔:《美的现实性——作为游戏、象征、节日的艺术》,《美的现实性——作为游戏、象征、节日的艺术》,张志扬等译,生活·读书·新知三联书店1991年版,第77页。
② [德]伽达默尔:《美的现实性——作为游戏、象征、节日的艺术》,《美的现实性——作为游戏、象征、节日的艺术》,张志扬等译,生活·读书·新知三联书店1991年版,第76页。

究的是人的世界经验和生活实践的问题。借用康德的话来说，我们是在探究：理解怎样得以可能？这是一个先于主体性的一切理解行为的问题，也是一个先于理解科学的方法论及其规范和规则的问题。我认为海德格尔对人类此在（Dasein）的时间性分析已经令人信服地表明：理解不属于主体的行为方式，而是此在本身的存在方式。……"诠释学"概念正是在这个意义上使用的。它标志着此在的根本运动性，这种运动性构成此在的有限性和历史性，因而也包括此在的全部世界经验。既不是随心所欲，也不是片面夸大，而是事情的本性使得理解运动成为无所不包和无所不在。①

我们可以将伽达默尔赋予"理解"的根本属性归纳如下：一是理解并非主体的行为方式或认识方法，而是此在的存在方式；二是理解是标志着此在的有限性和历史性的基本运动；三是理解无所不包、无所不在，是人最根本的世界经验。

伽达默尔将理解视为人的基本存在方式而不是行为方式，赋予了理解显而易见的本体论意义。伽达默尔本人强调，鉴于认识论、方法论已被染上太重的自然科学色彩，认识论与方法论问题必须从本体论/存在论出发来考虑，而不是相反。伽达默尔说："有的时候，认识论和科学理论什么也帮不了我们。因为，被存在论和形而上学看作是个问题的地方，恰恰被自然科学的方法借助于认识论和科学理论而否决；在自然科学方法的被模仿方面，认识论和科学理论被认为要比存在论和形而上学激进得多。而要想彻底消除数学的自然科学及其方法的片面性，还得把对认识论与科学理论的批评进一步拓展到存在论和形而上学。"②

学界对于伽达默尔为人类理解观带来的本体论转变看得很重，很多伽达默尔的研究著述都直接把伽达默尔的理解观称为"理解本体论"。但是，就此断定伽达默尔的理解观仅仅是本体论的，又未免失之偏颇。一方面，本体论总是要与一定的方法论相统一，有怎样的本体论就有怎样的方法论与之相适应；另一方面，伽达默尔将理解的研究方向定为探究"理

---

① ［德］伽达默尔：《第 2 版序言》，《诠释学Ⅱ：真理与方法》，洪汉鼎译，商务印书馆 2007 年版，第 533 页。

② 此处引文为伽达默尔对郑涌论文的批注，参见郑涌《M. 海德格尔对解释学的哲学贡献》，《人文杂志》2008 年第 6 期。

解怎样得以可能",那么单纯的本体建构是无法完成这个任务的,其中总要涉及理解的方式方法问题,要建立一个完整理解论体系的伽达默尔自然不会将"理解"自古以来的方法论意义一笔勾销。实际上,伽达默尔不再纠结于对本体论和方法论进行划分或取舍,他对传统意义上的理解本体论、认识论和方法论进行了一次大融合。同时具有本体论、认识论和方法论性质是伽氏理解论的独特之处。伽达默尔的整个学术体系就是以这样一种新型理解观为骨架建构起来的。

伽达默尔注意到近代以来"方法论"概念早已落入自然科学的控制范围,方法论几乎成为逻辑推理和分析方法的代称,因此伽达默尔在其对人文科学真理的追问中刻意避免了"方法论"的使用。这致使相当一部分学者误以为伽达默尔放弃了方法论诠释学而彻底转向本体论诠释学的研究。其实,伽达默尔从未发表过反对方法甚至放弃方法的言论,他只是反复明确一点:去除"自然科学方法"对于人文科学真理的遮蔽。伽达默尔提出的"审美无区分""效果历史原则""视域融合""诠释学循环"等一系列著名的诠释学理念虽然不是具体的方法,但却是通达真理的基本原则,具有与理解本体论趋向完全一致的方法论指向。而且从现实效应来看,虽然伽达默尔的理解论主要是作为一种整体哲学观提出的,但是也确实为艺术鉴赏和文学批评理论提供了直接的方法论指导。如此而言,仅从本体论角度对伽达默尔理解论进行分析显然过于简单片面。好在 21 世纪已有国内研究者注意到这个问题,重新加入了对理解方法论向度的思考。例如,2005 年彭启福曾指出,"哲学诠释学与一般诠释学的根本差异,就在于它不是一种理解的方法论体系,而是一种理解的本体论"[1]。3 年后他承认伽达默尔的哲学诠释学实际上"并不是简单地摒弃诠释学的方法论,而是潜在地隐含了一种与其本体论诠释学取向一致的方法论转向——从认识论意义的方法论走向生存论意义的方法论"[2]。彭启福对伽达默尔理解观的认识,明显经历了从"理解本体论"到纳入了方法论的"理解存在论"的过渡,这也反映出学界对哲学诠释学"方法论"认识的转变。

在此仍从艺术作品出发,对"理解如何得以可能"展开追问。按伽达默尔本人的运思,"为了确保理解现象的合理范围而从艺术经验开始,

---

[1] 彭启福:《理解之思——诠释学初论》,安徽人民出版社 2005 年版,第 108 页。
[2] 彭启福:《走向生存论意义的方法论——关于伽达默尔哲学诠释学的方法论沉思》,《天津社会科学》2008 年第 1 期。

这绝不只是一种写作布局上的考虑",恰恰是由艺术真理的特点决定的。"通过一部艺术作品所经验到的真理是用任何其他方式不能达到的,这一点构成了艺术维护自身而反对任何推理的哲学意义。"[1] 艺术真理只能去理解而不能去推理证明,艺术真理被长久遮蔽也正是因为人们用分析方法代替了理解,所以艺术是诠释学亟须介入的首个领域。伽达默尔对理解问题的探究从对艺术经验的考察出发进而扩大到整个精神科学领域,一方面揭示了理解的普遍性,另一方面也表明了美并不是一个独立的王国,审美理解与其他理解活动有着本质相同的原则。换言之,理解规律不但完全适用于艺术作品的理解,而且突出地表现在艺术理解中。以下将从"审美无区分""效果历史原则"以及"诠释学循环"三个重要的诠释学观念入手伽达默尔的理解论分析。

(一) 审美无区分

"审美无区分"是伽达默尔针对"审美区分"特别提出的一个独创概念。要想理解"审美无区分"就必须首先弄清楚"审美区分"的含义。1730年鲍姆加登《美学》的发表标志着美学正式成为一门独立学科,自此西方美学家的基本任务就是进行一种"审美区分",即把美从教化、宗教、伦理等现实意义中分离出来,从自然界和人的生活中区分出来,成为一个独立的领域。伽达默尔通过对康德、席勒为代表的主观审美意识的分析,展示了近代美学史上的这种"审美区分"走向。"审美区分"有双重抽象:一方面把审美意识从人的精神世界和生活世界中抽离出来,另一方面又将艺术作品从所属的现实世界中独立出来,最后使审美既脱离客观世界又区别于人的其他意识与感觉,成为一个纯粹而孤立的抽象王国。伽达默尔对于"审美区分"在思想史上的积极意义首先给予了充分肯定,他指出:"审美意识的抽象进行了一种对它自身来说是积极的活动。它让人看到什么是纯粹的艺术作品,并使这东西自为地存有。"[2] 在美的价值认知不够充分的时代,审美区分是必要的,正因为审美意识对美的本质的不断提纯,美才不再像以往那依附于其他非审美的存在,而有了自身的规律和独立的存在意义。

---

[1] [德] 伽达默尔:《诠释学Ⅰ:真理与方法》(修订译本),洪汉鼎译,商务印书馆2007年版,第5页。

[2] [德] 伽达默尔:《诠释学Ⅰ:真理与方法》(修订译本),洪汉鼎译,商务印书馆2007年版,第121页。

但是,"审美区分"迅速发展到了另一个极端:在非功利审美意识之下,美脱离了真实世界而成为精神世界的纯粹抽象。伽达默尔认为,构成艺术作品的因素本来是多元的,它既有审美的,也有社会的、政治的、宗教的、自然的因素,审美的以及非审美的因素在伽达默尔看来都是非常重要的,这些因素有机构成了变化万千的艺术世界,让每一件艺术作品都独一无二。但是审美意识抽象却只把美的因素提取出来,将其作为艺术作品的唯一价值,作为衡量艺术的唯一尺度。去掉那些所谓的"非审美因素",实际是将原本浑然一体的东西撕裂、剥开,割裂了美与真之间的关系。"审美区分"其实并不等同于实际的审美经验,审美区分只存在于对美的形而上学反思之中,它使艺术作品原本"存在于其中并在其中获得其意义的一切宗教的或世俗的影响"乃至"一部作品作为其原始生命关系而生根于其中的一切东西"[①] 都失去了。这就像把盛开的花从土壤中拔出一样,必然使美的东西逐渐枯萎,最终丧失生命力。一言以蔽之,"审美区分"生硬地剥离了艺术作品所属世界及其本身不可分割的重要成分,也切断了观赏者通往艺术真理的道路,最终导致美的虚幻性。

在这种背景之下,伽达默尔提出应该超越审美抽象去获得支撑人类存在的整体性理解,即"审美无区分"的要求。"审美无区分"在本质上与伽达默尔艺术游戏观有着紧密联系。艺术作品像游戏一般,尽管存在于变化流动的展现过程中,但它始终是一个意义整体,正因为如此,"艺术作品才能够反复地被表现,并能反复地在其意义中被理解"[②]。而作为一个统一体,艺术构成物也"只在每次被展现过程中才达到它的完全存在"[③]。"审美无区分"即对于艺术构成物的整体展现的理解方式。值得注意的是,伽达默尔并不反对将"审美区分"作为文艺批评的一种具体方法,他只是要纠正将这一方法作为审美的普遍方法论的倾向。从根本上看,艺术作品在不间断的表现中存在,它本身就是一个存在事件而不仅仅是审美意识的静止对象,因此对于美和艺术的理解最终应落脚于"审美无区分"的基本立场上来。

[①] [德] 伽达默尔:《诠释学Ⅰ:真理与方法》(修订译本),洪汉鼎译,商务印书馆2007年版,第121页。

[②] [德] 伽达默尔:《诠释学Ⅰ:真理与方法》(修订译本),洪汉鼎译,商务印书馆2007年版,第165页。

[③] [德] 伽达默尔:《诠释学Ⅰ:真理与方法》(修订译本),洪汉鼎译,商务印书馆2007年版,第165页。

总体而言,"审美无区分"包括了三层含义:一是艺术作品与其所属世界的不可分;二是艺术作品与它的表现之间的不可分;三是审美经验与其他人类经验的不可分。①作品与所属世界的不可分。具体而言,艺术作品的所属世界有两个:作品创作完成时的原初世界和后来观赏者游戏的世界。艺术作品在人的理解和接受中实现完整的意义,理解把过去的和当下的世界连到一起,交汇为一个整体。因此两个世界不是对立而是统一的,作品在流传的过程中始终在这两个世界之间徜徉。②作品与其表现的不可分。关于艺术作品及其表现的无区分,在艺术作品本体论部分已经做过阐释。伽达默尔将自我表现确定为艺术作品的存在方式,赋予了艺术作品的表现以本体论意义,从而打通了艺术表现与艺术真理之间的壁垒。换言之,艺术作品的存在,就是一个表现事件。而表现就意味着观赏者的存在,因此在艺术作品与其表现的审美无区分中,也总包含着艺术作品与观赏者及观赏者的世界之间的不可分。③审美经验与其他人类经验的不可分。伽达默尔特别注意到在古希腊、古罗马以及文艺复兴时期,"诗歌做了神学的工作"①,诗并不仅仅是艺术,它同时也是宗教,是神性的显现。希腊诗非但没有因为其神性而丧失艺术性,相反,在两千多年的岁月中它一直受到西方诗人和艺术家的膜拜。如果依照审美区分将神性作为非审美的东西从诗中剔除,那么诗也就消失不见了。真正的艺术经验原本就不是纯审美的,它从一开始就是包括审美经验和非审美经验在内的生命体验过程。

(二) 效果历史原则

"效果历史"(Wirkungsgeschichte)是伽达默尔理解观的绝对核心,是证明理解普遍性的关键问题。诸如"前见""时间距离""视域融合""诠释学循环"等关于理解的历史性的重要概念都是围绕"效果历史"原则提出的。"效果历史"在哲学诠释学中的突出地位早已引起诠释学研究学者的注意。如让·格朗丹就曾指出:"通过效果历史意识,伽达默尔意指的是更为基本的东西。对他而言,它具有一种'原则'的地位,他的整个诠释学实际上都可以从这一原则中推导出来。"② 国内诠释学专家殷鼎则如此评价:"可以毫不夸张地说,这个观念表达的思想代表着加德默

---

① [德] 伽达默尔:《诠释学 I:真理与方法》(修订译本),洪汉鼎译,商务印书馆 2007 年版,第 201 页。

② Grondin, Jean, *Introduction to Philosophical Hermeneutics*, New Haven: Yale University Press, 1991: 113.

尔（伽达默尔）哲学解释学的精神，它也可以被称作哲学解释学的历史意识。……它牵动着整个哲学解释学的体系，而又画龙点睛地道出了哲学解释学的精神。"①

"效果历史"究竟指什么？在伽达默尔看来，这是一种"历史与历史理解的关系的动态统一"，"在这种关系中同时存在着历史的实在以及历史理解的实在"②，而诠释学的真正任务就是"在历史理解的实在中显示历史的实在性"。伽达默尔将这种历史理解与历史实在的动态统一关系称为"效果历史"，由此得出，"理解按其本性乃是一种效果历史事件"③。在伽达默尔看来，"效果历史"中的"效果"并不是历史传承物遗留下来的痕迹，即"效果"并非一种"结果"，它是发生效果的"过程"或"活动"本身；"效果历史"中的"历史"也根本不是一个对象，而是历史与人类的历史理解共同建构的一个关系结构，其中同时存在着历史及其理解的实在。而所谓的"效果历史意识"就是在理解的过程中对理解本身的这种"效果"是有意识的，在这个意义上，历史意识和对历史的理解本身就是包含在效果历史之中的。正如伽达默尔所言，真正的"理解被证明为是一种效果（Wirkung），并知道自身是这样一种效果"④。

效果历史的提出与伽达默尔对历史客观主义的批判是分不开的。伽达默尔注意到18世纪以来，受自然科学方法和主客二分立场的影响，人文科学领域中有一种历史客观主义在上扬。⑤ 历史客观主义者将历史仅仅作为已经发生的固定事实来看待，强调历史具有完全独立于主观意识的客观性，同时也把这种客观性视为衡量历史理解正确与否的唯一标准。伽达默尔认为，历史客观主义把还原历史原本面貌作为理解的目的，只进行一种直接指向历史留传物的研究，但却没有意识到在理解者与文本之间的时间距离对历史理解活动的重要影响。历史客观主义的致命错误便是抹杀了时间距离在历史研究中的作用。

---

① 殷鼎：《理解的命运——解释学初论》，生活·读书·新知三联书店1988年版，第266页。
② [德]伽达默尔：《诠释学Ⅰ：真理与方法》（修订译本），洪汉鼎译，商务印书馆2007年版，第407页。
③ [德]伽达默尔：《诠释学Ⅰ：真理与方法》（修订译本），洪汉鼎译，商务印书馆2007年版，第408页。
④ [德]伽达默尔：《诠释学Ⅰ：真理与方法》（修订译本），洪汉鼎译，商务印书馆2007年版，第463页。
⑤ [德]伽达默尔：《诠释学Ⅰ：真理与方法》（修订译本），洪汉鼎译，商务印书馆2007年版，第409页。

这里的"时间距离"是效果历史作用的前提。人总是处在特定的历史环境中,他对世界的理解必然要受到当时的历史条件的局限和制约。这就在理解者与过去文本之间形成了无法跨越的"时间距离",因为时间距离的不可避免,不带主观色彩的历史理解是不存在的。我们读《左传》《史记》等史书的时候,也能明显感觉到没有哪一部历史留传物是纯粹客观的。普遍诠释学的创始人施莱尔马赫也看到了时间距离的存在,他提出,既然在古代文本和解释者之间存在这一间距,那么诠释学的任务就要克服这种时间距离,最终不同时代对于同一文本的理解都应该力求达到与作者意图的一致。狄尔泰同样没有跳出这个圆圈,以"捍卫理解的确定性,反对历史怀疑论和主观独断性"为历史观基本立场。伽达默尔看到,这种否定历史距离的历史理解观已经把历史文本或事件完全封闭在过去那一点的历史时刻中,仿佛只有这样"它的永存意义才可客观地被认识"①;换句话说,当历史事件名存实亡到已经与当下没有任何实际关系时,它才似乎表现出永恒的历史意义。伽达默尔尖锐地指出,这实际上是一种悖论,简直就是"人要在死后才能称之为幸福"② 这一古老伦理问题在理解论上的翻版,完全忽视了存在固有的时间性。由此,伽达默尔重新评价了"时间距离"在理解中的重要作用:

> 它可以使存在于事情里的真正意义充分地显露出来。但是对一个文本或一部艺术作品里的真正意义的汲舀是永无止境的,它实际上是一种无限的过程。这不仅是指新的错误源泉不断被消除,以致真正的意义从一切混杂的东西被过滤出来,而且也指新的理解源泉不断产生,使得意想不到的意义关系展现出来。促成这种过滤过程的时间距离,本身并没有一种封闭的界限,而是在一种不断运动和扩展的过程中被把握。③

也就是说,时间距离使人类理解表现为一个随着时间无限发展的过滤

---

① [德]伽达默尔:《诠释学Ⅰ:真理与方法》(修订译本),洪汉鼎译,商务印书馆2007年版,第405页。
② [古希腊]亚里士多德:《尼各马可伦理学》,《亚里士多德全集》(第八卷),苗力田编译,中国人民大学出版社1997年版,第21—22页。
③ [德]伽达默尔:《诠释学Ⅰ:真理与方法》(修订译本),洪汉鼎译,商务印书馆2007年版,第405—406页。

运动：一方面时间距离是新意义不断涌现的原因，另一方面它也使曾经错误的理解被淘汰，真正的意义被保留下来。而假装对时间距离的无视，"乃是历史客观主义的天真幼稚"①，无异于"掩耳盗铃"的行为。历史客观主义不但没有揭示出历史真正客观的一面，反而南辕北辙，以一种主观独断遮蔽了历史原本的客观性。

在"效果历史"的提法中，除了一种更宽广的历史视界外，我们也能感受到胡塞尔现象学方法以及海德格尔"事实性诠释学"的深刻影响。首先，伽达默尔不再把理解视为一种对于某个给定"对象"的主观行为，他回到"理解事件"本身去探寻"理解如何得以可能"。对于伽达默尔而言，理解的"效果"既不是纯主观的，也不是纯客观的，它是进行中的事件，是事情显现的效果。在这里有一个现象学基础。现象学研究并不停留于物自身，也就是通常所说的对象，现象学专注于事情显现方式本身，即"现象"。"效果历史"概念所体现出的"回到事情本身"的现象学精神是很明显的。此外，在历史性理解中，历史事件、历史留传物以及在世的人都不断地被卷入"效果历史"的过程之中，在这个意义上"效果历史"是人们与被理解物共同存在的事件本身。注重理解的事实存在性，将理解与此在的历史性连为一体，在对他者的理解中最终达成自我理解，这些"效果历史"的基本内涵都可以在海德格尔《存在与时间》第 31—33 节中提出的此在理解观中找到根据。伽达默尔在《真理与方法》导言中对自己的理解论的思想来源构成做出了精练概括："胡塞尔曾使之成为我们义务的现象学描述的意识，狄尔泰曾用以放置一切哲学研究的历史视界广度，以及特别是由于海德格尔在几十年前的推动而引起的这两股力量的结合，指明了作者（注：指伽达默尔本人）想用以衡量的标准。"② 这个"衡量的标准"就是综合了现象学意识、历史视界以及存在论的"效果历史"。

通过"效果历史"伽达默尔让人们意识到，理解既脱离不了传统赋予我们看待问题的各种倾向，也无法挣脱我们的时代加诸在我们身上的局限，这些不但不是我们要克服的，反而是我们走向理解真理的前提，或者说必经之路。理解一个过去的文本就是以我们现有的有限视域与文本的视

---

① [德] 伽达默尔：《诠释学Ⅰ：真理与方法》（修订译本），洪汉鼎译，商务印书馆 2007 年版，第 407 页。

② [德] 伽达默尔：《诠释学Ⅰ：真理与方法》（修订译本），洪汉鼎译，商务印书馆 2007 年版，第 8 页。

界相融合，在其中倾听传统对现在所面临问题的种种回答，在此基础之上形成与以往既有联系又有区别的新理解，同时赋予文本以新的时代和个人意义。"效果历史"是过去与现在、主观与客观共同作用的动态过程。理解便是这样一种效果历史事件。

(三) 诠释学循环

"诠释学循环"是伽达默尔用来描述人类理解过程的另一个重要术语。不同于"审美无区分"以及"效果历史"，"诠释学循环"概念有着相当长的历史。伽达默尔启用这一概念，一方面是因为认同"理解乃是一个循环过程"的诠释学基本观点，另一方面在这个"诠释学循环"历史意义之链上也更容易凸显其本人理解观的独特之处。他以一种新的诠释接续自古以来对"诠释学循环"的认识，这本身就是对诠释学循环的肯定与印证。

作为理解和解释的技艺学，诠释学最初出于明确的文本解释的目的沿着修辞学和神学两条线发展。在古老的修辞学中，人们已经注意到了个别作为整体理解的基础以及从整体出发去理解个别的理解循环。中世纪马丁·路德及其追随者借鉴了从古典修辞学得来的这一经验，自觉地将其运用到了圣经解释中，制定出圣经解释的基本原则——自解原则，即《圣经》自身解释自身而不需要原文以外的辅助解释。这一原则后来被发展成为文本解释的一般原则，即文本中的一切个别细节都应依据上下文的关系加以理解，而文本的整体意义也必须从具体的字句出发才能被正确理解。然而，德国神学家赛梅勒与埃内斯蒂认识到只有承认《圣经》文本与作者之间的差别，摆脱自解原则的独断论统治，才可能正确理解文本内容的内在矛盾，正确理解上帝的精神。《圣经》开始被视作具有历史渊源的著作，这在诠释学的发展史上又是一个进步。

"诠释学循环"这一术语直到19世纪才由德国修辞学家阿斯特正式提出。阿斯特致力于古希腊罗马精神的研究，因此如何理解古代作者成为他面临的首要问题。"诠释学循环"是理解古代文本的基本原则，其中包括了三个要素：历史的（关涉作品内容）、语法的（关涉作品的语言形式）和精神的（关涉作者与古代的整体精神）。阿斯特认为："一切理解和认识的基本原则就是在个别中发现整体精神，和通过整体领悟个别"[①]，

[①] [德] 阿斯特:《诠释学》，洪汉鼎主编《理解与解释——诠释学经典文选》，东方出版社2001年版，第7页。

因此总体看来，阿斯特的"诠释学循环"基本仍是古典修辞学"个别—整体"理解循环的具体化变体。但是三要素之一的"精神"要素得到了施莱尔马赫的注意，它表明了诠释学从修辞学或神学的专门解释上升为理解人类整体精神的哲学的可能方向。

施莱尔马赫在一个新的普遍意义上研究一切理解现象（特别是误解），而不再仅仅关注于某一学科（如语言学、神学、法学、文学）的文本解释，从而使诠释学成为哲学。施莱尔马赫给自己规定的诠释学任务是探究如何避免误解，由此达到普遍的正确理解。可见，他的诠释学哲学仍是一种方法论和认识论研究，并不包括本体论。他认为，只有返回到思想产生的根源，这些思想才能得到正确的理解，因此施莱尔马赫在语法解释之外又提出了心理学解释，研究创作的心理学规则在文本解释中的作用。施莱尔马赫所意指的"诠释学循环"便包含了对文本整体与部分理解的往复运动，以及对作品与作者思想理解的往复运动。虽然"诠释学循环"仍然是方法论原则，但这个循环第一次真正从文本内部扩大到了文本之外，为"原意"的理解开辟了一条新路，在这个意义上，伽达默尔将包括了心理学考量的诠释学循环视为施莱尔马赫的"创造性的贡献"[①]。

但是，作者的创作心理实际上并不是文本（特别是艺术文本）理解的标准。伽达默尔指出："在对于诗的解释中，我们必须特别记住这一点。在那里我们对诗人的理解必然比诗人对自己的理解更好，因为当诗人塑造他的文本创造物时，他就根本不'理解自己'。"[②] 即是说，创作的时候诗人并不考虑自己而是只考虑作品，作者处于忘我的状态，作品与诗人的创作心境之间有一定的联系，但并不是一种完全对应的关系，更不是因果关系，仅从创作心理出发来理解艺术作品，只能走向误解。伽达默尔特别提醒："但愿诠释学永远不要忘记这一点——创造某个作品的艺术家并不是这个作品的理想解释者。艺术家作为解释者，并不比普通的接受者有更大的权威性。就他反思他自己的作品而言，他就是他自己的读者。"[③]

---

① ［德］伽达默尔：《诠释学Ⅰ：真理与方法》（修订译本），洪汉鼎译，商务印书馆2007年版，第258页。

② ［德］伽达默尔：《诠释学Ⅰ：真理与方法》（修订译本），洪汉鼎译，商务印书馆2007年版，第266页。

③ ［德］伽达默尔：《诠释学Ⅰ：真理与方法》（修订译本），洪汉鼎译，商务印书馆2007年版，第266页。

那么理解和解释的标准究竟是什么？伽达默尔给出了再清楚不过的回答："解释的唯一标准就是他的作品的意蕴（Sinngehalt），即作品所'意指'的东西。"①

狄尔泰在他的"诠释学循环"中也强调心理学因素，但侧重点完全不同。伽达默尔指出，施莱尔马赫的心理学研究以自然科学作为其研究模式，而狄尔泰由于受到天才说的影响，看重的是创作心理的非理性特征。狄尔泰深感精神科学不同于自然科学，它有自己的一套理解与诠释方法，施莱尔马赫的"修辞学—心理学"循环论不足以展现精神科学理解的特征。狄尔泰首先提出了"理解的心理学"概念来描述由人类精神生活诸方面共同构成的理解的内在结构，其心理学的出发点明确为人类整体的生命关系。同时，狄尔泰把历史主义的视域带入了诠释学之中，他认为只有将文本真正置于历史文化背景中，理解才可能达成。综合到一起，狄尔泰的"诠释学循环"是以"文本—心理—历史"构成的一个三维交互的循环，它的核心就是"生命"意识。"诠释学循环"在狄尔泰那里已经具备了相当浓重的生命哲学意味。从狄尔泰起，诠释学不再局限于文本的理解，而是把活生生的人类生命体验作为理解的出发点和归宿，而且理解的历史性也从此成为诠释学循环的重要因素而被一直保留下来。这些都为诠释学循环从方法论循环过渡到方法论—本体论的整体循环做了铺垫。

真正为伽达默尔带来重大启发的，是海德格尔在存在论基础上提出的"诠释学循环结构"。海德格尔将理解描述为一个始于"先（前）理解"的运动，"一切解释都活动在前已指出的'先'结构中"。② 该如何把握这个"先"呢？海德格尔告诉人们："把某某东西作为某某东西加以解释，这在本质上是通过先行具有、先行视见与先行掌握来起作用的。解释从来不是对先行给定的东西所作的无前提的把握。"③ 也就是说，理解和解释从来都不是从空白开始的，在解释工作开始之前，人们对即将被理解事物其实就已经拥有一个先在的认知和把握，理解和解释一向就从已有的建构开始继续理解的搭建。先结构为理解的循环结构所固有，它一方面不

---

① ［德］伽达默尔：《诠释学Ⅰ：真理与方法》（修订译本），洪汉鼎译，商务印书馆 2007 年版，第 266 页。
② ［德］海德格尔：《存在与时间》（修订译本），陈嘉映、王庆节译，生活·读书·新知三联书店 1999 年版，第 178 页。
③ ［德］海德格尔：《存在与时间》（修订译本），陈嘉映、王庆节译，生活·读书·新知三联书店 1999 年版，第 176 页。

断回到此在原本的存在结构，另一方面朝向未来理解的可能性展开。从这种先结构出发，与当下结合出现新的理解，与过去又有着种种割舍不断的联系。新的理解又成为未来理解的先结构，如此不断循环下去，形成一种以人的生存意义为依托的无限的、发展的"诠释学循环"。

伽达默尔从老师海德格尔的先结构出发，呈现了一个更为清晰的诠释学循环。在伽达默尔看来，理解的循环是这样一个过程：它从"前见"开始，经过"效果历史"作用在被理解事物与理解者之间达成"视域融合"，从而形成新的"前见"，投入到下一次理解过程之中，如此循环，生生不息。这种理解的循环不是一个封闭的圈，而是一个开放的螺旋式上升结构，每一环都在上一环的基础上得到扩展，理解者都得到更深刻、更适合当下的认识。这种循环在本质上并不是形式上的循环，它既不是主观的，也不是客观的，而是由理解者与文本构成的一个整体而动态的相互作用机制。但是，伽达默尔的反对者哈贝马斯等人提出质疑，认为伽氏"诠释学循环"是一种导致理解的任意性的相对主义论调。实际上，如果深入到伽达默尔的理解观内部，就会发现情况并非如此。

首先，伽达默尔给出的"前见"概念并不指主观上漫无边际的认识。前见本身具有与人类传统以及个人历史相联系的严肃意义，通过这个概念，伽达默尔从一开始就明确了理解过程中的历史性因素：人们的先行见解是受到历史因素制约的。其次，人们在理解文本时不必刻意抛弃自己的先入之见，但伽达默尔提醒我们同样不能忽略被理解文本的"他在性"。"谁想理解，谁就不能一开始听任自己随心所欲的前意见——直到不可能不听到这些意见并且摧毁任意的理解。谁想理解文本，谁就得准备让文本讲话。"[1] 在理解中，人们从一开始就把个人意见以及他者的意见置于一种不断调和的关系中，"先见"和"他在"展现了在理解中实际存在的"熟悉"和"陌生"的两极对立，而理解就产生并存在于这个中间地带。单凭先入之见不能主导理解的走向，"先见"必须与文本的"他在"相结合，即我们在与文本的对话中最终达成与文本之间的"视域融合"。在理解的循环过程中不再有通常意义的主动方与被动方，人与文本同时保持着等同的存在与能动性，在思想的对话互动中，二者相互呼应相互渗透，最终促成真理在理解中的展现，并对当下产生具体的意义。这就是说，让文

---

[1] ［德］伽达默尔：《论理解的循环》，《诠释学Ⅱ：真理与方法》，洪汉鼎译，商务印书馆 2007 年版，第 71 页。

本中的隐含真理经由人们的先见达成一种对此在有实际意义的显现。至此可以看出，伽达默尔所讲的理解循环并不是对理解方法的要求，而是对理解进行方式本身同时也就是此在存在方式的描述。

总而言之，无论是"审美无区分""效果历史"还是"诠释学循环"都强调要将分裂已久的理解主客体重新统一起来，将传统与现实结合在一起，从而走向一种立足存在、融合物我、贯通古今的崭新而开放的理解观。这种理解论与游戏式的艺术真理观在本质上是完全相通的，可以说，伽达默尔的艺术真理观和理解论本身已经具有了诗化的基本特征，反映出伽达默尔前期哲学诠释学与后期诗性思想的内在一致性和连贯性。

三　从艺术到诗之必需

从艺术论起步的伽达默尔诠释学思想最终走向了诗，既是其艺术论本身的发展趋向，也是其哲学整体发展的必然要求。

其一，"从艺术走向诗"是伽达默尔艺术观发展的内在需要。伽达默尔艺术观的最大特点就是引导人们不再去分析和解释审美对象，而是以自己的整个存在投入到艺术作品的世界，在其中自由地徜徉遨游。唯有人们不再以主宰一切的姿态去剥离真理，真理才会向人们敞开。可以看到，伽达默尔的艺术观从一开始就已经具有了浓郁的反科学方法论、反形而上学、回归原初存在的基本诗性特征。而越近晚年伽达默尔越感到科学技术对艺术真理的遮蔽情形有日益严重的态势，例如演讲艺术、交往艺术中，艺术成为"技巧"与"方法"的代名词；同时，艺术本身与人性、与存在之间的古老联系也被越来越深地湮没。"艺术"被功利化、实用化、去艺术化的情况泛滥，艺术成为非艺术的东西。

面对这一严峻的状况，伽达默尔一方面通过《作为启蒙之工具的科学》《科学与公众》《哲学还是科学论》等一系列文章表达对科学技术无所不在的支配与统治的深深忧虑，另一方面也在积极思考如何使艺术的内在力量得到最充分展现。他曾说："在一个越来越技术化的世界中谈论对事物的尊重显得越来越荒唐。这种观点日见消亡，只有诗人仍然忠实于这种观点。"[①] 在这个过程中，伽达默尔表现出了向"诗"的主动靠近，以"诗"来代替和涵盖原先赋予"艺术"的真理。他特别撰写了《论诗歌对

---

① ［德］伽达默尔：《事物的本质和事物的语言》，《哲学解释学》，夏振平、宋建平译，上海译文出版社2004年版，第73页。

探索真理的贡献》《哲学与诗歌》等重要的诗论，同时陆续推出关于歌德、里尔克、策兰等德国诗人诗作的诗歌批评，从理论与实践两方面同时迈上了诗化的道路。无论如何，在艺术领域再没有别种艺术能像诗那样实现人类最复杂最精致的美的显现，诗是当之无愧的艺术之魂。

其二，"从艺术走向诗"是伽达默尔整体哲学思想发展的必然方向。首先应该明确一点，从"艺术"到"诗"，这并不是艺术论内部的轮回，而是一种从美学到哲学的螺旋式思想进展。"艺术"和"诗"的关系在伽达默尔的诗性之思中与一般艺术论域内的既定范畴是完全不同的。"诗"绝非通常意义上的一种语言艺术形式，伽达默尔眼中的"诗"集艺术真理、语言本体以及原初生存状态于一体，是其整体思想的最终精练与升华。而一般提到的伽达默尔哲学体系中的艺术，仅为哲学诠释学的三大论域之一，它远不能代表伽达默尔思想的全部。对于伽达默尔来说，诗的内涵要比艺术来得丰富，诗的外延也比艺术广阔得多。在这个意义上伽氏诗化哲学与海德格尔晚年诗化思想极为相似，是对各自毕生思想的高度概括，是一种集大成式的整体思想，而绝不仅仅是单一的艺术理论。可以肯定地说，在伽达默尔整体思想中"诗"最终是涵盖"艺术"的。存在本体，效果历史中深刻的历史意识，理解循环中现象学与辩证法的结合——这些一般意义上的非艺术因素成为伽达默尔艺术论的核心，这说明在艺术中，伽达默尔不仅仅看到了艺术自身的问题，而且继续着关于存在的哲学追问。总体而言，伽达默尔的诗化思想从艺术真理的揭示起步，进一步将诗的语言确立为人之存在的根本，最后在人类有限的历史性存在中发现人与世界自然原初的基本关系。可见，伽达默尔的艺术沉思并不终止于艺术规律自身，而是继续行进在通往诗意存在的途中。艺术性与语言性以及人的历史有限性之间存在着奇妙的张力，这种张力就是"诗性"。

第二节　语言论

"在一切意义之上，诗首先是语言。"① 这句话再清楚不过地表现出语言在伽达默尔诗化思想中所处的根本地位。无论是在对现代诗歌的具体赏

---

① Gadamer, Hans-Georg, "Poetry and Mimesis", *The Relevance of the Beautiful and Other Essays*, Edited by Robert Bernasconi, translated by Nicholas Walker, Cambridge: Cambridge University Press, 1986: 106.

析中，对诗的整体特征的把握上，还是在诗与哲学关系的探讨中，伽达默尔诗性思想的立足点和研究重点都是诗的语言。伽达默尔思诗论诗，根本目的是带领人们去往诗意的境域。诗意世界要向人们打开，使人身临其境，必须并且也只能是通过人直观并独有的媒介——诗的语言。可以说，这一认识的形成，决定了伽达默尔必然以诗性语言作为全部哲学思考的基础。伽达默尔的诗化思想从根本上是一种诗性语言存在观。

一 "能被理解的存在就是语言"

语言从最初就是伽达默尔哲学诠释学之根。诠释学面临的最大问题始终是语言问题，这个问题得不到很好的解决，诠释学的研究便根本无法开展。伽达默尔的哲学之路虽然是从古典修辞学开始的，但是他并未拘于语言的语法和修辞研究，而是深入到语言本真的探究，从语言与存在的关系来看待语言的特质。在《真理与方法》最后一部分，伽达默尔将理解和解释的最根本性质归结为语言性，提出了著名的"能被理解的存在就是语言"[1]的观点。人的理解在终极意义上就是语言的理解。虽然表面看来，现象、行为、文本、影像等都是理解的直接对象，但是这中间其实还有一个或隐或显的中介：语言。任何理解只能是通过语言进行的，不管这语言是表达出来的，还是不被察觉的内心活动，"我们只能在语言中进行思维，我们的思维只能寓于语言之中"[2]。整个理解过程乃是一种语言过程，然而语言并不描述存在，而是让存在物涌现，如此一来，存在物对人们来说才真正具有意义。反之，"在语言破碎处，无物存在"[3]。离开了语言，就丧失了意义。进一步说，语言就是人的思维，是人的生命过程，因为我们始终生活于语言之中，"只要一开口，一闪念，人就介入了语言活动，落入了语言的海洋"[4]。人对世界不断产生的新认识和新理解，完全都是在语言中进行的，人一直处于语言的包围之中，只不过很多情况之下自己并未意识到这一点。这就是为什么伽达默尔说："实际上，我们总是

---

[1] [德] 伽达默尔：《诠释学Ⅰ：真理与方法》（修订译本），洪汉鼎译，商务印书馆2007年版，第639页。

[2] [德] 伽达默尔：《人和语言》，《哲学解释学》，夏镇平、宋建平译，上海译文出版社1994年版，第63页。

[3] [德] 伽达默尔：《诠释学Ⅰ：真理与方法》（修订译本），洪汉鼎译，商务印书馆2007年版，第659页。

[4] 马大康：《诗性语言研究》，中国社会科学出版社2005年版，第1页。

早已处于语言之中，正如我们早已居于世界之中。"① 理解的语言性是人之此在无法抹杀的本性，只要人仍活着，它便与人同在。正是在这个意义上，伽达默尔提出："存在就是语言，亦即自我表现。"②

伽达默尔的语言观也是在语言概念史回溯中提出的。通过对古希腊、中世纪基督教神学以及现代语言哲学三个不同时期语言概念的考察，伽达默尔清晰地呈现了语言的显现与遮蔽给人类思想和生活带来的巨变：人若顺应语言，语言就给人以情感的慰藉和灵魂的归宿；人若利用语言，最终只能反被语言所拘役。由此引出了"人在语言中存在"的基本语言存在观。

回溯至希腊时代，语言经历了一个从存在的中心沦落为理性附属物的过程。逻各斯原本意指"话语"，然而当对语词的"正确性"要求（即语词应完全适合于语词所命名的事物）战胜了对语言的"真理性"要求（即真理存在于语言的展现中），逻各斯便成为理性的代名词。在关于古希腊人语言问题的著作《克拉底鲁篇》中柏拉图早已指出，对语言正确性的要求是不可能通往真理的，③ 如果这一观点得到了足够强调，西方哲学的理性思辨之路就不会伸展至如此之远。但是伽达默尔感到，柏拉图在语词与事物真正的关系面前退缩了，而柏拉图的后继者则只看到柏拉图的辩证法要求思维单独依据其本身去开启思维的对象——理念，从而遏制语词的力量和语词在诡辩术中恶魔般的技术作用。④ 这样，概念的构成在原则上便以理念独立并超越于语言为前提，与逻各斯结构相比，语言属性变得微不足道。语言观的误入歧途导致了整个西方形而上学概念史的开始。在逻各斯之中的真理不再是倾听的真理，不是存在的单纯表现，而把存在完全置于各种抽象关系之中；开启和归于存在的也不再是话语，而是作为理念承担者的逻各斯。相应地，"数"代替了"语词"成为认识论的真正

---

① ［德］伽达默尔：《人和语言》，《哲学解释学》，夏镇平、宋建平译，上海译文出版社1994年版，第64页。
② ［德］伽达默尔：《诠释学Ⅰ：真理与方法》（修订译本），洪汉鼎译，商务印书馆2007年版，第655页。
③ ［古希腊］柏拉图：《克拉底鲁篇》，《柏拉图全集》（第二卷），王晓朝译，人民出版社2003年版，第130—133页。
④ ［德］伽达默尔：《诠释学Ⅰ：真理与方法》（修订译本），洪汉鼎译，商务印书馆2007年版，第549页。

范例。① 如此一来，语词像数一样，成为一种被事先定义的单纯符号，而符号的本质在于：它唯一的能力就是指示，符号在指示中扬弃自身的存在，并化成（消失）为它的意义。这就是指示本身的抽象。② 这种滥觞于柏拉图的语言观在事实上影响着后来一切关于语言以及思维的思考，特别是广泛存在于以自然科学方法论为指导的现代语言学研究中。伽达默尔对于语言、理念以及人类经验的关系是这样认识的：

> 意义的理念性就在语词本身之中。语词已经就是意义。但从另一方面看，这并不是说，语词陷于一切存在者的经验而存在，通过它使经验屈服于自己，从而从外部加入到一个已经形成的经验之中。经验并非起先是无词的（wortlos），然后通过命名才成为反思的对象，例如通过把经验归入语词的普遍性的方式而后才成为反思的对象。相反，经验的本性就在于：它自己寻找并找到表达出经验的语词，从而使事物在语词之中表达出来。③

即理念孕育于语言之中而不是相反，而经验本身就是语言性的，它通过语言的表达展现自身的意义。在伽达默尔看来，希腊哲学之所以从巴门尼德开始便不断抵御语言的力量，就在于理念被哲学家从语言中分离出来并代替语言被立为存在的根基，因此要想维持理念的绝对地位，必须摧毁人与人生活于其中的语言之间天然的紧密关系。逻各斯，作为尼采眼中"一切语言中最能说的语言"，颇具讽刺意义地赋予哲学一项根本任务：努力摆脱语言。巴门尼德从逻各斯出发思考真理，到柏拉图那里这种观点臻于完成，亚里士多德把存在方式趋于逻各斯的陈述形式，也是遵循这种转向。如此一来，语言先于理念的观点便与逻各斯规定相悖，所以语言本身就只能被柏拉图主义者认为是一种蛊惑，而随后的哲学任务就在于排除或控制这种蛊惑。在他们指出的这一方向的尽头就是现代语言工具论和符号论。

---

① ［德］伽达默尔：《诠释学Ⅰ：真理与方法》（修订译本），洪汉鼎译，商务印书馆2007年版，第556页。
② ［德］伽达默尔：《诠释学Ⅰ：真理与方法》（修订译本），洪汉鼎译，商务印书馆2007年版，第557页。
③ ［德］伽达默尔：《诠释学Ⅰ：真理与方法》（修订译本），洪汉鼎译，商务印书馆2007年版，第563页。

中世纪基督教的"道成肉身"（Inkarnation）思想倒是从一定意义上干扰了新柏拉图主义的语言符号理论，使西方思想不至于完全遗忘语言本来是具有本体的存在。需要注意的是，道成肉身与灵魂观念无甚关联，因为灵魂处在与肉体相对立的地位，灵魂的"外入肉体"与"道成肉身"思想是背道而驰的。外入肉体主要指灵魂在进入肉体之前就已存在，它进入肉体之后仍是一个独立于肉体的存在，在失去肉身之后还能继续存在，因而灵魂对于肉体而言是外化的。道成肉身，是指上帝通过圣母玛利亚以耶稣基督之肉身现于世间，道内在于基督肉身之中，二者是同一而不可分离的。基督教思想中"道成肉身"观念之所以对语言问题尤为重要，是因为在基督教思想中道成肉身是与话语紧紧相连的。"道成肉身"的内容见于《新约·约翰福音》第一章第十四节：

> And the Word was made flesh, and dwelt among us, (and we beheld his glory, the glory as of the only begotten of the Father) full of grace and truth.
> 道成了肉身住于我们中间，充满恩典与真理。我们被他的荣光笼罩，正是父之独子的荣光。

当中的"道"即是作为"言"（Word）提出来的。这是继希腊时代之后提出的又一非常重要的言意关系说，它承认内在话语与思想完全是同质而不可分的，就如同圣子与圣父是一体的。当时基督教最重要的任务是对三位一体奥秘的解释，而这种解释一直依靠对语言和思维关系的认识。奥古斯丁与经院哲学对于话语问题的研究给了伽达默尔很多启发，伽达默尔发现经院哲学在三位一体神化人的过程中第一次表明了语言的过程性，而且奥古斯丁已经意识到了"道"便是内在的言，虽然仍是上帝话语的影子和图像，但借此思维与言语的统一性问题又被重新纳入到问题的考虑之中。这种观念相较于希腊晚期的语言观仍保留了语言本身重要的存在意义，又因为基督教神学对于西方文明自上至下的影响极深，因此语言始终没有完全被拒斥于真理之外。用伽达默尔的话说："当希腊逻辑思想被基督教神学所渗透时，某些新的因素产生了：语言中心，正是通过这种语言中心，道成肉身活动的调解性才达到它完全的真理性。基督学变成一种新的人类学的开路者，这种人类学以一种新的方式用神的无限性调解人类精神的有限性。我们称之为诠释学经验的东西正是在这里找到它的真正的根据。"①

到了现代语言哲学之父威廉·冯·洪堡特那里,伽达默尔一针见血地指出洪堡特所开创的语言研究受到逻各斯形式抽象的限制,但伽达默尔仍挖掘出洪堡特思想中不少合理之处。首先,伽达默尔和洪堡特在"语词的真理性"上达成总体共识:"能够对有限的手段进行无限的使用,这就是语言所特有的力量的真正本质。"② 伽达默尔尤其同意洪堡特"语言就是世界观"这一颇具人类学意义的说法,③ 这就意味着,语言远不只人类认识世界的基本工具,人们所身处的语言影响甚至决定着人们的世界观。以语言为基础并在语言中得以表现的是:人与世界共存。语言相对于个人具有独立的此在,如果人在一种语言中成长起来,那么这种语言就会把他同时引入一种确定的世界关系和世界行为中;语言相对于所表述的世界又不具独立性,语言必须总是对其世界的一种呈现,只有在对世界的表述中语言才得以展现自我。这就是为什么伽达默尔必须探究语言与世界的关联,以便为诠释学经验的语言性获得恰当的视域。④

伽达默尔进而提出了语言构造性(die sprachliche Verfaβtheit der Welt)和无环境性(Umweltfreiheit)来概括人与世界的基本关系。所谓的"语言构造性"指人与世界的关系是由语言编织而成,在语言中不断进行和发展;而"无环境性"并非指人失去生活环境,而是指不受固定不变的环境限制,即人不会被闭锁于某一具体的环境之中,世界是一个开放变化、无固定模式的环境。⑤ 无环境性与语言构造性相互隶属,共同作用。超越环境,即迈向世界,并不意味着离开环境,而是指用新的态度对待环境,这是一种自由的、保持距离的举止,而这种态度或举止的实现总是一种语言的过程。

---

① [德] 伽达默尔:《诠释学Ⅰ:真理与方法》(修订译本),洪汉鼎译,商务印书馆 2007 年版,第 578—579 页。

② [德] 伽达默尔:《诠释学Ⅰ:真理与方法》(修订译本),洪汉鼎译,商务印书馆 2007 年版,第 594 页。

③ [德] 伽达默尔:《诠释学Ⅰ:真理与方法》(修订译本),洪汉鼎译,商务印书馆 2007 年版,第 598 页。

④ [德] 伽达默尔:《诠释学Ⅰ:真理与方法》(修订译本),洪汉鼎译,商务印书馆 2007 年版,第 597—598 页。

⑤ [德] 伽达默尔:《诠释学Ⅰ:真理与方法》(修订译本),洪汉鼎译,商务印书馆 2007 年版,第 599—600 页。

至此，伽达默尔关于语言的基本思路是很清晰的：语言与世界/存在的关系并非"形式—内容"或"媒介—反映物"的关系，语言是人的存在方式——人在语言中经验世界，人在语言对世界的呈现中存在着。必须注意，"语言和世界的基本关系并不意味着世界变成了语言的对象。一切认识和陈述的对象都总是已被语言的世界视域所包围"①。同时，"一切语言性的世界经验所经验到的是世界，而不是语言"②。即是说，伽达默尔坚持的语言观是从世界经验出发并回归世界经验的，语言并不是超脱于生活的形而上的抽象世界，它本就是人们生活的方式，在其中人们体验并感受到的仍是活生生的世界而不是抽象的语言符号；更重要的是，语言是人们创造生活世界的基本途径，每个人在语言中感受到和构建起的世界都是既相似又不尽相同的，如伽达默尔本人所言："语言是我们在世存在的基本活动模式，也是包罗万象的世界构造形式。"③ 伽达默尔由此克服了西方主体性哲学在语言问题上表现出来的二元对立，即将语言作为主体的工具，而将世界作为客体，从而使人、语言、世界一直无法取得真正的统一。这就在伽达默尔的语言观与形而上学的语言概念之间划清了界限。人在语言对世界的呈现中存在着生活着，然而高扬的西方主体性早已使人原本经验世界的秩序颠倒搅乱，伽达默尔借由语言正是要恢复人与世界的自然和谐关系。

二 "倾听"自我展现的诗性语言

越到后期，伽达默尔的语言观越散发出浓郁的诗性气质，诗化语言代替一般语言成为伽达默尔新的落脚点。伽达默尔从《真理与方法》时期的语言本体论逐渐走向了诗化语言观。所谓诗化语言观，就是将诗性视为语言根本特性的语言观。马大康在《诗性语言研究》一书中将诗性语言研究思路总结为三类：

> 其一是将诗性语言视为相对于日常语言的独立范畴，从结构、功

---

① ［德］伽达默尔：《诠释学Ⅰ：真理与方法》（修订译本），洪汉鼎译，商务印书馆2007年版，第607页。
② ［德］伽达默尔：《语言在多大程度上规范思想》，严平编选《伽达默尔集》，邓安庆等译，上海远东出版社2003年版，第180页。
③ ［德］伽达默尔：《解释学问题的普遍性》，《哲学解释学》，夏镇平、宋建平译，上海译文出版社1994年版，第3页。

能、修辞等方面加以区分，试图揭示诗性语言的特征。诸如俄国形式主义、新批评、符号学等；

其二是否认两者区别的客观性，认为差异的根源在于人的主观态度、阅读方式、文学能力等，譬如克罗齐、伊森伯格、伊格尔顿和读者反应批评；

其三是海德格尔和伽达默尔，他们将语言与存在相联系，提出诗歌语言即"原语言"，即存在和真理的显现。[1]

马大康主要是针对20世纪以来现代语言学背景之下的诗性语言研究做出如上归纳，其中特别将海德格尔和伽达默尔的语言观单独划归为一类，指出了诗歌语言与存在的本质联系乃是此类诗性语言观的特征。上一章第三节已经就海德格尔和伽达默尔在诗化语言问题上的差异做过讨论，在此聚焦伽达默尔诗化语言观本身，具体分析其特征。伽达默尔的诗化语言观主要包括相互关联的两方面内容：诗的语言具有最纯粹的自我展现性；"倾听"是进入诗性语言的唯一方式。

（一）诗语：最纯粹的自我展现性

要证明诗歌语言纯粹的自我展现性质，前提是承认"语词（而非意象）是诗的基本构成因素"，关于这一论题的经典辩护当属保罗·瓦莱里（Paul Valéry）。瓦莱里把诗歌语言视为完全异于日常语言的独特范畴，诗歌语言是有着自我价值的存在，而日常语言不过是实际的交际工具。在1927年的一篇短文《诗人的语言权利》中，瓦莱里如是说：

> 日常口语是一种实际工具。它总是不断地解决当下的问题。当每个句子被意义所废止、削弱并替换的时候它的任务就完成了。理解就是它的终结。但另一方面，诗意的用法由个人的具体条件，即有意识的、连续的、一直保持的音乐感所决定。
>
> 这里语言不再是一个及物的行为，也不是什么临时手段。相反，它有自己的价值所在，不管脑力在给定的命题下对其如何处理，这种价值必须保持完整无瑕。诗的语言必须坚持自己，经由自己，保持始

---

[1] 马大康：《诗性语言研究》，中国社会科学出版社2005年版，"摘要"第1页。

终如一，不能被发现并给予其意义的脑力活动所改变。①

伽达默尔受瓦莱里的语言观影响颇深。他不止一次援引过瓦莱里的譬喻：日常语言就像是普通的硬币或纸币，而诗的语言则是金币。② 日常语言具有外在指向性，它就像在人们之间流通的硬币或纸币，表示的是外物的价值和意义，也可以用别的东西来替换，当表达了它所指向的意义和价值时它的任务也就完成了。诗语则像金币那样，并非由印在表面的面值大小决定价值，它本身就是自己要表现的价值，它既是它本身同时也是它所意指的意义，因而它就如同金币一样有自己的价值所在，并在展现他物中最终展现自身意义。诗的语言坚持自我，不会因人类的理解和阐释活动而改变本质，是一种真正有着长久生命的自在。伽达默尔看重艺术及语言的重要原因之一就在于艺术和语言在本质上都具有这样的自我展现性，最终他发现位于语言艺术顶峰的"诗"，它的自我展现性是最为纯粹彻底的。

伽达默尔虽然注重诗的语言与日常语言之间的这种显著差异，但他特别强调，这绝不意味着中间存在不可跨越的鸿沟，二者间"仍然存在着过渡性的情形"。③ 这就表现出与新批评以及结构主义诗学的分歧。伽达默尔坚持诗的语言与日常语言之间并无断裂的鸿沟，诗的语言中可以引入日常用语，而日常用语也可能表现出诗性，这是由诗语与存在的关系决定的。诗的语言包容一切，也展现一切，诗的语言本身就指向一个充满各种表现形式和存在方式的开放领域。无论是口语、哲学语言还是科学用语，都有可能成为一首诗的语言，成为具有诗性的语言，而此时它便是艺术作品表达自我的语言。尤其是在现代诗歌中，科学与诗两种极端语言形式密切交融的情形早已为人们所熟悉。例如在里尔克的诗作中就不乏像"瞧，现在我们俩必须一起接下计件工作和零件"④ 这样由明显的意向性指示、

---

① Valéry, Paul, "The Poet's Rights over Language", *The Art of Poetry*, Translated by Denise Folliot, New York: Vintage Books, 1961: 170-171.
② 参见 [德] 伽达默尔《哲学与诗歌》，严平编选《伽达默尔集》，邓安庆等译，上海远东出版社 2003 年版，第 496、555—556 页；Gadamer, Hans-Georg, "Are the Poets Falling Silent?", *Hans-Georg Gadamer on Education, Poetry, and History: Applied Hermeneutics*, Edited by Dieter Misgeld and Graeme Nicholson, Translated by Lawrence Schmidt and Monica Reuss, Albany: State University of New York Press, 1992: 73.
③ [德] 伽达默尔：《创作与解释》，严平编选《伽达默尔集》，邓安庆等译，上海远东出版社 2003 年版，第 496 页。
④ [德] 里尔克：《里尔克诗选》，黄灿然译，河北教育出版社 2002 年版，第 85 页。

定义，甚至科学概念构成的诗句，未来派诗歌中类似的诗句更是俯拾皆是，它们不但能融入诗歌的韵律，而且形成奇特却打动人心的语言联想效果，令人过目难忘。不仅如此，伽达默尔借助诗语也超越了自己早年对于真理范畴的理解，他发现"诗歌语言的特征正在于它既说出真理也说出非真理，从而指向一个解释的开放领域"①。诗的语言将真理从人所定义的真假对错中解放出来，更贴近世界本来的面貌和敞开状态。诗歌语言的这种包容性实际上也是伽达默尔提出的"审美无区分"观念的延伸。美并不孤立于世界成为一个超脱的境域，诗歌语言建构的诗意世界并不是抽象思维的产物，它与真实世界浑然一体，只不过在我们的时代它更多地被科学方法遮蔽不见，所以需要"去蔽"。这就与康德式的先验审美判断划清了界限，从根本上避免了将诗或美的境界从现实世界中孤立出去的审美主体化、对象化和绝对化倾向。

最后，诗歌语言的自我展现性所指向的言意观也与主观主义视域下的言意观不同。伽达默尔将表达的主动性完全交还给诗歌语言本身，那么诗的语言就不再是承载意义的媒介或工具而已，诗的语言具有自己的灵性和生命。如此一来，将诗的语言与它所表达的意义情感一分为二，就是与诗语本性相背离的一种言意观。伽达默尔认为，在诗中，言意合一。即是说，诗表达的意义、呈现的意境并不出离于诗的语言之外，而是与诗的语言完全合而为一。伽达默尔对此给出相当清晰的阐释：

> 在诗歌中，当人被从语词引开，他同时也被引回到语词；正是语词本身保证了它讲述的内容。那就是我们面对诗歌语言所拥有的经验。诗歌语言的特殊性质就是以这样一种方式，即通过呈现他物来呈现自己而存在着。②

这段话清楚地道出了诗歌语言的奥妙就在于它的存在方式：在呈现他物中呈现自我从而存在着。虽然人们常常感觉绝妙好诗以寥寥数语便能呈现令人沉醉的意境，感觉似乎体会到了诗歌言辞之外的意味，但实际上此

---

① ［德］伽达默尔：《创作与解释》，严平编选《伽达默尔集》，邓安庆等译，上海远东出版社 2003 年版，第 502 页。
② Gadamer, Hans-Georg, "Are the Poets Falling Silent?", *Hans-Georg Gadamer on Education, Poetry, and History: Applied Hermeneutics*, Edited by Dieter Misgeld and Graeme Nicholson, Translated by Lawrence Schmidt and Monica Reuss, Albany: State University of New York Press, 1992: 73.

意并不在言外,而在言中。即便是诗词背后看似未被说出的,也是诗歌语言整体的一部分。因为,"词的'本质'并不在于被全部说出,而是在于未说出来的东西之中,我们尤其在沉默无语中认识到这点"①。这恰恰与包括在场以及不在场在内的"此在"本身完全相通。正是语词的选择与组合建构了诗的情境,如果词语稍微改换增删,那么诗的意境就会面目全非。将诗歌语言视为诗的表达手段,而将诗所呈现的意义和情感视为出离于诗文之外的本质,这种诗歌鉴赏中的"形式—内容"二分法正是伽达默尔所坚决反对的。总的来看,"言意合一"实质上是诗语自我展现性的结果或状态,从深层角度也是对形而上学二分法的根本挑战。

(二) 倾听:进入诗性语言的唯一途径

在这里遭遇到的首先是伽达默尔思想中的方法论问题。《真理与方法》面世的最初一段时间,学界不乏对伽达默尔一定的误解,认为伽达默尔走向了真理而反对方法,或者说他以真理来对抗方法,因此这部作品应更名为"真理或方法"。其实不然。伽达默尔从未明确提出放弃方法的言论,相反,方法论问题从一定意义上而言是他全部思想的起点。1965年在《真理与方法》第2版序言中,伽达默尔就此问题进行了专门澄清。他说道:

> 我完全不是想否认在所谓精神科学内进行方法论探讨的必要性。我的目的也不是想重新挑起自然科学和精神科学之间那场古老的方法论争论。……我们所面临的问题根本不是方法论的差别,而只是认识目标的差异。本书提出的问题将使人发现和认识到某种被那场方法论争论所掩盖和忽略的东西,某种与其说限制或限定现代科学,不如说先于现代科学并使之得以可能的东西。②

传统的方法论问题在伽达默尔看来固然重要,但是,根本的问题不是自然科学与人文科学的方法论差别,而是"认识目标的差异"。无论自然科学还是人文科学,认识的终极目标都是"真理"。伽达默尔不希望过多

---

① [德] 伽达默尔:《海德格尔和形而上学语言》,《哲学解释学》,夏镇平、宋建平译,上海译文出版社1994年版,第233页。
② [德] 伽达默尔:《第2版序言》,《诠释学Ⅱ:真理与方法》(修订译本),洪汉鼎译,商务印书馆2007年版,第532页。

地纠缠于方法论的争论，正是由于他认为方法论的差异并非本质差异。追根溯源，还是要回到认识目标即"真理"问题的讨论。近代以来自然科学在对知识以及真理概念的解释与论证中占据统治地位，似乎人文科学的真理解释从根本上就缺少合法性。然而，理解和解释不仅是科学深为关切的事情，而且也显然属于人类的整个世界经验。伽达默尔早已意识到一个严峻事实：自然科学已经主宰了现代社会的物质生活，更为可怕的是，科学的"方法论精神"已经渗透到一切领域。[1] 只有从根源上找到人类真正的精神居所，才能从形式和方法上摆脱科学主义的控制。如果说伽达默尔以真理对抗方法，也是针对自然科学方法而言的，他是以异于形而上学的新真理观去对抗源于形而上学的科学方法。同时也就意味着，伽达默尔需要一种与他的真理观相适应的精神科学方法论。然而，就像"科学"一词一样，"方法"和"方法论"在当代只能引起人们对于自然科学及其方法的联想，所以伽达默尔有意避免了这类词语在其诠释学术语中的出现。在他看来，自然科学的逻辑绝不应该是精神科学的研究方式，精神科学有着独特的自我理解方式和途径。

"倾听"便是与诗化语言观相适应的认识途径。伽达默尔指出了这样一个事实，"在一般情况下，我们根本不准备倾听自在的事物，它们附属于人的计算，服从于人凭借科学理性对自然的统治。在一个越来越技术化的世界中谈论对事物的尊重显得越来越荒唐。这种观点日见消亡，只有诗人仍然忠实于这种观点。"[2] 理论发展到现代逐渐从经验演变为一种建构手段，人们通过理论概括经验并统治经验，这已经与希腊人用以接受世界秩序的认识经验完全无关。但是"古代的理论却并不是同样意义上的手段，而是目的本身，是人类存在的最高方式"[3]。伽达默尔重提"倾听"，正是要让人们面对语言恢复到一个恰当的感知和经验角度，避免现代理论模式的束缚。在他看来，"倾听传承物并使自己置身于其中，这显然是精

---

[1] [德] 伽达默尔：《第 2 版序言》，《诠释学Ⅱ：真理与方法》（修订译本），洪汉鼎译，商务印书馆 2007 年版，第 532 页。

[2] [德] 伽达默尔：《事物的本质和事物的语言》，《哲学解释学》，夏振平、宋建平译，上海译文出版社 2004 年版，第 73 页。

[3] [德] 伽达默尔：《诠释学Ⅰ：真理与方法》（修订译本），洪汉鼎译，商务印书馆 2007 年版，第 612—613 页。

神科学中行之有效的寻求真理之途"①。要更好地了解"倾听",需要将"听"与"看"以及"说"结合起来分析。

听与看之间的差异一直为伽达默尔所看重,人可以变换观看的视角从而对不想见到的东西避而不见,但是不能用同样的方法逃避传入耳中的声音。所以同亚里士多德一样,伽达默尔认为倾听优先于观看。观看又涉及一个容易混淆的理念"直观"。在伽达默尔那里"倾听"与"直观"本质上是相通的概念,它们既与感官感受直接相关,又并不仅仅停留于表象的感官冲动层面,二者同是人类最初的世界经验方式。在作为美学问题的"直观"的讨论中,伽达默尔指出这个问题"不能从认识论探讨的角度去看,而要同想象力的自由表现与创造性的更为广阔的领域联系起来"②。在审美直观中,人的理性不占据主导地位,感性的自由联想带领个体直接进入到对美的亲和的、无间的感受中去。所以,"直观"绝不意味着直接观看,恰恰相反,伽达默尔指出,"从一开始就不要把我们的视点局限于视觉对象或视觉艺术作品,而要牢牢记住语言艺术——首先是诗"③。也就是说,对于伽达默尔而言审美直观最理想的领域是诗歌而不是绘画或雕塑,恰恰是在诗中,想象力的自由和创造性得到最大限度的发挥,从而感受到"那些并非被看见而是被告诉的东西"。在这一点上,"直观"与伽达默尔所说的"倾听"都超越了"直接观看或听取"之意,最终它们都是从自然状态到自由状态的审美生成,在本质上二者有着异曲同工之妙。伽达默尔之所以选择了"倾听",显然是因为这一表述更贴近对"被告诉的东西"的感受方式。

再谈听与说。首先,倾听是言说的一种接续。既然人类在语言的包围中生存发展,那么无论是在日常谈话中还是面对历史传承物或艺术作品,我们别无他路只能倾听向我们涌来的言说。要达成真正意义上的理解,倾听又必须是相互的,在交互往返的倾听中进行对话。语言如空气般将我们环绕淹没,在人类社会中任何个体想生存下去,就要接收语言的鸣响。在这个意义上,"语言向我们诉说"要比"我们讲语言"在字面上更贴近真

---

① [德]伽达默尔:《精神科学中的真理》,《诠释学Ⅱ:真理与方法》(修订译本),洪汉鼎译,商务印书馆2007年版,第47页。
② [德]伽达默尔:《直观与生动》,严平编选《伽达默尔集》,邓安庆等译,上海远东出版社2003年版,第513页。
③ [德]伽达默尔:《直观与生动》,严平编选《伽达默尔集》,邓安庆等译,上海远东出版社2003年版,第513页。

实。因此，倾听在伽达默尔的思想中更重要的作用是纠正人在语言面前的态度，彰显人与语言之间正确的关系：人不是语言的主宰和驾驭者，人应该是语言谦卑的聆听者和顺应者，只有这样，语言才能牵引人们自在而真实地生活在世界上。

可是，人类以"说"语言替代"听"语言已太久。语言在人的奴役和滥用中严重腐朽异化。因而，伽达默尔不得不探寻在人世间是否还存留着纯净的、无杂质的语言，最终投入他眼中的只有诗的语言。在电子器械的喧嚣和轰鸣声中，我们如何识别诗的轻声细语？唯有"倾听"。伽达默尔所谓的"倾听"，完全是科学之外的认识方式，是人类原初的、活生生的经验，是感性个体感受世界和自我的真正途径。在科学主义主导的今天，倾听只有在艺术作品中还保持着不可取代的地位，"任何一种艺术品，不管它表现为一种历史的所与物还是作为科学研究的可能对象，它总向我们诉说着什么——它的陈述永远不可能最终完全凝结在概念之中"[①]。这就是为什么当我们面对一件艺术作品的时候，无论是一幅画、一支曲还是一首诗，都会有恍然进入到其中的感觉，听到它在我们灵魂深处轻声诉说，并情不自禁地对其产生回应。那时我们会从心底里升起一股作为人的强烈感动，这是在任何其他地方所不能体会的。这其中尤以诗的艺术最为突出。这不仅因为诗是纯粹的语言艺术，更是由于在当代唯有诗人还谦卑地对待语言。诗人们不停地吟咏高歌，他们不满足于自身向存在的接近，而是执着地引领众生聆听存在的召唤。科学对诗进行的一次次围剿只能不断证明，它既不能超越诗，更不可能完全取代诗。人通过诗所经验到的真理是用其他方式，特别是科学推理演绎所不能达到的。究其根源，是因为诗的言语中蕴含着迥异于草木走兽或人工智能的人类原始生命力，也就是伽达默尔归结为"诗性"的生存本质。

三　从语言到诗性语言之必需

在伽达默尔的语言观问题上最后要解决的一个困惑是，语言既然已经被伽达默尔确定为人类根本的存在方式，具有了本体论的意义，那么为何伽达默尔从语言继续走向了诗的语言？可以将其归因于两方面关系：诗性语言与语言的关系，以及诗性语言与哲学的关系。

---

① ［德］伽达默尔：《文本和解释》，《诠释学Ⅱ：真理与方法》（修订译本），洪汉鼎译，商务印书馆 2007 年版，第 401 页。

首先按照伽达默尔的说法，选择诗性语言的原因之一是由于诗性语言对于语言的强化凝练。语言的一切基本特性"都以一种强化的意义出现在诗歌所用的语词中"[1]。伽达默尔一直致力于将语言的内在力量纯粹化、最大化，目的就是为人文科学的存在观和认识论奠定一个尽可能牢固的基础。经历了两次世界大战，感受着人类有史以来物质和精神生活最极端的本末倒置和两极分化，伽达默尔清醒地认识到人类命运的岌岌可危：科学的侵蚀力是如此可怕，就连人类的语言也未能幸免。语言原本的自我表现、言意合一等特性，在一些日常和科技用语中已渐渐模糊不见。在这种情况下，伽达默尔不得不对语言性问题进行重新考虑。伽达默尔在去伪存真的漫漫征途中，最终只能走向诗的语言，因为诗的语言世界是唯一尚未被科学侵入之地，那里保存着人类不会因科学自我毁灭的最后希望。语言自主地将过去、他者以及生活世界都作为此在的同在带到此在面前，而诗的语言最大限度地表现着这一性质。因此，对于伽达默尔而言，诗的语言并不是语言使用的一个例外，诗的语言就是没有受到污染和蒙蔽的纯净本真的语言。正如伽达默尔自己所言："实际上抒情诗的语词是绝妙意义上的语言。这尤其表现在，抒情诗的语词能被提高到纯粹诗的理想。"[2] 即抒情诗的语言不表达诗以外的任何东西，抒情诗完完全全在展现语言纯粹的自我。换言之，"抒情诗是一个极端的例子，因为它以最为清晰的可能方式涉及到艺术的语言作品的不可分离性以及它作为语言的原初明证"[3]。当人纯粹为了言说而言说，不带有任何外在功利目的，那么这种言说才是最真实、最接近美的言说，这就是诗的言说。这就是为什么伽达默尔认为"诗歌是在一种著名意义上的语言"[4]。

伽达默尔最终落脚于诗语的原因之二，在于诗性语言与哲学之间紧密的内在关联性。这种相关性不仅在于诗歌与哲学主题的纠缠交织，更在于诗歌语言表现出来的对诗之自我价值的反思。伽达默尔将其概括为"思

---

[1] ［德］伽达默尔：《诠释学Ⅰ：真理与方法》（修订译本），洪汉鼎译，商务印书馆2007年版，第633页。

[2] ［德］伽达默尔：《第3版后记》，《诠释学Ⅱ：真理与方法》（修订译本），洪汉鼎译，商务印书馆2007年版，第575页。

[3] ［德］伽达默尔：《创作与解释》，严平编选《伽达默尔集》，邓安庆等译，上海远东出版社2003年版，第557页。

[4] ［德］伽达默尔：《论诗歌对探索真理的贡献》，严平编选《伽达默尔集》，邓安庆等译，上海远东出版社2003年版，第535页。

辨性"。首先，这种思辨性与柏拉图以后康德以前的独断形而上学有着本质上的区别。独断形而上学以主谓方式说话，用固定的观念处理上帝、灵魂、人和世界，片面地追求关于"理性对象的理智观点"，而这既不是柏拉图—亚里士多德时代哲学的特征，也不是伽达默尔所认同的思辨。其次，伽达默尔眼中思辨性的基础是一种"反映"的思想。伽达默尔所说的反映与通常意义上的反映不同甚至相反，这里的反映并不把陈述的内容视为指定给所与物的特性，反映关系也不是惯常理解上的替换。在反映中，"如一就是他者的一，而他者就是一的他者"①。因此，伽达默尔所说的反映就是整体的纯粹表现，是对事物本身完整真实的呈现。"当说话者并非用他的语词模仿存在物而是说出同存在整体的关系并把它表达出来时，他就表现出一种思辨性。"② 诗语本身具有思的本质，因而就不难理解伽达默尔始终从诗语出发探讨一切哲学问题的原因所在，也自然会将诗语作为伽氏诗化哲学的立足点来对待。

在伽达默尔眼中，荷尔德林的诗最能说明诗的语言究竟在何种意义上才是思辨的。荷尔德林的诗是以彻底消除一切惯常的语词搭配和说话方式，也就是以诗歌语言的"陌生化"为前提的。诗人始终栖居于原始的神性世界中，他的所有感觉、经验、知识、直观、回忆都好像第一次向他涌现，因此他所面对的世界对于他也是未规定的、不熟悉的、崭新的。诗的语言处理绝不是一种直接描摹意义上的再现，它绝不会去追求成为现实的"相似性"样本。"诗的陈述唯有当其并非描摹一种业已存在的现实性，并非在本质的秩序中重现类（Species）的景象，而是在诗意感受的想象中介中表现一个新世界的新景象时，它才是思辨的。"③ 诗的语言陈述有本身的价值所在，它是存在不拘一格的显现，表现的是包括人在内的世界整体结构，诗的语言中蕴含着独立的意志、精神、情感和生命真理，这在哲人眼中就是充满思辨性的东西。所以，作为哲学家的伽达默尔自然很难抗拒诗语的吸引。

从语言本体论到诗化语言观，这并非思想转折而是思想的重要进展，

---

① ［德］伽达默尔：《诠释学Ⅰ：真理与方法》（修订译本），洪汉鼎译，商务印书馆2007年版，第628页。
② ［德］伽达默尔：《诠释学Ⅰ：真理与方法》（修订译本），洪汉鼎译，商务印书馆2007年版，第632页。
③ ［德］伽达默尔：《诠释学Ⅰ：真理与方法》（修订译本），洪汉鼎译，商务印书馆2007年版，第634页。

这种进展既是一种必然，也是一种必需——是语言之必需，是思之必需，更是存在之必需。

第三节 存在论

从艺术到语言，伽达默尔的根本立场是存在论立场。真理首先并始终是存在的真理，是在场以及退隐，是有无之间生生而动的真理；而诗也只有与存在相通才真正具有意义。实际上，伽达默尔在诗中所思，除了人的有限生命在世界之中的存在方式与状态别无其他。在这个意义上，诗化之思终要归于诗意生存，对于伽氏诗化哲学的追问也终将落脚于存在论的深入挖掘及全面反思。

一 时间性、经验性与神性

存在，几千年来一直是西方哲学的中心命题，甚至是唯一议题，存在也始终被哲学家视为宇宙万物的本质。唯心论把存在解释为精神或主体；唯物论将其视为物质或力。但是，"存在"早已不知不觉表现为"存在之物"，而柏拉图以降的哲学也大都是追究存在之物形成发展的原因和规律而已。形而上的存在不是时间性的、历史性的，而是逻辑性的、思辨性的。在这种背景之下，海德格尔的存在观实为重大突破，他赋予存在之"名"以完全不同以往的存在之"实"。海德格尔追究的是存在本身，是本原意义上的存在状态，而不再是"什么"存在的问题。海德格尔将存在还原为周转不止的显隐过程，物我合一无所不在的遮蔽与去蔽的循环运作，生存之境自在的敞开状态。伽达默尔对海德格尔存在论在哲学诠释学思想中的显要地位给予了充分肯定："海德格尔把理解的概念扩展到存在性，即存在的一个基本限定，这标志着我的一个决定性的阶段。在他的推动下，我才超出了同方法论批判有关的问题争论，把解释学问题扩大到科学范围之外，连美学经验和历史经验也归并进去。"[①] 当然，在严格意义上海德格尔并不算是创建了全新的存在论，他行进在一条回返之路上。伽达默尔很早便注意到海德格尔存在论有着更原始的出处，伽达默尔指出："他（注：指海德格尔）谈论澄明之境、传播、生成事物。他试图重新认

---

① ［德］伽达默尔：《解释学的挑战》，渊明译，《世界哲学》1982年第2期。

识从希腊思想的最早丰碑那里闪烁出来的微光，即那些我们将之同阿那克西曼德、巴门尼德和赫拉克利特的名字联系在一起的思想。"① 研究古希腊思想与修辞学出身的伽达默尔时常绕过海德格尔直接回到古希腊去思考存在，并从前苏格拉底时代的思想中看到了"澄明""亮敞"等存在论最初的闪光。

总体而言，伽达默尔基本继承了海德格尔存在论的精髓，但又没有完全囿于海德格尔的存在论域之中——海德格尔基本存在论的影响加上伽达默尔本人对古希腊存在论的参悟，最终帮助伽达默尔树立起自己的存在观。这种明显融合了海德格尔与早期希腊思想的基本存在观立场贯穿了伽达默尔前后期思想。也正是因为伽达默尔始终坚持立足于存在，他才能最终走向"诗—思—在"完全会通的诗境。以下将从"时间性""经验性"以及"神性"三条线来具体分析伽达默尔的基本存在观。

（一）时间性与有限性

存在的本质究竟是超越时空、永恒静止的，还是与时间同在、生动流转的？这是形而上学存在论与海德格尔/伽达默尔存在论之间论争的焦点。很明显，时间性问题是存在论的关键所在。"人类在试图理解自己的生存时，面临一个最深的谜就是真正的时间是什么的问题。对于生命而言，天生的必死性，对于青春和衰老的经验，过去的不可挽回性，未来的不可预见性，每天的时间划分和我们工作的计划——所有这一切都包含着时间。"② 琼·司特堡（Joan Stambaugh）认为，从亚里士多德以来的传统时间理论可以被粗略形容为一系列的"当下"观念。从这种基本时间观出发，形而上学将"存在"（绝对理念）与"时间"的整体关系弄得四分五裂。海德格尔所做的努力则是把"存在"与"时间"重新融为一体，赋予它们反形而上学的新意义。③ 海德格尔说过："一切存在论问题的中心提法都植根于正确看出了的和正确解说了的时间现象以及它如何植根于

---

① ［德］伽达默尔：《存在、精神、上帝》，严平编选《伽达默尔集》，邓安庆等译，上海远东出版社2003年版，第452—453页。

② ［德］伽达默尔：《西方的时间观》，严平编选《伽达默尔集》，邓安庆等译，上海远东出版社2003年版，第97页。

③ Heidegger, Martin, *On Time and Being*, Translated by Joan Stambaugh, New York: Harper & Row Publishers, 1972: ix.

这种时间现象。"① 时间观决定了存在观的性质，因而，在此我们最先遭遇的就是伽达默尔存在论中的时间性问题，也就是一般所说的历史性问题。

艺术论层面的"审美存在的时间性"已对时间性问题做过初步的分析。艺术作品之所以能够穿越岁月与人们相遇而达成同一，正因为艺术作品在与人的问答中既占用它本身的时间，又占用人的存在和生命，它通过展现自我的存在也展现了他者的存在；而欣赏者也在投入到艺术作品内在时间的同时，在其中找回了真正属己的时间。艺术作品既是原初的又是时时不同的，过去与现在、艺术作品和欣赏者的生命流动共同构成了审美存在的时间性架构。这便是我们在审美存在中看到的"时间性"。需要注意的是，对于伽达默尔而言，时间性并非审美存在的特有属性，而是一切存在所固有的根本性质。伽达默尔谈论艺术存在的时间性，绝不是要停留于美学问题本身，他透过美和艺术想要抓住的是人类存在最具普遍性和本质性的东西。因此需要从审美存在扩展开去，继续存在论层面上的时间性的讨论。

首先，"时间"与"存在"彼此相互规定。因为存在并不是存在者，所以存在也就不是一般意义上随时间消逝的东西，存在只在时间中显现、到场；而时间既不是一种存在者，也不是固定在存在者中的一种特质，时间自身的不断流逝又不断进行下去就表明了自身的在场，正如伽达默尔所说，时间本身就具有存在的"本体论意义"②。时间与存在之间的相互规定就此表现为"时间—在场—存在"之循环关联，那么人们也可以将"时间性"确定为存在首要的甚至是唯一的规定性。因此，时间性不但不是必须克服的某种东西，反而是事情本身意义充分显现的前提。而"在场"又总是要与人相连的，海德格尔称"在场"为："面向我们——人——而停留"③，并告诉人们："在场状态说的是：关涉人、通达人、达

---

① ［德］海德格尔：《存在与时间》（修订译本），陈嘉映、王庆节译，生活·读书·新知三联书店 1999 年版，第 20 页。
② ［德］伽达默尔：《历史的连续性和存在的瞬间》，《诠释学Ⅱ：真理与方法》（修订本），洪汉鼎译，商务印书馆 2007 年版，第 162 页。
③ ［德］海德格尔：《时间与存在》，孙周兴选编《海德格尔选集》，上海三联书店 1996 年版，第 673 页。

到人的永恒的栖留。"① 从出生便被抛入这存在世界的人们，从出场、在场直至死亡降临都在时间之中。伽达默尔用赫尔德的话来形容人的时间性存在状态：我们不仅本身就是这种环环相扣的时间性存在中的一环，而且我们每时每刻都可能从这种源自过去，传承给我们，并经由我们的存在向未来延伸的东西中理解世界与自己。② 这就意味着，存在与时间唯有在人之此在中表现出存在是时间性的存在，而时间又是存在意义上的时间。

其次，时间性是历史的"连续性"与存在的"瞬间"的统一。伽达默尔认为，传统时间观错误地夸大了历史的连续性和存在的瞬间之间的对立；时间不仅表现为连续平稳的流逝，而且也存在于非连续性的瞬间。在伽达默尔看来，瞬间绝不是破碎的断点，而是连续的发生过程，它往往表现为一种转变后的新开端，"变化和消逝就是每个瞬间真正的现实，并且作为一种转变而确保了发生的连续性"③。伽达默尔举出三种典型的经验来说明时间的非连续性对于人类历史和存在的重要性。其一是变老的经验，它作为一种非连续性经验是人人都会直接遇到的。变老并不是按天数和钟点的计算方式来估量的：父母会发现孩子突然之间已不再是孩子，而我们与某人重逢时也会偶尔产生这样的感觉：啊，他变老了。其二是时代经验，这种经验也不是用正常的时间流逝可以衡量的，而往往按重大历史事件（统治者逝世、革命爆发等）来划分的。其三是基督教的"绝对时代"经验，亦即通过基督的诞生进入到历史意识中的经验。现在看来，这种经验已与宗教真理无关，而是进入公元纪年的人们在新的意义上发现历史和当下意义的基本经验。④ "时间经验的这些不同形式，并不首先同持续不断的时间之流相关，而是在生命本质的有机体中建立起来的。"⑤ 非连续性经验不是反时间的，它们恰恰说明"时间本身的未来也正处于

---

① ［德］海德格尔：《艺术作品的本源》，孙周兴选编《海德格尔选集》，上海三联书店1996年版，第674页。
② ［德］伽达默尔：《历史的连续性和存在的瞬间》，《诠释学Ⅱ：真理与方法》（修订译本），洪汉鼎译，商务印书馆2007年版，第170页。
③ ［德］伽达默尔：《历史的连续性和存在的瞬间》，《诠释学Ⅱ：真理与方法》（修订译本），洪汉鼎译，商务印书馆2007年版，第172页。
④ ［德］伽达默尔：《历史的连续性和存在的瞬间》，《诠释学Ⅱ：真理与方法》（修订译本），洪汉鼎译，商务印书馆2007年版，第164—165页。
⑤ ［德］伽达默尔：《西方的时间观》，严平编选《伽达默尔集》，邓安庆等译，上海远东出版社2003年版，第109页。

划时代事件的划时代意义之中"①。在均匀流淌着的时间中的这种"存在的瞬间",其实并不是一般意义上的"瞬间",而是一种"朝向……",它表现的正是真实事件本身,而且往往是在匆忙的年代中某些被忽视的多彩而富有意义的东西。如此看来,时间性绝不是时间的平静流逝,而是"连续性"与"非连续性"事实的交织融合。

再次,"历史"与"传统"存在于遗忘之中。过去如何与当下以及未来相连?这从来都是时间性问题的一个焦点。海德格尔早就告诉人们,"过去"并非主要存在于"回忆"之中,而是存在于"遗忘"之中,伽达默尔将海德格尔的这一认识称作"别人向我表明的最伟大的观点"②。伽达默尔进一步阐明,所有流逝而去的东西实际上都首先陷入了人们的遗忘之中;没有遗忘,那么记忆也就相应地失去了意义。而只有这种遗忘才能保持住一些东西,这些被保持并流传下来的便是"传统"。传统也唯有面向现在以及未来的时候才凸显其存在;凡是把过去的事物直接拿过来保持住,并与创造性相对立的都不是活生生的传统。真正的传统埋藏得更深,"存在于我们迎向未来,证实新事物的时候才变得现实的领域中"③。对于处于时间中的人来说,在"遗忘"中保持住失落的回忆,这并不是旁观者面对认识对象的主体化行为,而是"过去"附属于人的此在本身的方式,同时也是人以及历史传承物共同的生命过程本身。在传统与人相交涉的过程中朝向将来,时间与存在的"在场"便达到了。

最后需要特别指出,伽达默尔思想中的重要概念——"有限性",实质上属于"时间性"问题的延伸。人终极意义上的有限性亦即由时间决定的"向死而生"。由死亡带来的面向虚无的恐惧,使人无时无刻不在思索着存在。在这个意义上,思想就是与死亡拉开距离的自由。这种思想的自由不是一般意义上可以任意改变的行为自由,而是"一种我们即使想逃避也逃避不了的自由"④。这就是说,人与其他生物不同,死亡对我们

---

① [德] 伽达默尔:《历史的连续性和存在的瞬间》,《诠释学Ⅱ:真理与方法》(修订译本),洪汉鼎译,商务印书馆 2007 年版,第 164 页。
② [德] 伽达默尔:《历史的连续性和存在的瞬间》,《诠释学Ⅱ:真理与方法》(修订译本),洪汉鼎译,商务印书馆 2007 年版,第 173 页。
③ [德] 伽达默尔:《历史的连续性和存在的瞬间》,《诠释学Ⅱ:真理与方法》(修订译本),洪汉鼎译,商务印书馆 2007 年版,第 173 页。
④ [德] 伽达默尔:《作为问题的死》,严平编选《伽达默尔集》,邓安庆等译,上海远东出版社 2003 年版,第 145 页。

而言早已在我们的生命意识中存在;"人的本体论的光荣"便在于人始终保持着特有的"自由存在"的能力,即勇敢地向死而生,正视自己的有限性。所以,伽达默尔肯定地说:"对人类来说,死亡是一种人们既不能放弃、也不能离开它而生存的荣誉。"① 正因为有限,人之此在才弥足珍贵,才如此具有生命气息和丰富多彩的意义。人也只有仿佛接受存在的馈赠一样,隐忍着、接受着、正视着自身的这种与生俱来的有限性以及深知有限性的存在特性,才有可能真正自由栖居于这片大地上。

因此,"有限性"已经在最充分的意义上展开了对此在的生存论追问:被时间规定的有限的此在由自我、他者和世界共同组建;此在是存在的基本架构,也是伽达默尔从整体上和本原上对生存论问题给出的答案。最终可以看到,有限性充分彰显了"时间—在场—存在"这一循环的真实建构:时间并不是与人不期而遇而又擦肩而过的东西,"而是作为人的生存的一种构成因素在其中发挥着自己的作用"②,有限时间便是人之存在的基本构成。

(二) 体验与经验

通过此在的时间性分析,伽达默尔一方面主张把存在者放置回世界之中,将人从自我意识中解放出来;另一方面又注意与客观主义划清界限,坚持存在和时间唯有与人相关涉时才真正展现意义。实际上两方面都在强调人与世界之间浑然不分的共存状态,同时又不能抹杀人的主观能动性。相应地,伽达默尔对"体验"与"经验"两个范畴进行了阐释:前者对应于个体生命的主观具体感受,后者则偏重于存在论意义上人与世界的互动与彼此敞开。作为有思想有感情的特殊生命体,人生活在世便是一个体验与经验交织的过程。

先看"体验"。伽达默尔对德语中"体验"一词的历史进行了考察,惊异地发现,它只是在19世纪70年代才成为一个惯用词。在18世纪的德国,这个词根本不存在,连歌德与席勒也不曾使用这个词。"体验"最终进入日常语,与它在传记文学中的运用直接相关。它从古老的"经历"一词发展而来,而经历首先指"发生的事情还继续存在着"。由于经历具

---

① [德] 伽达默尔:《作为问题的死》,严平编选《伽达默尔集》,邓安庆等译,上海远东出版社2003年版,第146页。
② [德] 伽达默尔:《作为问题的死》,严平编选《伽达默尔集》,邓安庆等译,上海远东出版社2003年版,第108页。

有用以把握实在之物的"直接性",因而"体验"一词的构成有两方面基本意义:一是直接性,即经由自我经历而非道听途说而获得,这种直接性先于解释、处理和传达而存在;二是直接性留存的结果,具有从已逝去的经历中得到延续的意味。一句话,如果某个东西不仅被直接经历过,而且这种经历还获得一种继续存在的意义,那么这种经历就属于体验。①

狄尔泰那部著名的《体验与诗》令人印象深刻地表述了这种关系。也正是通过狄尔泰的努力,"体验"一词具有了概念功能,并很快成为一个时兴词语。伽达默尔认为在早期狄尔泰那里,体验的意义其实还是比较含混的;而在后期,体验明确指"直接的所与,而这种直接的所与就是一切想象性创作的最终素材"②。此时,"体验"俨然唤起了对理性主义的批判,再加入卢梭提出的"生命"概念对德国古典美学的影响,狄尔泰最终通过内在存在对体验概念进行重新规定。在伽达默尔看来,狄尔泰所说的"体验"就是一种返回,"即有生命的客观化物返回到它们由之产生的富有生气的生命性中"③。

至此,伽达默尔无疑是赞同将"体验"与"生命"相联系的这种早期浪漫主义观点的。狄尔泰转而将体验确立为不同于自然科学的人文科学普遍方法论基础。到了胡塞尔那里,"体验"进一步表现为一种目的论意义上纯粹的认识方法。胡塞尔所说的体验是与"浓缩着、强化着"的意义相适应的,体验的对象被偷换为"意义整体",因而在这种体验中实际上并无实质性的东西被经历,体验变为了一种意识过程。19世纪末,保罗·那托尔普则进一步探索了"体验"的心理学研讨方式。这种方法论和认识论的走向,显然是与伽达默尔坚持的"生命体验"背道而驰的。

伽达默尔眼中的"体验"是一个怎样的范畴呢?体验其实是一种直接面对世界、进入世界的生命活动,它必须建立在与生命的内在关系上。所谓"内在",即是说生命与体验的关系不是一般与特殊、认识对象与认识行为之间的关系,"体验统一体更多地存在于某种与生命的整体或总体

---

① [德]伽达默尔:《诠释学Ⅰ:真理与方法》(修订译本),洪汉鼎译,商务印书馆2007年版,第89—90页。
② [德]伽达默尔:《诠释学Ⅰ:真理与方法》(修订译本),洪汉鼎译,商务印书馆2007年版,第91页。
③ [德]伽达默尔:《诠释学Ⅰ:真理与方法》(修订译本),洪汉鼎译,商务印书馆2007年版,第96页。

的直接关系中"①。活生生的体验本就是生命过程自身的组成部分。"由于体验本身是存在于生命整体里，因此生命整体目前也存在于体验之中。"②每一次体验都是在延续性的生命活动中产生，也就时时与个体的生命整体相连。在尚未形成与已有生命意识的完全融合前，体验仍是生动活泼的；在体验完成之时，体验通过在生命意识整体中的消融而"被扬弃"，也就根本超越了先前已有的对自我和世界的理解。

由此也就清楚，一般的体验结构与此在的存在方式之间存在着这样一种"姻亲关系"：在体验中存在着一种意义的丰满，这种意义的丰满不只属于特殊的内容或对象，而是更多地代表了生命的意义整体。③ 因为每一次具体体验都以独一无二的方式直接表现并通达整体，这种体验的意义才成为无限的生命意义，这种无穷尽的丰富体验伴随我们的整个生命过程。所以，伽达默尔强调的是打破惯常主客分观的体验认识论模式，而凸显体验的生存论意义。这种生存论的体验的特点是：直观、生动，与个体生命紧密相关。

接下来看"经验"。近代以来，自然科学以及精神科学领域里的历史批判奉行的都是客观化原则，科学以及历史经验的有效性取决于它的可证实性，经验的意义依赖于其原则上的可重复性。如此一来，经验概念在现代各个领域中都已隶属于自然科学认识论的解释图式。在伽达默尔看来，"迄今为止的经验理论的缺点（也包括狄尔泰在内）在于：它们完全是从科学出发看问题，因而未注意经验的内在历史性"④。

在此背景之下，伽达默尔主要强调的就是恢复经验的历史性意义，从而打破自然科学认识论对经验的围困。伽达默尔指出，经验是一个历史过程，它绝不是一个不断重复的封闭圆圈，只有对新经验保持着基本开放状态的人类经验才是真实的；经验也不是什么固定结果，而是开放前行的过程。经验的真理总是包含着已有经验与新经验的关联，经验的本质就在于

---

① ［德］伽达默尔：《诠释学Ⅰ：真理与方法》（修订译本），洪汉鼎译，商务印书馆2007年版，第100页。

② ［德］伽达默尔：《诠释学Ⅰ：真理与方法》（修订译本），洪汉鼎译，商务印书馆2007年版，第101页。

③ ［德］伽达默尔：《诠释学Ⅰ：真理与方法》（修订译本），洪汉鼎译，商务印书馆2007年版，第101页。

④ ［德］伽达默尔：《诠释学Ⅰ：真理与方法》（修订译本），洪汉鼎译，商务印书馆2007年版，第470页。

它的历史性。不同于以往的"证明性"经验,伽达默尔将历史性经验称为"否定性"经验。所谓"否定性",并不是说新的经验全盘推翻旧的经验,而是突破以往的局限,以新的真理囊括旧的真理,从而推动人类经验的不断发展前进。经验其实并不是"符合",而是"包含了各种各样期望的落空";所以,"人类的历史存在都包含一种根本的否定性作为本质要素",[①] 其实也就意味着,没有任何东西是可以重复出现的。在这个意义上,"经验的否定性具有一种特殊的创造性的意义"[②],"否定性"实质上表明了经验对于传统以及将来的"开放性"。此外,"开放性"还是自我对他者的开放。没有这样一种彼此之间的开放性,就不会有整体意义上真正的联系。对他人开放,包含着一种"承认",即对某些反对我们的东西、异于我们的东西保持敞开。只有在"存异"的基础上才能"求同",达到具有普遍性的人类共同经验。

　　除了具有"开放性"特征外,历史性经验还表现为一种根深蒂固的"有限性"。这种有限性的根源即人与生俱来的时间性本质。有经验的人深知,他既不是时间的主人,也不是未来经验的主人,每一阶段的经验都有局限性。真正的经验就是一种使人清楚认识到自身有限性的过程,也就是说,经验其实是时间性和有限性被我们体会和经历的过程。伽达默尔对于经验与历史二者内在关联的反思,充分体现于他所提出的"效果历史意识"原则中。效果历史意识,即意识到历史通过制约人对于历史的理解力而产生效果,要求对人类历史存在以及历史理解的有限性有清醒认识,人类在历史中所经验的就是历史本身与历史理解共同作用的动态统一过程。"效果历史"反映出了"经验"主客观相统一的普遍结构,因此是一种真正的基本经验形式。在追问历史真理的过程中,必须始终意识到历史经验本身的限度是无法避免的,这种有限性本就是历史性真理。人必须向世界、向他人、向被理解者打开自己的视域,把自己置于一个多元构成的、交互运动着的广阔视域中,如此才能超越现有经验的界限,不断深化对存在的理解。因此,经验就是预设了限制的开放;经验自身在不断进行着开放,这种开放将人的过去、现在和未来连在一起,赋予人丰富多彩的

[①] [德]伽达默尔:《诠释学Ⅰ:真理与方法》(修订译本),洪汉鼎译,商务印书馆2007年版,第483页。

[②] [德]伽达默尔:《诠释学Ⅰ:真理与方法》(修订译本),洪汉鼎译,商务印书馆2007年版,第479页。

各种可能性；但开放又不是无拘无束的，此在固有的有限性预示了人类经验的真理性方向。相较于"体验"，"经验"在更广泛的意义上表现了人类历史性存在的普遍性和同一性特征。

可以看出，通过"体验"，伽达默尔突出的是人对世界鲜活的、直观的、个体化的生命感受；通过"经验"，伽达默尔强调的是人的历史性和群体性存在的有限敞开。体验和经验共同构筑了人类生存于世的基本生活状态。最后需要注意一点，体验与经验固然是伽达默尔存在论构架中的重要概念，但并不是存在论的基础性概念；唯有时间性的此在生存方式本身才是原初性的。伽达默尔重新提出"体验"以及"经验"，目的就是让人们更好地认识和把握此在的本真生存状态。分清孰是"根"孰是"叶"，对最终观得伽达默尔诗化哲学之"树"的全貌是十分重要的。

(三) 神性与诗性

海德格尔晚年诗化思想中凸显的"神性"，在伽达默尔中晚期的存在论和诗论中也越发频繁地出现了。此外，伽达默尔还撰写了以神性为主题的一系列文章，包括《康德和上帝之问》(1941)、《论早期希腊思想的神性》(1970)、《科学时代的神话》(1981)、《宗教与科学关系之反思》(1984)等。有关伽达默尔的神性思想研究，目前国内外几乎还是一片空白。这跟伽达默尔的相关论说较为分散有关，同时也有受到海德格尔著名的"天地神人说"荫蔽的原因。伽达默尔受海德格尔影响而表现出向早期希腊神性之思的靠拢，这的确是一个事实。更重要的是，被伽达默尔所看重的古老的神性之思与诗性之思本质上都是源于存在的，二者之间有着密切的交融性。出于上述考虑，在此对伽达默尔的神性思想展开讨论。

在《论早期希腊思想的神性》一文开篇伽达默尔清楚地告诉人们："关于存在物作为整体而存在的最早的希腊沉思，我们的研究实际上表明，这种整体存在也就是被称为'神性'的东西。"[①] 而伽达默尔所说的"神"既不是作为非时间性的最高精神主宰——上帝，也不是存在本身，而是将人引向存在之澄明的力量。仅凭自身的能力，人其实很难在真理之路上走远，"面对罪恶和死亡的界限，人之此在只能感到在命运的力量下

---

① Gadamer, Hans-Georg, "On the Divine in Early Greek Thought", *Hermeneutics, Religion, and Ethics*, Translated by Joel Weinsheimer, New Haven: Yale University Press, 1999: 37.

自身的无能为力"①；受到如此种种束缚的肉体凡胎，要进入存在的亮敞其实是需要"神引"的。在古希腊时代，"神"其实就是人最初为自己的生活世界的开启而创造出的引导力量；而"关于神的故事"——神话，"讲述的并不是我们认识的对象，不容置疑的信念或信仰；这种故事更像是有生命的纪念碑……并且这些故事本身是流动着的，它们不断地被真正无拘无束的诗性创造力所更新"。② 如此看来，神话那种朴素天真、诗情画意的形态，其实就代表并指向存在最自然的原初状态；而伽达默尔所言说的"神"即为存在的使者，牵引着存在者朝着存在敞开的那一片光亮走去。神性之思其实就是早期希腊时代由"神"的存在引导而进入的原始诗意存在思想，神的引导力量实际就是不断自我更新、无拘无束的诗性创造力。"神"并不是高高在上，与人对立的永恒存在者；神与人并肩前行，与人同在。

巴门尼德是伽达默尔最为倚重的前苏格拉底时期的思想家。巴门尼德说，引领人们走上远离人间的真理大道的不是恶煞，而是公平正直之神。在女神的引领下，思想者归于思想，思想归于存在。③ 巴门尼德表达了思与在的同一性思想，并在一定程度上思考了存在与存在者之间的差异问题，他既是思考存在的思想家，也是思考真理的思想家。因而"神"对于巴门尼德的意义就不仅仅是文学化的象征和譬喻，神是存在真理的庇护者和引路人，是存在本身真实而重要的一部分。伽达默尔感慨，希腊人在这一点上远远超过了现代人，"因为我们深深地陷入了主观主义的困境中。希腊人并不试图从主观性出发并为了主观性而论证认识的客观性。毋宁说，希腊的思想从一开始就把自己视作存在本身的一个因素。巴门尼德在思想中发现了通向存在真理之路上最重要的路标"④。巴门尼德的神性之思成为对伽达默尔最久远也最具启发性的思想来源。

伽达默尔在晚年思想中引入"神性"的根本原因也并不难理解。面

---

① Gadamer, Hans-Georg, "Kant and the Question of God", *Hermeneutics, Religion, and Ethics*, Translated by Joel Weinsheimer, New Haven: Yale University Press, 1999: 3.
② Gadamer, Hans-Georg, "Reflection on the Relation of Religion and Science", *Hermeneutics, Religion, and Ethics*, Translated by Joel Weinsheimer, New Haven: Yale University Press, 1999: 126.
③ [古希腊]巴门尼德：《巴门尼德著作残篇》，《西方哲学原著选读》（上卷），北京大学哲学系外国哲学史教研室编译，商务印书馆1981年版，第30—34页。
④ [德]伽达默尔：《诠释学Ⅰ：真理与方法》（修订译本），洪汉鼎译，商务印书馆2007年版，第621页。

对科学技术在人类生活中的长驱直入,面对主观主义给人类思想带来的严重危机,伽达默尔明白,现代哲学本身已经无能为力。伽达默尔只能不断向人类的来路探求,寻找这一切尚未开启之时人类存在的根据。他在早期希腊的神性思想中看到了原初的存在之光、诗性之光。然而在这众神业已隐退、新神尚未降临的时代,又由谁来呼唤神灵重降人间?唯有诗人。伽达默尔认为,古希腊神性思想"滚滚向前的、无拘无束的创造力"本也属于诗人,[1] 只有诗才能达到那神秘的合一,与神的合一,与存在的合一。诗与神的合一并非伽达默尔的一家之见,这早在德国浪漫派那里就已是一个普遍观念。史雷格尔兄弟、诺瓦利斯及其追随者都主张在诗作中表达一种神话式的新感觉;而荷尔德林则在诗中复建了一个古希腊的神性世界作为对工业世界的一种拒斥。伽达默尔称之为"科学时代的神话"。他进一步指出,"想象力"或者说"梦想的力量"是神话流传至今的根本力量,它几千年来藏于艺术与宗教之中,一路照亮了人类的灵魂,并且从未减弱分毫。[2] 真正的诗人如荷尔德林、里尔克、策兰,在无尽的黑暗中静静地聆听隐居之神的口谕,跟随神的踪迹,为人类高举着照亮存在通途的火把。正是诗人,让伽达默尔看到了尚存人间的隐秘的"神性"之光,这也是晚年伽达默尔尤为推崇这批德国诗人的原因所在。

伽达默尔通过对原始神性世界的重启,一方面展现了存在之初"诗""神""在"交融的本真状态;另一方面指明了现代危机之中,众神隐退之下,诗意存在已是人类生存所剩的唯一选择。在伽达默尔那里,"神、人、诗、在"是同源一体的,这四元不是传统形而上学中相互独立的概念,而是一直处于互相关涉、彼此渗透、和谐共有的整体之中。

二 诗乃存在之家

晚年的伽达默尔是以诗为旨归而沉思存在的,其存在之思日趋成熟。"诗"在伽达默尔那里远非普通意义上的文学之诗;除了文学和审美意义上的"诗意",诗在更高的层次上具有了自然原初之存在境域的意味,是生存的自在状态和至高境界。诗与在共生同在,是最初也最美的存在,是

---

[1] Gadamer, Hans-Georg, "On the Divine in Early Greek Thought", *Hermeneutics, Religion, and Ethics*, Translated by Joel Weinsheimer, New Haven: Yale University Press, 1999: 37.

[2] Gadamer, Hans-Georg, "Myth in the Age of Science", *Hermeneutics, Religion, and Ethics*, Translated by Joel Weinsheimer, New Haven: Yale University Press, 1999: 91-102.

人类最理想的归宿,在这个意义上,诗正是存在的家园。

(一) 以语言确立存在的诗

伽达默尔诗性思想的核心就是以诗性语言为根基的存在之思,是从诗的语言出发的诗意生存思想。如前所述,伽达默尔在多处反复强调了诗歌语言的自主性,即诗的语言能够不借助任何外在的力量和意志进行自我实现,这种属性本身就已经具有浓厚的本体论色彩。然而由于伽达默尔从未提出过有关诗的本体论的明确主张,因而诗性之思虽渗透于后期伽达默尔对诸多问题的思考之中,但却很难被发现和抽离出来。

在此仍然从作为艺术作品的诗与存在澄明之间的关系谈起,探究伽达默尔为何给予诗以最高的存在意义。人们在赏读诗作的时候常常会产生这样的疑问:荷马、莎士比亚、席勒或里尔克的诗何以能够让不同时代的人都能聆听到其声音,并为之动容感怀?许多读者也许将其归结为诗人的天赋。但在伽达默尔看来这源于诗歌语言对此在有限性的超越。时间性的基本经验,就是所有事物都离我们而去,以至于我们生活中曾经经历过的一切都渐渐模糊不见,至多在最为遥远的回忆中,以一种几乎不真实的微弱光芒闪现着。[①] 换言之,我们生命中的大多数东西甚至感觉都随着时间的流逝而慢慢消逝。然而,诗并不消失,因为"诗歌语词使时间之无常静止不动",[②] 这并不是说诗是非时间性的,而是说诗是时间的连续性与非连续性的完美统一。

诗怎样以及在什么方面能超越创作的具体环境局限,持久地给不同时代的人带去生命的触动?伽达默尔认为:"这与我们自己的时代或其他任何时代被表达出来的特殊主题并无关系,因为决定性的事情是语词唤起了存在于'那儿'(Da-sein)的东西,以使它近得可以触知。诗歌的真理即在于不断地'保持接近'(Halten der Nähe)。"[③] 诗在不断保持接近的

[①] Gadamer, Hans-Georg, "On the Contribution of Poetry to the Search for Truth", *The Relevance of the Beautiful and Other Essays*, Edited by Robert Bernasconi, translated by Nicholas Walker, Cambridge: Cambridge University Press, 1986: 114.

[②] Gadamer, Hans-Georg, "On the Contribution of Poetry to the Search for Truth", *The Relevance of the Beautiful and Other Essays*, Edited by Robert Bernasconi, translated by Nicholas Walker, Cambridge: Cambridge University Press, 1986: 114.

[③] Gadamer, Hans-Georg, "On the Contribution of Poetry to the Search for Truth", *The Relevance of the Beautiful and Other Essays*, Edited by Robert Bernasconi, translated by Nicholas Walker, Cambridge: Cambridge University Press, 1986: 113.

又是什么？是存在的显现，是去蔽，是澄明之光，也就是每一首诗都在试图回答的共同问题。诗跨越时间的河流始终保持着向此在之显现的不断接近，而这种接近是被时间约束的人类本身所无法把握的，只有在与诗的对话之中人才能与存在真理发生联系。伽达默尔将这种"接近性"描述为一种"在诗中生活"的人类经验。人在语言中成长，在语言中接触世界并经由语言建构对世界的理解，如此与世界保持着同一的运动。而在语言之中，诗的语言又是一种最特别的语言，特别之处就在于：它在自我意义的展现中，展现存在。在伽达默尔看来，"诗的语言在一切语言所能实现的展现（deloun）中，乃是成就最完满的"[1]。诗性语言作为一种不断向真理保持接近的特殊语言所展现的正是人、世界、存在之间连续不断浑然一体的往复运动，即存在的"同一性"。对于诗语与存在的关系，伽达默尔最后给出了一个新奇的比喻："诗人的语词并不是简简单单地继续着'使人归家'（Einhausung）的过程。毋宁说，它像一面高悬于这一过程上方的镜子。但是，出现在镜子中的并不是世界，也不是世界中的此物或者彼物，而是这种接近性和同一性本身。在此接近性和同一性中，我们暂时站立（stehen）。这种站立和这种接近性都在文学语言中——更确切地说，是在诗歌中——发现永恒。"[2] 这一描述巧妙地呈现了人在诗的世界中对存在的接近过程，诗的语言之镜并不仅仅展现世间万物的面貌，而且展现出存在的同一性，同时镜子也是同一性本身。在诗的语言中，连续冲刷生命的时间之流变缓、驻留，让我们能从容凝视、捡拾那些对我们具有宝贵意义的记忆与感觉，进而重新找回真正有价值但却早已被遗忘的东西，让漂泊迷茫的身心重又安然地回归故土。一言以蔽之，诗歌语言在自我表现的同时，展现和见证人与世界的同在，并吸引人驻留于诗的境界去接近存在本真，从而形成一个多方交映、隐显轮转的场域。因此伽达默尔说，诗乃人之归居。

(二) 存在本真的诗性

对于"诗"与"在"本质上的关联性，伽达默尔是从双向进行阐释的。

---

[1] Gadamer, Hans-Georg, "On the Contribution of Poetry to the Search for Truth", *The Relevance of the Beautiful and Other Essays*, Edited by Robert Bernasconi, translated by Nicholas Walker, Cambridge: Cambridge University Press, 1986: 112.

[2] Gadamer, Hans-Georg, "On the Contribution of Poetry to the Search for Truth", *The Relevance of the Beautiful and Other Essays*, Edited by Robert Bernasconi, translated by Nicholas Walker, Cambridge: Cambridge University Press, 1986: 115.

一方面如上所述，伽达默尔把时间性引入诗语的研究中，指出诗是向存在的无限接近与持续开启；另一方面，指出存在的终极本质只能由诗来描述，即是说，"诗性"原本就是存在的根本属性，因为唯有保持诗性，存在才具有了人类生命意义上的无限可能性，否则存在只不过是存在物的总和。

伽达默尔所言说的存在虽然不是以人为中心的世界，但必须是包括人在内的存在，这是探讨伽达默尔存在论以及其他问题的基本前提。因为一方面，"包含人在内"本就是存在真实自然的运作状态；另一方面，在天地之间人是唯一主动对存在产生意识、积极呼应的特殊存在者，换言之，存在的本真只有在人这里才真正展现意义，得到充分实现。在根源上，存在是与人的言、诗、思结合在一起的：语言是动物与人类的分水岭，是人之为人的标志；人们在语言中思考，思想即人的内在语言或对话；存在之思便是最初的诗，是"原诗"。在这个意义上，诗、言、思、在是同源一体的。

在这之中"诗"何以被视为存在之本性呢？因为诗、言、思、在的同一性只能通过诗的语言才能被人们所切实感受到。从源头上看，人对世间万千存在的第一次命名、描述与对话，就是诗。表面上，诗的吟咏歌唱表现的虽然是个体刹那间的爱恨悲愁，但实质却在诗语中凝结着引起持久共鸣的普遍性关系。因此，诗总是在铺架一条通向同一性的道路。在伽达默尔看来，"作为成功的作品和创造物，诗并不是理想，而是从无限生命中被激活的精神。……诗并不描述或意指一种存在物，而是为我们开辟神性与人类的世界"[1]。诗的语言就是人与存在照面的场域，由于诗的力量，世界才对人类开启，存在才显明亮敞，才生生而动。正是在这个意义上，晚年的伽达默尔发出了如此感叹：诗，"如此之真，如此富于存在！"[2] 诗的灵动生气使存在的显现充盈着无限的可能性和创造性，诗中珍藏着并不断激发着作为存在核心的生命力，它探照着生命的真实，开启着世界丰富的关联性。因此，存在的本质必须通过诗的本质来把握，"诗性"是语言、思想、存在原初的共同属性。

诗性作为存在之本性被确定下来，从另一个角度说明，诗原本就不单纯是一种对生活的预言或者理想描画，不是梦幻之境，更不是什么想入非

---

[1] Gadamer, Hans-Georg, *Truth and Method*, Translated by Joel Weinsheimer and Donald G. Marshall, New York: Continuum, 2004: 466.

[2] Gadamer, Hans-Georg, "The Artwork in Word and Image: 'So True, So Full of Being!'", *The Gadamer Reader: A Bouquet of the Later Writings*, Edited by Richard E. Palmer, Evanston: Northwestern University Press, 2007: 192-224.

非。诗,是真切的涉身入世的状态,是在天地之间安身立命的途径。历史证明,自从诗被哲学驱逐出思的境域,思也不再是存在之思,神也悄然隐退,原本浑然为一的存在也就四分五裂、面目全非。总之,从诗歌向存在本真的接近和敞开中,伽达默尔已展现了诗与存在无间的交融;反过来,伽达默尔通过分析存在原初意义上所具有的诗性,进一步证明了诗与在的同源一体性。这一追溯越是接近人类诞生的原始时期,诗与在的这种同一性就越是显而易见。最终可以看到,诗一直透射着存在之光,存在本身也是诗意缭绕,真正的诗永远在讲述着存在,而存在总是诗意的存在。

(三) 诗意地栖居

> 只要良善、纯真尚与人心同在,
> 人便会欣喜地
> 用神性度测自身。
> 神莫测而不可知?
> 神如苍天彰明较著?
> 我宁可信奉后者。
> 神本是人之尺规。
> 劬劳功烈,然而人诗意地
> 栖居在大地上。
> ——荷尔德林《在柔媚的湛蓝中》

"诗意地栖居"当然并非伽达默尔的独创术语,荷尔德林的这一诗句因海德格尔晚年的极力推崇,已成为当代诗化哲学的名句,被普遍地视作对存在至高境界的最贴切描述。"人,诗意地栖居在大地上"不仅是一个诗学命题,更上升为一个诗化的哲学命题。在这个意义上,不仅荷尔德林是近代以来"诗人中的诗人",而且此诗也因而算得上"诗中之诗"。从伽达默尔晚年大量关涉艺术与诗的论著中可以明显感觉到,伽达默尔关注海德格尔晚年思想的诗化转向,同时也热衷于探索荷尔德林、里尔克、策兰的诗与存在的亲缘性——"诗意栖居"的思想命题实际已渐渐被伽达默尔真正地吸收接纳。

乍看之下,"诗意栖居"观念在伽达默尔思想中潜藏颇深,因此为大部分人所忽视。但实际上"诗意栖居"作为一条隐蔽而重要的思想线索贯穿于伽达默尔晚年最重要的四篇诗论中。伽达默尔在 1971 年所著的《论诗歌对探索真理的贡献》中初步提出，诗歌语词向存在不断"保持接近"，这实际上就是诗向人类生存状态的同一性趋近。① 1979 年伽达默尔在《诗文与整体》中进一步明确，诗歌语言向存在"保持接近"就是"在诗中生活"的经验。在诗中生活的经验"要高于那种在行为生活中逃避压力的放松式体验。在诗中生活其实是我们经验到在自身之中流动的存在的一种方式"。伽达默尔补充了关键的一句："在这一点上（生活在诗中）也唯有人类才能够完成自我实现"②，从而将诗中的生活与人的自我价值联系在一起。不难看出，伽达默尔虽然没有直接提出"诗意栖居"，但"在诗中生活"与后来的"诗意栖居"在内涵上已开始趋于一致。在被视为晚年伽达默尔另一美学力作——《美的现实性》(1975) 中，伽达默尔已经直接谈及在艺术作品中"栖居"的问题。他说："在艺术经验中，我们必须学会如何以一种特殊的方式在作品中栖居。当我们栖居于作品中，绝不会感到单调乏味，因为我们在其中居留越久，作品就会展现越多的层面，就越发显得丰富多彩。"③ 伽达默尔最后指出，艺术的这种时间性经验的本质就是让人学会如何驻留，而这也许就是使我们有限生命与所谓的永恒相联系的唯一方式。④ 在伽达默尔 92 岁之际所作的最后一篇重要的美学论文《词与象的艺术作品："如此之真，如此富于存在！"》中，"栖居"的地位明显升高了。伽达默尔认为，艺术作品的经验已不仅仅是存在从遮蔽之中的显现，更恰当的说法是："在作品中栖居"；"在作品中栖居"意味着包括去蔽以及遮蔽在内的一种持存状态，⑤ 它使存在表

---

① Gadamer, Hans-Georg, "On the Contribution of Poetry to the Search for Truth", *The Relevance of the Beautiful and Other Essays*, Edited by Robert Bernasconi, translated by Nicholas Walker, Cambridge: Cambridge University Press, 1986: 112-115.

② Gadamer, Hans-Georg, "The Verse and the Whole", *Hans-Georg Gadamer on Education, Poetry, and History: Applied Hermeneutics*, Edited by Dieter Misgeld and Graeme Nicholson, Translated by Lawrence Schmidt and Monica Reuss, Albany: State University of New York Press, 1992: 91.

③ Gadamer, Hans-Georg, "The Relevance of the Beautiful—Art as Play, Symbol, and Festival", *The Relevance of the Beautiful and Other Essays*, Edited by Robert Bernasconi, translated by Nicholas Walker, Cambridge: Cambridge University Press, 1986: 45.

④ Gadamer, Hans-Georg, "The Relevance of the Beautiful—Art as Play, Symbol, and Festival", *The Relevance of the Beautiful and Other Essays*, Edited by Robert Bernasconi, translated by Nicholas Walker, Cambridge: Cambridge University Press, 1986: 45.

⑤ Gadamer, Hans-Georg, "The Artwork in Word and Image: 'So True, So Full of Being!'", *The Gadamer Reader: A Bouquet of the Later Writings*, Edited by Richard E. Palmer, Evanston: Northwestern University Press, 2007: 212.

现为一种真正奔涌不息的循环运动。至此，伽达默尔的"诗意栖居"思想已基本清楚。

诠释学研究学者詹姆斯·瑞瑟最早注意到了伽达默尔思想中的"诗意栖居"问题，他指出伽达默尔的艺术论及诗论共同表达了一个主题——"诗意栖居"，并且这里的"诗意栖居"与海德格尔晚年思想中的"诗意栖居"观念在气质禀赋上并无二致。① 这其中有一定的合理性。首先，"诗意栖居"这一表述显然是得到了海德格尔的启发，甚至可以说是从海德格尔那里直接拿来；其次，二人都将"诗意栖居"扎根于诗性语言之中；再次，在存在论上两者都把"诗意栖居"作为存在的最初以及最高的境界；最后，师徒二人都认为"诗意栖居"是人类的共同旨归，是真实可达的生活状态。

但是，瑞瑟将"诗意栖居"称为伽达默尔思想之"转型"（transformation），过于强调"诗意栖居"在伽达默尔晚年思想中的突然出现，这又多少有些欠妥。伽达默尔多次表示，"诗"是一个早已深植于其个人思想中的一个重大课题，而不是晚年才引起其注意的问题；同时伽达默尔非常注意保持思想的完整性、贯通性，从他本人承认的哲学起步（师从海德格尔）开始，在他的思想中并不存在什么"转向"或者"转型"。诗化是一条从隐至显、贯穿始终的思想主线，"诗意栖居"是一种自然而然的思想升华而不是转变，即"诗意栖居"实为伽达默尔一直以来所看重之真理的升华。伽达默尔眼中的"诗意栖居"实际上一方面直指存在之去蔽和亮敞状态，另一方面更突出了本真状态对于人类生活的现实意义。因此，伽达默尔通过"诗意栖居"延续和更正了存在真理，进一步远离了现代真理观所属的纯粹理念世界，投入到真正充盈着生命意义的生活世界之中。

三 从存在到诗意存在之必需

首先，这一走向意味着伽达默尔存在论基本范畴的拓展。伽达默尔的基本存在论中固然已有诗意的萌芽，但早期存在论给人的主要印象毕竟不在于诗，而是存在的时间性、语言性以及周转循环的存在之显隐；即是说，早期存在论的基本范畴为"时间性""语言性"以及"循环显隐"。诗意栖居思想建立于基本存在论之上，因而包括了上述范畴。但是，诗意

---

① Risser, James, *Poetic Dwelling in Gadamer's Hermeneutics*, Philosophy Today, 1992, 38 (4): 369-379.

栖居强调的不仅是存在的时间性，而是囊括了时间性在内的"诗性"。诗明显上升为伽达默尔后期思想最重要的核心范畴。存在之美，存在之自然和谐，加之前此的时间性与有限性都被一个"诗"的范畴所囊括。诗意栖居强调物我合一、流转不息，彰显生命存在的圆融，伽达默尔的存在观因而显得更具理论深度和思想张力。

其次，从基本存在论到诗意栖居，标志着伽达默尔关注的焦点从理论世界逐渐转向了实在世界。伽达默尔虽然已经站在基本存在论立场之上，对传统形而上学存在观做出了种种批判，但是伽达默尔当时仍将主要的精力置于新理论体系的建设上，专注于对诠释学理论的孜孜以求，学院派气息相当浓重。然而，在《真理与方法》之后，伽达默尔却跳出了理论的框框，穿梭于哲学及哲学以外的诗学、社会学、环境学等各领域之间，密切关注起人的现实境遇问题。因为耳闻目睹了科技对人类物质与精神家园的双重吞噬，伽达默尔不得不对存在问题进行调整，将矛头对准在世的生存状况，开启了理论的实践期。可是，在这个海德格尔所谓的"世界黑夜贫困的时代"，"存在"一词似乎不足以唤回四处飘荡、孤独无依的灵魂。于是，伽达默尔想到了那唯一让人碰触之时还心存敬畏、战栗感怀的"诗"。后期伽达默尔所提倡的"诗意栖居"不仅是一种存在理论，更是针对人类的生存困境为现代人指出的一条切实可行的现实出路，诗性的彰显打通了存在理论与现实世界的阻隔。

最后，从基本存在论中人被"抛入世"，到诗意栖居中人"居于世"，伽达默尔对人与世界的共存关系有了新的认识。"被抛入存在"是前中期伽达默尔眼中"向死而生"之人基本的此在建构，它一方面突出了此在的有限性，另一方面也强调了人之存在不以主观意志为转移，向死而生是无法躲避的。这进一步滋生了人类普遍的"畏"与"烦"，畏与烦虽然是被抛于世的一种条件反射式的必然反应，但毕竟是一种消极的、意图逃避的处世方式。因此，伽达默尔在此抽身，开始对生存世界的积极筹划和构筑，即诗意地"居"。如果说被抛入世表现的是人与世界之间无奈的、淡漠的共处，那么诗意地居则是主动地、逍遥地投入到与世界的嬉戏玩耍、和乐共存。可以说，诗意之"居"是坦然接受了死亡的存在，是淡化自我、返璞归真的最高生存境界。

总而言之，从存在到诗意存在是伽达默尔诗化哲学的一条发展中线，伽达默尔的诗化哲学思想基本上就是以这条中线为骨干，加之语言、艺术之血肉，以及诗歌批评的实践活动，最终孕育为一个具有生命气息的有机思想整体。

第四节 小结：从语言艺术走向存在的诗

最后简要回顾一下伽达默尔诗性之思的理论构成与发展。

横向上，"诗"是集伽达默尔个人思想之大成的最高理念。通过上述阐析，能够看到伽达默尔的诗性之思大致经历了这样的发展过程：艺术本体论—语言本体论—诗化本体论。伽达默尔从艺术论、语言论、存在论三个层面深刻揭示了一与多、主与客、有与无在诗中的和谐统一。本体论的诗"不再是去意指实在的绝对本体，而是生存本体自身的诗化，是感性存在自身的诗意的显现"[①]。曾经不过是人赏玩对象的诗成为人类存在的最终根据。"诗"涵盖了伽达默尔哲学思想最关键的三个问题：艺术的自为性、理解的历史性、人的语言性。进一步深入来看，其中核心的理念包括："同一性""时间性""经验""游戏与节日""栖居"，以及下一章中将谈到的"实践"或"应用"——这些总归起来都化入"诗性"。诗，并不是伽达默尔突发奇想、信手拈来的一个概念，它一直潜藏于伽达默尔的思想之中，最终，诗接替了伽达默尔前中期思想中的真理观念，成为伽达默尔晚年集大成式的思想概括。

纵向上，在现代西方哲学和美学论域中，"诗"已突破语言艺术界限具有了普遍的存在论意义，诗作为一个与现实庸俗世界对立的古老而又崭新的世界被建立起来，伽达默尔无疑是这股思想潮流的一位有力推动者。现代哲学的显著特征之一，就是思辨哲学本身不再是推动学科发展的主力，对哲学发展的最大影响来自语言、艺术和诗歌。荷尔德林、陀思妥耶夫斯基、索绪尔、卡夫卡、萨特、韩礼德都属于此列。诗意的语言世界从根本上就是生命力产生和存在之境，也只有通过艺术与诗，人们才能重返生命之轨，无拘无束地生活。这股思潮在哲学领域、文学领域以及现实生活中的影响仍在继续。

接下来再对伽达默尔的诗性之思的风格与特点做一扼要分析。

伽达默尔诗化思想的突出特点首先就是整体之思，整体观是伽达默尔

[①] 刘小枫：《诗化哲学——德国浪漫美学传统》，山东文艺出版社 1986 年版，第 113 页。

看待一切问题始终如一的视角。"诗"的提出从根本上就是要消除普遍分裂的思想，因为在诗中，诸如理性与情感、主观与客观、有限与无限等许多限制与矛盾都会消隐不见，正如席勒在《论素朴的诗和感伤的诗》中所说："诗的心境是一个独立的整体，在这里一切差别和缺点都烟消云散了。"[①] 伽达默尔的诗性之思直指的便是持续而严重的分裂之下，人以及世界的重新整合问题。诗将世间相互对立的各种关系维系在其自身，给予处于生存偏执和迷茫之中的人一个尘埃落定、温暖宿留的家。从整体性上来看，诗是伽达默尔毕生思想的理想概括，我们难以找出其他可以代替诗的概念来涵盖伽达默尔纷纭复杂、丰富多彩的哲学和美学思想。

伽达默尔诗化之思的另一重要特征是循环之思，循环是伽达默尔秉持的根本观念。哲学的终极目标即是揭开宇宙与人生之谜，伽达默尔则认为"诗参与到宇宙真理之中"[②]，诗本身就是宇宙间生生不息的生命运动的展现。伽达默尔抓住了其中的关键问题，即循环往复。值得注意的是，伽达默尔所看重的循环并不是一个封闭的圆环式的重复运动；作为伽达默尔诗化思想特征之一的"循环"，是一个开放式螺旋上升和不断打开的运动，它既是历史的延续，更是历史的变化发展。循环之思在本质上就是一种循环生发的思想。

当然，伽达默尔的诗化之思最基本的一点，在于这是一种生存意义上的诗性"语言"之思。伽达默尔的旨归，就是以诗的语言牵引人们进入古希腊"诗、思、在"合而化一的生存之境，将吟咏歌唱存在的诗作为人们生存劳作于其间的家园土壤。作诗读诗不再仅仅是对生活和情感的描摹和表现，而是一种开启彰显生存意义的运思，是追寻思想以及生存故里的唯一方式。正是诗的语言至今仍保持并显现着宇宙万物的灵性，也昭示了人与自然和谐共处的本真存在方式。在这个意义上，诗的语言是通往原初诗意栖居世界的唯一通路。

---

① ［德］席勒：《论素朴的诗和感伤的诗》，古典文艺理论译丛编辑委员会编《古典文艺理论译丛（二）》，人民文学出版社1961年版，第48页。

② Gadamer, Hans-Georg, "Poetry and Mimesis", *The Relevance of the Beautiful and Other Essays*, Edited by Robert Bernasconi, translated by Nicholas Walker, Cambridge: Cambridge University Press, 1986: 120.

第三章

诗化哲学之"用"
——伽达默尔的诗歌批评实践

伽达默尔的"诗"既是一个异于以往且极具包容性的理论范畴,同时又始终扎根于具体的诗歌艺术之中,表现出典型的体用二维性,这是伽达默尔诗化哲学显著的特色之一。一方面伽达默尔对诗人诗作的评点是哲学观念在实践领域中的再现和有力印证;另一方面诗评之中本身也不乏新颖精辟的理论见解,实为诗性之思的必要补充和延续拓展。伽达默尔的诗化理论以哲学诠释学为基础,诠释学的性质本就特别适合艺术文本的阐释,同时也只有与文本相结合才能得到充分的检验,即所谓的"现象学解释学必须进入具体的经典文本"[①]。但是,由于伽达默尔的诗歌批评资料相对零散也较为晚出,与伽达默尔的诗性哲学思想比较起来,伽达默尔的诗歌批评更不为学界所重视,也进一步导致伽达默尔诗化哲学研究难以全面深入地展开。鉴于这种情况,有必要对伽达默尔的诗歌批评进行阐析,以期观得伽达默尔诗化哲学之全景。

伽达默尔对于诗人诗作有着自己的偏好,他的诗评也有着鲜明的针对性,德国本土诗人诗作是其关注的重点,特别是歌德、荷尔德林以及之后的德国新浪漫派诗人里尔克、格奥尔格、策兰及其诗作。这个特定的诗歌批评范围可以帮助我们初步把握伽达默尔对诗的基本观点和态度。伽达默尔之所以看重这些诗人,并不是因为他们在文学史上已有的地位,而是因为诗人们在诗歌中回忆并拯救古代的真理,同时能够与现代人毫无障碍地对话,即保持一种跨越时代的"同时性"。伽达默尔的诗歌批评主要有:《论人类的精神发展历程:歌德未完成作品研究》《荷尔德林与古代》《神

[①] 刘小枫:《拯救与逍遥》,上海三联书店2001年版,"修订版前言"第9页。

话诗的颠覆——里尔克〈杜依诺哀歌〉探析》《勒内·马里亚·里尔克对存在的阐释》《诗文与整体》《诗人在变沉默吗?》《我是谁而你又是谁?》《保罗·策兰诗的含义与含义的遮蔽》《诗与标点》《歌德与哲学》《歌德与道德世界》《荷尔德林与未来》《荷尔德林与格奥尔格》《用现象学和语义学方法研究策兰?》《书写与活着的声音》等。同时结合伽达默尔的诗学和美学专论，如《哲学与诗歌》《论诗歌对探索真理的贡献》《词与象的艺术作品："如此之真，如此富于存在!"》《美的现实性——作为游戏、象征、节日的艺术》《诗歌与模仿》等文章，就伽达默尔诗评诗论中蕴含的诗性之思做一抽丝剥茧的阐析。

第一节　诗之真：歌德诗评

歌德在德国文坛上举足轻重的地位，是无须多言的。拜伦尊歌德为"欧洲诗坛的君王"，以与之交换诗作为荣；海涅将歌德与塞万提斯、莎士比亚并立为世界文坛三巨头；恩格斯则推许歌德为"最伟大的德意志人"。杨武能先生指出："德国的或者说德语的诗歌创作，是由于他才发展到空前的高峰，才真正受到了世界的重视。"[1] 可以说，歌德从他所在的时代起便对包括哲学家在内的欧洲学者及文人产生持久影响，伽达默尔也在这一范围之内。在伽达默尔晚年最具代表性的诗歌专论《论诗歌对探索真理的贡献》（1971）一开篇，伽达默尔便指出，"诗与真"这一经典标题来自歌德，歌德早已难能可贵地发现了"诗与真"并不是对立的关系，而是一种"相互干预的关系"。伽达默尔认为，"当歌德以此标题作为他的自传时，他明显是指诗歌的回忆在真理中所起的这种积极作用，而不仅仅是指他在让自己谈论自身的生活史的诗意般的自由"[2]。终生以追问真理为己任的伽达默尔，对歌德看似随意实则蕴含丰富诗性真理观的自传显然赞赏有加。

在伽达默尔看来，即便在一段时期内席勒的康德主义对于歌德的影响之强令人惊讶，歌德也从未放弃过对于形而上学的怀疑；而歌德在其诗歌作品中所表现出来的对于人类理性主动的弃绝，正来自他对人类有限性以

---

[1] 杨武能：《走进歌德》，河北教育出版社1999年版，第230页。
[2] ［德］伽达默尔：《论诗歌对探索真理的贡献》，严平编选《伽达默尔集》，邓安庆等译，上海远东出版社2003年版，第534页。

及必死命运的坦然接受。歌德对于18世纪以来德国文学受到理性主义诗学的破坏一直十分敏感,在歌德眼中,一位纯粹的诗人唯一应该担心的就是理性抽象对于诗歌的损害。他说:"作为诗人,我的方式并不是企图要体现某种抽象的东西。我把一些印象接受到内心里,而这些印象是感性的、生动的、可喜爱的、丰富多彩的,正如我的活跃的想象力所提供给我的那样。作为诗人,我所要做的事不过是用艺术方式把这些观照和印象融会贯通起来,加以润色,然后用生动的描绘把它们提供给听众或观众。"① 伽达默尔提醒人们,不要忘了歌德所处的时代是康德、费希特、黑格尔这些代表德国理性思辨最高成就的思想家的时代,歌德能够保持这种异于理性主义的立场,实属不易。② 伽达默尔指出:"从早年开始,歌德就一直反对(抽象思维)这样的僭越。歌德对任何教条的顽固思想都非常抵触。……'因为没人真正知晓万物究竟意味着什么。'有了这样一种态度,甚至他都没有意识到这一点,他其实一直在不断接近着希腊哲学之源。"③ 因此可以说,伽达默尔最为看重歌德的一点,在于他始终用诗歌尽可能展现生存状态最古老最真实的一面,即"精神在诗中真正的具体化"以及"生命真正的有限性"④。落实到具体诗歌批评中能够明显看出,伽达默尔关注的并不是歌德诗歌的语言风格或修辞技巧,他主要是从歌德诗歌,特别是未完成的神话诗的重大主题入手,探寻其中隐藏的诗之真理。

一 神性与人性的共存

在歌德2500多篇诗作中,《普罗米修斯》这部未竟的神话诗剧引起了伽达默尔格外的注意。歌德自己也说过:"关于神与人类的象征的解

---

① [德]歌德:《歌德谈话录》,爱克曼辑录,朱光潜译,人民文学出版社1978年版,第147页。
② Gadamer, Hans-Georg, "Goethe and Philosophy", *Literature and Philosophy in Dialogue: Essays in German Literary Theory*, Translated by Robert H. Paslick, Albany: State University of New York Press, 1994: 1.
③ Gadamer, Hans-Georg, "Goethe and Philosophy", *Literature and Philosophy in Dialogue: Essays in German Literary Theory*, Translated by Robert H. Paslick, Albany: State University of New York Press, 1994: 17.
④ Gadamer, Hans-Georg, "Goethe and Philosophy", *Literature and Philosophy in Dialogue: Essays in German Literary Theory*, Translated by Robert H. Paslick, Albany: State University of New York Press, 1994: 15.

释，希腊的神话是个取之不竭的宝藏。"① 伽达默尔认为，探究这一断篇虽未完成但仍流芳后世的原因，即能够揭示出诗中真理的奥秘所在。他指出，这首关于普罗米修斯为人类遭受苦难的神话诗，实质上反映的是自然力量与精神力量之间激烈的冲突，是神性与人性相斥相吸的共存，这一切在伽达默尔看来正是人类总体文化以及个体自身发展的基本历程。② 歌德笔下的普罗米修斯是神性与人性合一的化身，在神性面前貌似渺小的人性的伟大之处在于，人类不懈地从自我之中解放自我，因此人类的命运才永远表现为怯懦与胆识、幽困与希望、卑劣与高贵的交织。希腊神话中深蕴的这一人类命运的本质，始终强烈吸引着歌德以及伽达默尔，而正因为《普罗米修斯》对此主题娴熟的展现，使得伽达默尔感到这部诗剧即使并未作完，在思想和意境上也十分圆满，读者观众可以很自然地为作品推想出一个心目中的结局。用伽达默尔的话来说，"（这部未完成的）诗歌有一种内在的动力，以至于在一定意义上诗歌能够参与到自我的完成中去"③。显而易见，这其中透射出"艺术作品自在自为，自成独立完整的世界"这一伽达默尔艺术本体论的基本观点。伽达默尔看重歌德这首未竟诗歌的首要原因即在于，它的主旨与伽达默尔的诗意存在观相辅相成：天地神人同存共在的状态是人类自然原初的生存形态；人既趋向神性又保持人性的光辉，这就是人之存在真理。

除了诗的主旨外，伽达默尔认为诗歌的形象生成以及诗人本人的创作心理都体现了神性与人性的合而为一。

先看"普罗米修斯"的形象。伽达默尔从普罗米修斯这一延续至今的古希腊英雄形象的回溯中发现，"普罗米修斯"的象征意义自古希腊以来不断地发生着改变。古希腊到基督教神学时期，普罗米修斯一直是神之万能力量的折射，而从文艺复兴时期开始，这一英雄形象的神学意味日益变淡，普罗米修斯作为人类的创造者以及拯救者的意象越发突出。但是直

---

① [德] 歌德：《歌德文集》第5卷，《诗与真》（下），刘思慕译，人民文学出版社1999年版，第684页。

② Gadamer, Hans-Georg, "On the Course of Human Spiritual Development: Studies of Goethe's Unfinished Writings", *Literature and Philosophy in Dialogue: Essays in German Literary Theory*, Translated by Robert H. Paslick, Albany: State University of New York Press, 1994: 32.

③ Gadamer, Hans-Georg, "On the Course of Human Spiritual Development: Studies of Goethe's Unfinished Writings", *Literature and Philosophy in Dialogue: Essays in German Literary Theory*, Translated by Robert H. Paslick, Albany: State University of New York Press, 1994: 32.

到 1774 年歌德创作了气势雄壮的《普罗米修斯》，普罗米修斯才真正代表着一种对于生命的全新感觉，以更具人性的新形象出现。[1] 歌德在自传《诗与真》中也提到，实际上在埃斯库罗斯的《普罗米修斯》中，他已感觉到了普罗米修斯代表的对神之力量的蔑视，以及强烈的自我存在感。歌德明确指出，他的诗剧《普罗米修斯》就是围绕与众神决绝的反叛形象构思创作的。[2] 在歌德笔下，普罗米修斯既往所象征的神力被前所未有地削弱了，而人性的因素得到了明显扩充，普罗米修斯这一意象变得更为丰满而鲜活。例如，在颂歌独白部分最后一节，普罗米修斯对宙斯的嘲讽与反叛达到了一个高潮：

> 你也许妄想
> 我会厌弃人生，
> 遁入荒野，
> 因为美丽的梦
> 没有全告实现？
>
> 我坐在这里，照我的
> 样子造人
> 造出跟我相似的种族：
> 去受苦，去流泪，
> 去享受，去欢乐——
> 而且不尊敬你
> 象我一样！[3]

"去受苦，去流泪，去享受，去欢乐"，在苦难中乐观向上，歌德创造的如此有血有肉的普罗米修斯彻底摆脱了虚幻不实的神化形象走进尘世。伽达默尔强调，作为艺术形象出现的普罗米修斯，本就不应被染上过

---

[1] Gadamer, Hans-Georg, "On the Course of Human Spiritual Development: Studies of Goethe's Unfinished Writings", *Literature and Philosophy in Dialogue: Essays in German Literary Theory*, Translated by Robert H. Paslick, Albany: State University of New York Press, 1994: 33.

[2] ［德］歌德：《歌德文集》第 5 卷，《诗与真》（下），刘思慕译，人民文学出版社 1999 年版，第 683—686 页。

[3] ［德］歌德：《歌德抒情诗选》，钱春绮译，人民文学出版社 1981 年版，第 27—28 页。

重的宗教色彩，艺术形象在诗作中的意义最终只能以诗歌文本为基础来决定，在这里亦不难看出马拉美和瓦莱里"纯诗"理论对伽达默尔诗歌批评标准的影响痕迹。

再看诗人的创作心理。在伽达默尔眼中，歌德创作《普罗米修斯》的时候正处于狂飙突进的革命热情之中，他的非凡天才与炽热情感在思想的疆域中碰撞出灿烂的火花，因此他作出的这首诗气度豪迈，节奏铿锵，充满了阳刚之美。如果说歌德的想象力和创造力是神性力量在诗人身上的驻留与自然迸发，那么对于人类有限而坚韧之生命的重彩刻画，以及对于人情人性的热情歌颂，则是诗人的有意之举了。用伽达默尔的话来说，"歌德从普罗米修斯亦人亦神的角度将自我分开对待；不仅是像在现代仍偶尔出现的创作力崇拜那样以一种天真纯朴的自我神化的方式进行，而且是以对立于神性且无从逃避的人性的自觉方式进行的"①。可见在伽达默尔那里，歌德的《普罗米修斯》充分肯定并凸显了人的价值和人性的光辉；但是出于泛神论的思想，歌德又坚信包括人在内的宇宙万物都充满神性，这种神性是原初而朴素的自然存在之基本特征，与一神教的宗教崇拜完全不同。歌德所歌颂的这种人性与神性完美结合的生存境界，与伽达默尔后期诗化思想所不断指向的诗意生存境域是根本相通的，因此得到了伽达默尔的欣赏。

再谈一下伽达默尔的歌德诗评中所表现出的"以文本为中心"的基本立场。虽然伽达默尔的歌德诗评主要创作于20世纪40年代末期，属于伽达默尔偏早的一批诗评诗论，但是"以文本为中心"的批评立场当时已经确立。伽达默尔在歌德诗评中反复强调诗歌有着保持自我存在的内在动力，我们应从诗歌自身出发来解读各种意象而不要受到太多外在因素的干扰，更不能以外部世界为中心来阐释诗歌的意义、评价诗歌的价值。从文学批评的角度来看，马拉美的纯诗理念、现象学的方法以及基本存在论的立场在诗歌批评中被伽达默尔自如地结合起来，形成了"以文本为中心"的批评取向。联系伽达默尔对艺术论、语言论以及存在论的阐述，可以肯定歌德诗歌批评的确是伽达默尔终生坚持的"艺术作品本体论"的初步实践。这种"以文本为中心"的取向不但并不与伽达默尔"视域

---

① Gadamer, Hans-Georg, "On the Course of Human Spiritual Development: Studies of Goethe's Unfinished Writings", *Literature and Philosophy in Dialogue: Essays in German Literary Theory*, Translated by Robert H. Paslick, Albany: State University of New York Press, 1994: 35-36.

融合"观念相悖,而且应该是文本与读者之间形成"视域融合"的根本前提。相较之下,"以读者为中心"的批评思想显然与伽达默尔的本意南辕北辙,难怪后来的接受美学虽自认继承了哲学诠释学艺术论的衣钵,然而伽达默尔本人却对接受美学的读者中心取向提出质疑。① 要知道,伽达默尔虽然将读者视为艺术作品真理显现不可缺少的一环,但是他并没有无限扩大读者的力量,而只是给予读者应有的合法地位,强调读者在作为意义事件的艺术理解中的能动作用。在伽达默尔看来,"以读者为中心"使艺术理解和批评从一个主观主义的泥沼落入了另一个主观主义的陷阱。伽达默尔坚持的艺术本体论既不是以作者为中心,也没有以读者为中心,而始终是以艺术作品本身为中心。他的出发点和目的只有一个:为了避免主观主义对艺术理解的破坏。

二 爱与死的存在意义

歌德的神话诗《普罗米修斯》以及后来情节上与之有一定联系的《潘多拉》,都是以广为人知的希腊神话形象为原型进行的创作,这使诗散发着其他题材诗歌所不具备的崇高庄重之感,诗歌本身也让人感觉寓意深长。在伽达默尔看来,歌德诗中描写的不仅仅是神话人物的坎坷起伏和喜怒哀乐,其中更渗透着歌德对人之存在问题的深刻思考与感悟,只不过思考时诗人运用的是诗的语言。伽达默尔在《普罗米修斯》和《潘多拉》两部诗剧中听到了人类最为跌宕的命运主旋律——爱与死的交织。出于哲学家的敏感,伽达默尔对其表现出了相当的关注。

在歌德笔下,人可以反抗神的统治,可以自由地生活在普罗米修斯开创的第三世界内,因此神并非人的主人,只有命运才是人与神共同的主宰。通过《普罗米修斯》中普罗米修斯对人类的一段提醒之词可以感悟到,在命运面前动物、人以及神彼此平等的思想:

> 你们并不低等卑下,我的孩子们:
> 勤劳又懒散,
> 野蛮而温柔,

---

① 参见何卫平《伽达默尔为何批评接受美学?》,《文史哲》2008年第4期;王业伟《伽达默尔对艺术作品存在方式的分析——兼论何以伽达默尔反对"接受美学"》,《外国文学》2008年第2期。

慷慨又贪婪；
像同生在命运中的你们的弟兄一样。
像动物与神一样。①

在普罗米修斯对宙斯的反讥中，"时间和命运主宰一切"的思想更为突出：

要我尊敬你？为什么？
你可曾减轻过
负重者的痛苦？
你可曾拭干过
忧心者的眼泪？
把我锻炼成男子汉的，
可不是那全能的时间
和那永恒的命运，
我的、也是你的主宰？②

但是，这就意味着人与神是完全等同的存在吗？伽达默尔指出，按照歌德的意图，在诗中一定要出现一个问题让人类意识到自身命运的局限，那便是死亡的神秘。而正是这一必将赴死的命运，最后让人类以及人类之父普罗米修斯不得不承认神的特殊存在，因为神是永生不死的。这一情节走向虽然并没有真正形诸笔端，但是宙斯的一句话已经给了读者指引："在年轻之时新生的喜悦中，你们还以为你们有着与神相同的灵魂。"③ 言外之意，当年老之际，人类就会发现生与死竟然是人与神之间唯一无法逾越的鸿沟。这就涉及伽达默尔最为关注的一个重大问题：有限与无限及其超越。人的有限性源于他的必死命运，而爱则自古以来被有限的人类坚信

---

① Gadamer, Hans-Georg, "On the Course of Human Spiritual Development: Studies of Goethe's Unfinished Writings", *Literature and Philosophy in Dialogue: Essays in German Literary Theory*, Translated by Robert H. Paslick, Albany: State University of New York Press, 1994: 38.
② [德]歌德:《歌德抒情诗选》，钱春绮译，人民文学出版社1981年版，第27页。
③ Gadamer, Hans-Georg, "On the Course of Human Spiritual Development: Studies of Goethe's Unfinished Writings", *Literature and Philosophy in Dialogue: Essays in German Literary Theory*, Translated by Robert H. Paslick, Albany: State University of New York Press, 1994: 38-39.

为通达无限意义的力量。

伽达默尔洞察到,歌德在诗中解释死亡意义时,始终将其与爱联系在一起。因为对于新生的人类以及第一个尘间女子潘多拉来说,"死"是个陌生的概念,这就需要通过另一个大家都熟悉的概念来对其进行解释。因此当潘多拉向普罗米修斯提出"什么是死"的问题时,全诗迎来了一个"真正的高潮",即"爱"与"死"的碰撞。伽达默尔指出,"不能不说,这里普罗米修斯将爱与死亡的神秘相纠结的方式对于整部作品有着决定性意义"①。普罗米修斯如是说:

> 当你,被深深震撼,感受到
> 来自最浓烈、最亲密的爱之深渊的种种;
> 无论曾在你心中迸发何种欢乐与痛苦;
> 无论你的心灵经历过怎样的暴风骤雨
> 也不管你如何希望在泪水中平抚自己的心
> 并燃起新的激情;
> 在你心中歌唱、动摇、战栗的
> 所有感觉都晕厥了,
> 而你似乎要失去自我
> 并沉沦;
> 你周围的一切都陷入黑暗;
> 你以及你自己最深切的感情
> 成就了一个完整世界,
> 然后人便死去了。②

在伽达默尔看来,这一节中,"爱既被描绘成人类彻底的自我拯救,

---

① Gadamer, Hans-Georg, "On the Course of Human Spiritual Development: Studies of Goethe's Unfinished Writings", *Literature and Philosophy in Dialogue: Essays in German Literary Theory*, Translated by Robert H. Paslick, Albany: State University of New York Press, 1994: 40.

② Gadamer, Hans-Georg, "On the Course of Human Spiritual Development: Studies of Goethe's Unfinished Writings", *Literature and Philosophy in Dialogue: Essays in German Literary Theory*, Translated by Robert H. Paslick, Albany: State University of New York Press, 1994: 40-41.

同时，又表现为人类自我存在感的极度增强"①。人因死亡的威胁迫切地追问着有限生命的意义，寻找着通向绝对无限的途径。在向死而生的命运中，人以自己最深切的感情，也就是爱，成就了一个充满着生存意义的完整个人世界。伽达默尔认为，将爱与死连在一起对人生的奥秘进行追问，这实为一条可取之路，因为它们共同展现了"沉睡—复苏"这一人类生存的自然循环节奏。但是，也许是因为诗作未竟，歌德并未彻底打通这条道路，爱与死的一些本质特征没有被直接展现出来。在死亡问题上，死亡的不可回返性，以及由此带来的死后世界的神秘性并未得到表现；在爱的问题上，"他者"的存在被忽略了，而只有在与他者之间的交互活动中，真正的爱才可能产生。②

这个主题在歌德晚年的另一部未完成的两幕诗剧《潘多拉》中得到了延续。歌德自称这部作品是其长期"酝酿"之作；伽达默尔也指出，与歌德早年的剧作相反，《潘多拉》不是歌德的即兴之作，而是"建立在精心设计的基础上"③，伽达默尔从中看到了人类精神在爱与死亡交织之下的发展历程。除了伽达默尔外，卡西尔也专门为《潘多拉》写过诗歌评论，卡西尔同样认为这一诗篇是歌德的计划之作，"这个计划就在于：它展示了文化的生成与成长，展示了它进入人类世界的过程"④。可见，伽达默尔与卡西尔都尝试从一种广阔的文化人类学角度来挖掘《潘多拉》的主题意义和整体价值，不过伽达默尔更为具体地聚焦于爱与死这一对人类永恒的存在命题展开讨论。

在歌德的《潘多拉》中，嫁给普罗米修斯胞弟厄庇米修斯的潘多拉，眼见丈夫日渐老去，终撇下厄庇米修斯与女儿厄佩美莉亚独自离去。普罗米修斯之子菲洛斯爱上厄佩美莉亚并热烈地追求她，但是在接近她的最后

---

① Gadamer, Hans-Georg, "On the Course of Human Spiritual Development: Studies of Goethe's Unfinished Writings", *Literature and Philosophy in Dialogue: Essays in German Literary Theory*, Translated by Robert H. Paslick, Albany: State University of New York Press, 1994: 41.

② Gadamer, Hans-Georg, "On the Course of Human Spiritual Development: Studies of Goethe's Unfinished Writings", *Literature and Philosophy in Dialogue: Essays in German Literary Theory*, Translated by Robert H. Paslick, Albany: State University of New York Press, 1994: 41.

③ Gadamer, Hans-Georg, "On the Course of Human Spiritual Development: Studies of Goethe's Unfinished Writings", *Literature and Philosophy in Dialogue: Essays in German Literary Theory*, Translated by Robert H. Paslick, Albany: State University of New York Press, 1994: 41.

④ [德] 卡西尔：《卢梭·康德·歌德》，刘东译，生活·读书·新知三联书店2002年版，第185页。

一刻，菲洛斯遭到普罗米修斯的阻拦。菲洛斯在激情下误伤了厄佩美莉亚，纵身投水。奇迹般获救后，菲洛斯以年轻的酒神狄俄尼索斯的形象重回大地。在诗的最后，众神之盒出现，当普罗米修斯与厄庇米修斯为保留或毁坏它而争论不休时，潘多拉再次现身为二人进行了和解。这时，魔盒打开，显现一座神庙，其中端坐两只魔兽：科学与艺术，人们隆重地接纳了它们，而厄庇米修斯最终也因潘多拉的回归而重返青春。

伽达默尔认为，歌德的《潘多拉》虽然仍接续了自赫西俄德以来流传至今的普罗米修斯以及潘多拉的故事，但是这部诗剧主要围绕其下一代人的爱情展开，更充分地表现了诗人晚年的天才创造力。在伽达默尔看来，这部剧中的英雄已不是普罗米修斯，而是在早年诗剧中那个原本愚蠢的厄庇米修斯。甚至，最吸引人的主人公形象也不是诗歌最后那个焕发青春的厄庇米修斯，而是深深沉浸于对潘多拉的无尽思念中老去的厄庇米修斯。如果说在《普罗米修斯》中的那个豪情万丈的英雄形象中有着狂飙突进运动时期年轻歌德的影子，那么在《潘多拉》中的厄庇米修斯也注入了诗人年老后对人生的新感悟。伽达默尔虽然洞悉到这一点，但是他还是清醒地坚持，要以文本为中心来分析诗歌，从诗歌的外部，特别是诗人的生平出发来进行文学批评是不可取的。用他的话来说："以诗人传记来阐释诗歌是毫无意义的。"[①] 在伽达默尔眼里，《潘多拉》中普罗米修斯一改自豪的人类世界创造者形象，变为一个更具活力更强健的劳作者。而厄庇米修斯的形象转变凸显了死与爱之间的巨大张力。厄庇米修斯以执着的真爱打破了死亡的黑暗，其中的寓意是很明显的：人间唯有爱才是以有限生命通往无限唯一可能的方式。普罗米修斯的神赋先知能力对于人类而言并不是真正的理想诉求，因为在生活中它是如此不真实；而厄庇米修斯的悲惨的命运才是现实而人性的，他以爱去全力对抗死亡的努力才是让凡人钦佩和向往的。

死，是人类的宿命，在时间驱赶下，人必须积极探求有限生存赖以建立和维持的根据。在寻觅之中，人类最终发现爱就是超越有限生命趋于无限的根据。虽然爱是理性无法证明的，但爱的力量在某种意义上比理性更强大也更真实。如果说，死是人无法逃脱的终极归宿，那么爱则是人生在

[①] Gadamer, Hans-Georg, "On the Course of Human Spiritual Development: Studies of Goethe's Unfinished Writings", *Literature and Philosophy in Dialogue: Essays in German Literary Theory*, Translated by Robert H. Paslick, Albany: State University of New York Press, 1994: 42.

世的唯一支柱，也是人能够慨然赴死的力量源泉。对于伽达默尔而言，歌德不是从哲学家的角度而是作为一个诗人感受和表达这一深刻的思想，这是难能可贵的。

三 对立背后的时间性

在魏玛时期，歌德极为倾慕音乐巨匠莫扎特。特别是莫扎特最成功的歌剧之一《魔笛》，它带给歌德的激动之情久久不能平息，因此诗人特地创作了《魔笛：第二部》向莫扎特表达敬意。在莫扎特的歌剧《魔笛》中，王子塔米诺被大蛇追赶至黑夜女王的领地，见到女王之女帕米娜的肖像一见倾心，女王指点他从拐走帕米娜的恶人萨拉斯特罗那里解救她。当塔米诺进入到萨拉斯特罗的领地中，善恶却突然完全颠倒过来。萨拉斯特罗原来是一位高尚的大祭司，他带走帕米娜的目的是让她远离险恶的黑夜女王，劝其向善。王子和帕米娜在萨拉斯特罗的引导下经过智慧与毅力的重重考验，最终走向幸福的结局。在剧中，为女儿申求正义的母亲形象，原是固守黑暗法则不择手段的邪恶女王；而大祭司从起初的奸佞之徒，变为了善与光明的代表与保护者。在伽达默尔眼中，《魔笛》原作中充满了对立的象征寓意。"女性与男性、物质的与精神的、天然的与政治的。它们都被包裹在源自古代宇宙信仰的象征符号之下：月亮作为黑夜的象征（女王在其额头佩戴新月形饰物），以及太阳作为白昼的象征（萨拉斯特罗在其胸前佩戴日形圆盘代表日光）。"[①] 莫扎特这部作品表现的深层主题就是光明与黑暗所代表的诸如阴阳、善恶、爱恨、理想与现实、自由与节制等人世间的种种对立，这些对立几乎构成了所有传世经典的母题。

再来看歌德的续作。《魔笛：第二部》延续了《魔笛》原作的剧情，男女主人公塔米诺和帕米娜有了一个孩子，但是黑夜女王又突然来袭，掳走了婴儿，将其藏匿于地底深处的一口黄金棺材里。为了夺回孩子，塔米诺和帕米娜必须在地下经受重重磨炼。与此同时，二人的好友捕鸟人帕帕基诺与帕帕基娜自己无法生育，他们必须证明自己的能力以得到孩子。两人来到塔米诺与帕米娜的宫殿，希望以音乐来安抚失去孩子的夫妇。最终捕鸟人的孩子将从他们身下的鸵鸟蛋中出生，而塔米诺与帕米娜的孩子获

[①] Gadamer, Hans-Georg, "On the Course of Human Spiritual Development: Studies of Goethe's Unfinished Writings", *Literature and Philosophy in Dialogue: Essays in German Literary Theory*, Translated by Robert H. Paslick, Albany: State University of New York Press, 1994: 54.

救，但只是个精神存在，肉体已不复存在。

　　塔米诺的孩子将以什么形象再次出现，人们无从获知。因为《魔笛：第二部》虽然几近完成，但却没有作曲家愿意为其谱曲，因此歌德只好将其搁置，否则歌德很有可能会完成整部诗剧。虽然大多数的评论都认为，歌德的这部《魔笛》续篇是一部粗陋之作，但伽达默尔却不以为然。伽达默尔没有仅从剧情和完成度来简单分析诗歌的价值，用他自己的话来说，"只有真实存在于诗歌之中的东西才能引导我们。即是说，我们不能跟随事件中童话式的一面，我们该追寻的是在这些事件中与人相关的一面。"① 在伽达默尔看来，歌德对原作中"事件的更深层含义"有着自己独特的认识，歌德续写的是"恶与善、黑暗与光明之间的斗争"这一严肃的主题。② 对于伽达默尔而言，吸引歌德的"事件的更深层含义"就是人类从黑夜女王代表的自然物质力的世界，进入大祭司代表的光明和爱的精神力世界。当歌德在自己的创作中将焦点从这一冲突延伸至主人公的孩子身上，这就意味着歌德此时对于物质与精神、黑暗与光明的对立已经有了新的认识。例如，当塔米诺在地下找到了装有孩子的金棺时，孩子的降生给他带来的喜悦瞬间转为深深的悲痛。但是他仍然没有放弃解除诅咒的最后希望。塔米诺唱道：

　　　　不久萨拉斯特罗，将在神的授意下，
　　　　用他那神圣的话语解放并拯救我们。③

　　这一幕在伽达默尔眼中"充满了诗性张力，并奇迹般地将折磨、渴望以及信心融合在了一起"④，暗示着神圣光明的力量，唯有在与邪恶黑

---

① Gadamer, Hans-Georg, "On the Course of Human Spiritual Development: Studies of Goethe's Unfinished Writings", *Literature and Philosophy in Dialogue: Essays in German Literary Theory*, Translated by Robert H. Paslick, Albany: State University of New York Press, 1994: 65.
② Gadamer, Hans-Georg, "On the Course of Human Spiritual Development: Studies of Goethe's Unfinished Writings", *Literature and Philosophy in Dialogue: Essays in German Literary Theory*, Translated by Robert H. Paslick, Albany: State University of New York Press, 1994: 42.
③ Gadamer, Hans-Georg, "On the Course of Human Spiritual Development: Studies of Goethe's Unfinished Writings", *Literature and Philosophy in Dialogue: Essays in German Literary Theory*, Translated by Robert H. Paslick, Albany: State University of New York Press, 1994: 57.
④ Gadamer, Hans-Georg, "On the Course of Human Spiritual Development: Studies of Goethe's Unfinished Writings", *Literature and Philosophy in Dialogue: Essays in German Literary Theory*, Translated by Robert H. Paslick, Albany: State University of New York Press, 1994: 54.

暗力量的斗争中才真正显现其意义。而诗中黑暗力量的代言人——地下洞穴的看守人道出了生命的奥秘：时间。他们说：

> 黎明就要破晓了吗？
> 也许是这样。
> 黑夜就要降临了吗？
> 黑夜早已降临。
> 时间川流不息。
> 但是以怎样的方式？
> 或许是在时钟的嘀嗒声中？
> 对我们而言绝不是这样。①

伽达默尔认为，黑暗代表的所有人类生存的负面因素，及其在人类生存发展过程中的负作用，包括死亡在内，在歌德那里都被重新解释了：正因为黑夜与白昼交替出现，才能创建起一个正常的世界架构，并产生人类活动的节奏，所以说，人类生存发展本就应是由诞生与死亡、欢乐与痛苦、喧嚣与沉寂永不间断的轮回而推动的。在这个意义上，黑夜也就无所谓绝对的消极或负面。永日或永夜、无尽的幸福或苦难都不是我们的世界应该呈现的面貌，黑暗和光明都是存在不可缺少的一面，它们的交替往复是存在本质上的时间性决定的。而时间也不仅是时钟的嘀嗒所能代表的，时间是非线性的生命过程，是活生生的属人的时间。

至此对于伽达默尔为何特别看重歌德及其未竟诗作的原因已然清楚。伽达默尔指出，自己并不认为它们是未完成的，相反地，在他看来这些作品已经自我完成。② 探究这些作品本身自我完成的内在动力即能够揭示出诗中真理的奥秘所在。对伽达默尔而言，歌德未竟神话诗复杂而永恒的存在主题便是其自我意义完成的动力所在。在一定意义上，"未完成"这一开放而动态的形式，在精神气质上也更贴近存在本身。歌德的思想与创作

---

① Gadamer, Hans-Georg, "On the Course of Human Spiritual Development: Studies of Goethe's Unfinished Writings", *Literature and Philosophy in Dialogue: Essays in German Literary Theory*, Translated by Robert H. Paslick, Albany: State University of New York Press, 1994: 61.

② Gadamer, Hans-Georg, "On the Course of Human Spiritual Development: Studies of Goethe's Unfinished Writings", *Literature and Philosophy in Dialogue: Essays in German Literary Theory*, Translated by Robert H. Paslick, Albany: State University of New York Press, 1994: 40.

一直深深扎根于欧洲哲学与文学传统之中，同时他又使传统的东西以崭新的面貌重新出现；他以警醒的态度与启蒙运动以降的科学理性主义保持相当的距离，这无疑走在了同时代大多数人的前面。这些思想特质与伽达默尔的诗性之思是十分契合的。伽达默尔对于歌德神话诗作的解读虽然不免有其偏颇之处，但仍成功地为歌德诗解读提供了哲学诠释学的新视角和批评方法，而原本也没有任何一种阐释角度能够穷尽一部作品所有的解读可能性，因此不失为颇具风格的一家之言。蕴于歌德诗歌之中的那些关于人类生存发展的神性与人性、有限性与时间性等基本观念不但受到伽达默尔的推崇，而且也同样为卡西尔以及海德格尔所倚重，他们共同看到了歌德作品中返璞归真的古希腊存在思想，而这本身就是最高意义上的诗意。

第二节　诗之魂：荷尔德林诗评

如果评选 20 世纪世界文学以及哲学领域中最受瞩目的诗人，与黑格尔同时代的荷尔德林无疑列于显赫地位。这位长期不为人重视的诗人，在 20 世纪初被狄尔泰以及德国新浪漫诗群重新发现，特别经过海德格尔的大力推介，成为整个 20 世纪最为耀眼的德语诗人。当代颇具影响力的德语诗人，包括格奥尔格、里尔克、策兰在内，大都追随荷尔德林的那种亲近古希腊的诗风；著名哲学家也都纷纷为荷尔德林所折服，狄尔泰、海德格尔、保罗·德·曼等人都曾对荷尔德林的诗歌进行过阐释，而德国很多大学至今还定期开设荷尔德林专题研讨班。奥地利著名小说家、传记作家斯蒂芬·茨威格以埋于地下的希腊雕像为喻，对荷尔德林境遇的形象描述颇具代表性："犹如埋入尘土的希腊雕像，荷尔德林的精神画像也埋藏在遗忘的瓦砾堆中，几年，几十年。……新的一代震惊地发现了这个大理石般的青年形象那种无法泯灭的纯洁。德国希腊精神的最后斗士的雕像令人愉快地重新竖了起来，现在，人们像从前一样为他吟唱诗歌的嘴而欢呼。所有他曾宣告过的春天似乎都在他那独一无二的形象中化作了永恒；他额头光洁明亮，走出黑暗，就像走出一个神秘的故乡，重返我们的时代。"[1]像荷尔德林这样一位伟大的德语诗人自然会引起伽达默尔的注意，他将荷尔德林诗在 20 世纪的复兴视为"我们文化生活中一个真正的，并仍未终

---

[1] ［奥］茨威格：《与魔鬼作斗争：荷尔德林、克莱斯特、尼采》，徐畅译，西苑出版社 1998 年版，第 7—8 页。

结的大事件"①,这是"现代文化史上一个极其奇特的事件:一位诗人的诗歌被接受的时代居然迟来了一个多世纪"②。但是他指出,自己绝不是因为学界乃至普通民众中的荷尔德林热才对其产生兴趣,荷尔德林打开的纯净圣洁的诗意世界本身散发出的魔力,才是吸引他的原因。

一 荷尔德林与返乡

任何人要阐释荷尔德林的诗,都不能避开这些诗歌作品与古希腊精神的关系这一话题。伽达默尔从荷尔德林的诗中最先看到的也是珍藏至今的古代精神,那便是荷尔德林听从神的天命召唤,吟唱出的诗之本真。这一本真的显现与诸神的降临是分不开的,伽达默尔对此评价:在荷尔德林的诗中"希腊众神不断获得一种新的严肃性"③。荷尔德林的诗歌世界里,万物都具有神所赋予的灵性与生命力,都是存在原初之态的展现——在古希腊的大地上,人以其诗性的方式与神与物无间地相处共在。在这个意义上,伽达默尔认为从一般的、单纯的文学或美学角度对荷尔德林的诗歌语言、风格、意象进行阐释是不充分的,④ 任何一个阐释者都不能忽视而且最终必将回到荷尔德林诗歌对于存在本真意义那近乎虔诚的敬畏与渴求。

伽达默尔眼中的荷尔德林是一位真正于存在的维度中作诗的诗人。荷尔德林虔诚地将沉睡中的古希腊神性唤醒,与自己心中的情感以及自然万物相萦绕,创造出一个与当下生命相通的诗意世界。在荷尔德林那里,诗绝不仅仅是表达感情的工具,不是神之形象的画板,也不是人生哲理的宣讲台;荷尔德林的诗歌本身具有鲜活的生命,洋溢着天然的灵性,有着不灭的存在意义。他的心、他的诗完全驻留在了古希腊诸神的居所那里,因而荷尔德林及其诗歌在他的时代以及我们的时代都显得那样地卓尔不群。

---

① Gadamer, Hans-Georg, "Hölderlin and Antiquity", *Literature and Philosophy in Dialogue: Essays in German Literary Theory*, Translated by Robert H. Paslick, Albany: State University of New York Press, 1994: 67.

② Gadamer, Hans-Georg, "Hölderlin and Antiquity", *Literature and Philosophy in Dialogue: Essays in German Literary Theory*, Translated by Robert H. Paslick, Albany: State University of New York Press, 1994: 67.

③ Gadamer, Hans-Georg, "Hölderlin and Antiquity", *Literature and Philosophy in Dialogue: Essays in German Literary Theory*, Translated by Robert H. Paslick, Albany: State University of New York Press, 1994: 67.

④ Gadamer, Hans-Georg, "Hölderlin and Antiquity", *Literature and Philosophy in Dialogue: Essays in German Literary Theory*, Translated by Robert H. Paslick, Albany: State University of New York Press, 1994: 68.

这样纯真高尚的诗人在污浊混乱的世界里是格格不入的，是无法生活下去的异类，最终他只好返回神的怀抱。这一返乡是对人类曾有、现有以及应有的生存状态的呈现与必然追问。

伽达默尔认为，返乡的意愿在荷尔德林晚年甚至是精神状态异常时所作的大量诗歌中得到了突出的体现，"荷尔德林诗歌最具特点的色调"便是弥漫于诸如《阿希佩拉古斯》（"Archipelagus"）和《面包与葡萄酒》（"Brot und Wein"）等哀歌中那种"对于充盈着神性的古希腊时代之终结的深深哀痛"①。"即使是在对于这位诗人惯常的哲学反思中，我们也能清楚知道他如此深恋着希腊生活中的何种东西以及原因何在：在那里每个生命都以全部的感觉和灵魂投入这个世界之中，并且正是因为这点，在希腊世界的种种特征与关系中有一种特别的内在性。"② 伽达默尔很确定，那种物我相融、一切紧密相连的和谐生存状态便是荷尔德林所眷恋的古希腊。

伽达默尔指出，在返回古希腊生存之乡的方向下，荷尔德林不仅在诗中大量表现了归乡的主题，而且在他的散文以及书信中也极为谦恭地将古希腊经典诗人诗篇作为创作的唯一典范。③ 诗人曾发出这样的呼喊："噢，希腊，你带着你的天才和虔诚去了何方？还有我，满怀善良的愿望，用行与思艰难地摸索这个世界上独一无二的人，因为我就像是长着平平的脚掌的鹅站在现代的水域里，无力地向希腊的天空举起双翅，因此我的所为所言常常只会更加笨拙且缺乏神韵。"④ 希腊人对于神性与人性的认识在荷尔德林那里得到了真正的延续，荷尔德林指出，希腊诗虽然在本质上是对于神的朴实崇拜，但是从不使人成为神，或者进行盲目的偶像膜拜，而是让人与神彼此亲近，在此过程中既保持敬畏之心，又怀有人所特有的珍贵

---

① Gadamer, Hans-Georg, "Hölderlin and Antiquity", *Literature and Philosophy in Dialogue: Essays in German Literary Theory*, Translated by Robert H. Paslick, Albany: State University of New York Press, 1994: 70.

② Gadamer, Hans-Georg, "Hölderlin and Antiquity", *Literature and Philosophy in Dialogue: Essays in German Literary Theory*, Translated by Robert H. Paslick, Albany: State University of New York Press, 1994: 70.

③ Gadamer, Hans-Georg, "Hölderlin and Antiquity", *Literature and Philosophy in Dialogue: Essays in German Literary Theory*, Translated by Robert H. Paslick, Albany: State University of New York Press, 1994: 72.

④ [德] 荷尔德林：《烟雨故园路：荷尔德林书信选》，张红艳译，经济日报出版社2001年版，第170页。

情感。"神和人看起来是一体的，紧接着是命运，它引发出人的全部的谦卑和骄傲，并且最终一方面存留下对天神的敬畏，另一方面又把经过净化的情感作为人的财富保留下来。"① 这种回归人神合一状态的理想在荷尔德林的诗作中随处可见，现仅举《献给命运女神们》及《德国人的歌》片段为例。

献给命运女神们

万能的女神们！请假我一个夏季，
一个秋季，让我的诗歌成熟，
那么，我的心儿，满足于
这甘美的游戏，就乐愿死去。

这颗心灵，在生时不能获得它那
高贵的权利，死后也不会安宁；
可是，有一天，这神圣的事业，
深藏在我心中的诗歌获得完成，

那么，冥府的沉寂，欢迎你来吧！
我将会满足，即使我的乐器
没有伴我同往；我只要有一天
过着神的生活，我就更无他求。②

如果说《献给命运女神》表现了诗人对于诗、人以及神的共同家园的无限想往和憧憬，那么《德国人的歌》则又增添了一份对现代人与希腊生活渐行渐远的沉痛哀伤，以及对人类最终返璞归真的不灭希望。

德国人的歌
……

---

① [德] 荷尔德林：《烟雨故园路：荷尔德林书信选》，张红艳译，经济日报出版社2001年版，第193页。
② [德] 歌德等：《德国诗选》，钱春绮译，上海译文出版社1982年版，第163—164页。

你可认识密涅尔娃①的子民？他们早就
选择橄榄树做自己的爱物，你认识他们？
雅典人的精神，那种圣洁的精神，
到如今依然沉静地存在，影响世人，

尽管柏拉图的虔诚的花园，在沉静的河边，
已经不再繁盛，只剩得一个贫困的男子，
在耕耘着英雄的荒坟，黑夜的鸟儿
停在废墟的圆柱上怯惧地唱着悲歌。
……
如今！凭着你的高贵，我的祖国，让我给你
起上一个新的名字，最成熟的时代之果！
在所有的诗神之中你是唯一的诗神，
乌拉尼亚！② 我向你致敬！
……
你的提洛斯③在哪里，你的奥林匹亚在哪里，
在最欢乐的节日，我们大家往哪儿去聚会？
可是，你给你的不朽的子民早就
准备好的一切，叫你的子民怎样猜中？④

在伽达默尔看来，更为难得的是荷尔德林的返乡并没有拘于古代伟大作品的形式与内容之中，而是在与古代作品和古代精神的相遇中获得想象力与心灵的真正自由，只有这样才是真正意义上的返乡。从荷尔德林给比伦多夫的信中就可以清楚看出荷尔德林返乡的这一"自我解放"的实质："单单只是从希腊的杰出性中概括出艺术准则，这也是很危险的。我在这方面做过很长时间的研究，现在知道，除了那一在希腊人那里以及我们这里都必定是至高无上的准则——即生动的比例以及灵巧——以外，我们可

---

① 密涅尔娃（Minerva）即雅典娜。
② 乌拉尼亚是九位缪斯女神之一，是爱与美的女神。
③ 提洛斯为爱琴海中的小岛，阿波罗的圣地。
④ ［德］歌德等：《德国诗选》，钱春绮译，上海译文出版社 1982 年版，第 165—167 页。

能没有什么东西与他们相同。"① 伽达默尔因而发出感慨："荷尔德林的艺术反思之路实际上就是一条从古代作家的思想奴役中解放出来的道路。"② 对于伽达默尔而言，荷尔德林"对希腊的那种极致的爱"本身就"已经是对于一种诗意地获得了的自由的表达"③。

在返乡问题上，伽达默尔显然是追随着荷尔德林的。荷尔德林在诗中将圣洁的理想、高尚的情操、深邃的思想完美地交融，描绘出了希腊时代心与物、天与地、神与人合而为一的诗意画卷，同时，荷尔德林对人类无家可归的现代困境的准确预言，以及对人类必将重返希腊故里的坚定信念都对伽达默尔的晚年思想产生了很深的影响。对于荷尔德林而言，只有饱尝了离乡之苦，四处漂泊流浪过的人，才能够深悟故乡之义并最终返乡。在这个"丧失人灵，神灵隐遁的时代"④，已没有第二个人能像荷尔德林这样固守着对诗意生存的执着信仰，伽达默尔在荷尔德林的诗歌中欣喜地倾听到了那久违了的灵性之音，并将之传达给世人。

二 荷尔德林与未来

实际上，如果荷尔德林只让人们不断回忆起古代，而与当下的生活以及人类未来的走向毫无关联，那么他绝不会在百年后的文学界特别是哲学界引起如此震动。由于荷尔德林与伽达默尔同为从生存意义上思考诗的人，那么存在本质的"时间性"就必然是他们共同关注的焦点。在上述返乡问题的探讨中，存在的时间性已初露端倪。伽达默尔说："荷尔德林的那种诗意存在是由他与古代的关系决定的，而在一定意义上，正是这一点使得他看起来甚至不属于他所在的德国古典时期。……这位席勒与歌德的同时代人却被证明更像是未来时代的人。"⑤ 一言以蔽之，伽达默尔认

---

① [德] 荷尔德林：《烟雨故园路：荷尔德林书信选》，张红艳译，经济日报出版社 2001 年版，第 211 页。
② Gadamer, Hans-Georg, "Hölderlin and Antiquity", *Literature and Philosophy in Dialogue: Essays in German Literary Theory*, Translated by Robert H. Paslick, Albany: State University of New York Press, 1994: 73.
③ Gadamer, Hans-Georg, "Hölderlin and Antiquity", *Literature and Philosophy in Dialogue: Essays in German Literary Theory*, Translated by Robert H. Paslick, Albany: State University of New York Press, 1994: 73.
④ 刘小枫：《诗化哲学——德国浪漫美学传统》，山东文艺出版社 1986 年版，第 100 页。
⑤ Gadamer, Hans-Georg, "Hölderlin and Antiquity", *Literature and Philosophy in Dialogue: Essays in German Literary Theory*, Translated by Robert H. Paslick, Albany: State University of New York Press, 1994: 67.

为通过回归古代进而指明未来,这是荷尔德林在诗中展现时间性存在的高妙方式。

按照伽达默尔的观点,要讨论荷尔德林诗歌如何通达未来,即是要弄清"我们当下以及荷尔德林诗歌所属的两个时间,怎样对我们具有了那种合而为一的意义?"[1] 当伽达默尔开始这个问题的思考时,首先注意到了荷尔德林的时代与我们的时代之间的客观历史联系。伽达默尔称荷尔德林所处的时代为"分裂与希望的时代"[2],法国大革命导致了当时整个欧洲社会秩序的巨大变动,荷尔德林处于革命之初,而这场革命的余波持续了很长时间,伴随着这一变革,人类进入到了一个全新的时代,一个无尽的期待与极度的恐惧并存的时代。荷尔德林的诗在新时代伊始便已淋漓尽致地表现和预言了这个时代的特点,而我们则处于这一变革进程的后段,即希望与恐惧都最大化了的阶段。从历史的角度看,荷尔德林的诗因其预言性始终与未来保持着连贯性。

伽达默尔认为荷尔德林的诗是通达未来的诗,更主要的原因是荷尔德林诗歌语言本质上的敞开性。"荷尔德林的作品从不简单地吟唱或勾画某种既定的生活状态。他既不向我们证实什么,也不向我们断言什么;相反,他把我们推入一种开放性中。"[3] 在伽达默尔看来,与其说荷尔德林的历史意识是对过去的意识,不如说是"对现在以及由现在所预示之未来的意识"[4]。

伽达默尔抓住了荷尔德林诗中的一个典型的意象——"夜",将其视为荷尔德林独特历史意识的诗意表达。夜的降临意味着白日喧嚣的终结,黑夜将光亮中清晰明确的一切都笼罩在了晦暗朦胧之中。当世界的显现被夜所遮掩隐匿,人们对白昼的光明与扰攘的重新思考也因之开启。因此对

---

[1] Gadamer, Hans-Georg, "Hölderlin and Antiquity", *Literature and Philosophy in Dialogue: Essays in German Literary Theory*, Translated by Robert H. Paslick, Albany: State University of New York Press, 1994: 89.

[2] Gadamer, Hans-Georg, "Hölderlin and Antiquity", *Literature and Philosophy in Dialogue: Essays in German Literary Theory*, Translated by Robert H. Paslick, Albany: State University of New York Press, 1994: 90.

[3] Gadamer, Hans-Georg, "Hölderlin and the Future", *Literature and Philosophy in Dialogue: Essays in German Literary Theory*, Translated by Robert H. Paslick, Albany: State University of New York Press, 1994: 90.

[4] Gadamer, Hans-Georg, "Hölderlin and the Future", *Literature and Philosophy in Dialogue: Essays in German Literary Theory*, Translated by Robert H. Paslick, Albany: State University of New York Press, 1994: 91.

于荷尔德林而言，白日与黑夜并不代表绝对的积极与消极因素，"夜"虽然意指神灵隐遁、神性缺失的黑暗世界，然而沉郁哀伤中的诗人却并未彻底放弃对光明的追求，他仍透过"夜"预示并呈现了人类未来重返光明的希望。荷尔德林的名篇《面包与葡萄酒》的第一节，被伽达默尔视为描绘预言式"黑夜"意象的典范：

> ……
> 鸣响的钟声回响在寂静的暮色里，
> 有位更夫喊着数字报钟点。
> 此间吹来一阵风，拂过灌木丛树梢，
> 看吧，月亮，我们地球的幻影，
> 也悄然来到；沉醉的夜晚来了，
> 满天星斗，似乎对我们不太介意，
> 那边的这位不速之客，这位陌生女子来到人间，
> 忧伤而又粲然地闪耀在群山之巅。①

伽达默尔指出，这一诗节中沉醉而又忧伤的"夜"具有预言意味，是"西方人历史处境的象征"②，进一步说，"讴歌黑夜意味着讴歌'历史之夜'，也就是在远离古代神性之显现的今日，对西方人在神灵缺失的状态中生存这一晦暗命运的正视"③。伽达默尔认为，在荷尔德林那里，"神性就是赋予个体灵性并使之构成整体的生命推动力。而在我们的时代，当'屈从性的忧虑成为事物的推动力'，爱就是美好时代的唯一标志。只有那些仍互相深爱的灵魂才构成真正鲜活的生命。对这些人而言，

---

① ［德］荷尔德林：《荷尔德林诗选》，顾正祥译，北京大学出版社1994年版，第139—140页。
② Gadamer, Hans-Georg, "Hölderlin and the Future", *Literature and Philosophy in Dialogue: Essays in German Literary Theory*, Translated by Robert H. Paslick, Albany: State University of New York Press, 1994: 92.
③ Gadamer, Hans-Georg, "Hölderlin and the Future", *Literature and Philosophy in Dialogue: Essays in German Literary Theory*, Translated by Robert H. Paslick, Albany: State University of New York Press, 1994: 92.

世界才仍是神性的。"①。换言之，虽然功利主义与实用主义给现代人带来了深深的虚无感和恐惧感，无声地夺走了大多数人的灵魂，使整个世界陷入了人性与神性共同丧失的困境，但是生命、希望、爱在荷尔德林的诗中是与神相通的，不灭的，它们穿越了现代的黑暗，铺就了一条通往未来的道路。

在接下来的诗篇中，荷尔德林从描述黑夜转向回忆白昼，进而展望日与夜在交替中的和解。当下的贫瘠时代最终被诗人喻为光明未来之准备：

> ……
> 欢呼声起，语言的威力在悄悄增长；
> 天父呵，宽慰吧！请听声震环宇的回响，古国遗风
> 由父辈继承，恰如其分而又富有创造力。
> 众神灵就这样地光临，万象更新的白天
> 就这样地冲破黑夜，来到人间。
> ……
> 是的，他们有理由说，他②使白昼与夜晚和解，
> 不懈地把天国的星辰带上带下，
> 永远快乐，像他所热爱的四季长青的
> 松树叶，像他选用常春藤所装点的桂冠，
> 因为他留了下来，亲自把遁去的诸神的踪迹
> 带往处于黑暗世界中的无神者。③

可见，"夜"对于荷尔德林来说不仅是神灵离去、生命无依的时代；在更深的层面上"也正是黑夜，保留了白昼的记忆，以及对光明重新降临的希望"④。伟大的诗人如歌德，也不过将诗歌创作作为生活中的一部

---

① Gadamer, Hans-Georg, "Hölderlin and the Future", *Literature and Philosophy in Dialogue: Essays in German Literary Theory*, Translated by Robert H. Paslick, Albany: State University of New York Press, 1994: 93.
② 指酒神。
③ [德] 荷尔德林：《荷尔德林诗选》，顾正祥译，北京大学出版社1994年版，第143—147页。
④ Gadamer, Hans-Georg, "Hölderlin and the Future", *Literature and Philosophy in Dialogue: Essays in German Literary Theory*, Translated by Robert H. Paslick, Albany: State University of New York Press, 1994: 94.

分；而荷尔德林却将自己的过去、现在与未来，将自己的沉思与狂热，将自己纤尘不染的圣洁生命都交付给了诗。正是在这个意义上，伽达默尔最后一针见血地指出："我们其他的诗人没有人能像他那样被未来的显现所深深吸引。未来是他所看到并通过诗歌宣告的现在。"① 也因此伽达默尔将荷尔德林称为真正的"预言家诗人"，"通过他的心灵，过去被转换成了未来"②。

三 于诗语之中居留

既然伽达默尔在荷尔德林那里看到了神与人、过去与未来相逢的希望，那么落实到实际中，这种希望该如何实现？伽达默尔完全赞同荷尔德林的观点：在这个贫瘠的时代，唯有通过诗的语言。

荷尔德林对于语言的认识是很独到的，他从未把语言视为简单的符号，而把它作为某种具有开放性的生命存在。荷尔德林说："在整体中和在语言中一样，一方面几乎或者丝毫没有现成的生命，另一方面似乎万物俱备。"③ 他又说："诗里那种有生命的东西，是我目前思考得最多、感觉最强烈的。我深切感到还远远没有把握住这个东西，然而我的整个灵魂却在追寻它。"④ 伽达默尔指出，在漫漫黑夜中，只有这位"预言家诗人"在诗歌语言中预见了未来神灵的重返，"这意味着神只在吟唱之词中宣告自我的到来，而这吟唱之词惟有这位诗人（荷尔德林）才能谱写"⑤。在伽达默尔眼中，相较于其他诗人，荷尔德林始终在"以一种与众不同且无可比拟的语调向我们诉说"⑥，因为荷尔德林没有运用语言来创作，而

---

① Gadamer, Hans-Georg, "Hölderlin and the Future", *Literature and Philosophy in Dialogue: Essays in German Literary Theory*, Translated by Robert H. Paslick, Albany: State University of New York Press, 1994: 91.

② Gadamer, Hans-Georg, "Hölderlin and the Future", *Literature and Philosophy in Dialogue: Essays in German Literary Theory*, Translated by Robert H. Paslick, Albany: State University of New York Press, 1994: 106.

③ ［德］荷尔德林：《荷尔德林文集》，戴晖译，商务印书馆1999年版，第253页。

④ ［德］荷尔德林：《致诺伊斐尔》，刘小枫选编《德语诗学文选》（上卷），华东师范大学出版社2006年版，第247页。

⑤ Gadamer, Hans-Georg, "Hölderlin and the Future", *Literature and Philosophy in Dialogue: Essays in German Literary Theory*, Translated by Robert H. Paslick, Albany: State University of New York Press, 1994: 101.

⑥ Gadamer, Hans-Georg, "Hölderlin and the Future", *Literature and Philosophy in Dialogue: Essays in German Literary Theory*, Translated by Robert H. Paslick, Albany: State University of New York Press, 1994: 90.

是真正身体力行"于诗语之中居留"的诗人。

为什么对于荷尔德林以及伽达默尔而言,诗的语言"会成为存在的唯一证词,以及神灵重返的唯一保证?"① 伽达默尔运用了他的语言本体论的基本观点来进行解释。语言是世人最普遍也最可信的共同拥有物,当它以诗的结构组合起来,就不再单单是个体意愿的表达,而成为一个独立的存在,一个开启并通往特殊世界的存在。"诗的语言是超越任何个体包括它本来的创作者的一种本体论意义上的真实存在;它不仅是一种令人沉醉的魔力,更是一个变幻了的世界之显现。"② 进一步看,这一"变幻了的世界"就是高于任何个体意识、重新获得了"存在秩序"的新世界,在其中,失散已久的人与神再次相遇了。用伽达默尔的话来说:"诗歌不是指示自身之外事物的记号,而是指向仍在进行中的某事。而正在进行中的事只在诗歌自身之中发生着。"③ 既然人与神的重逢只能在诗的语言中实现,那么诗的语言就绝不仅仅是表现这一主题的媒介而已,诗语展现的这种原初的存在同时也是诗歌语言的自我存在状态。再联系到荷尔德林通过诗的语言呈现的未来,伽达默尔说,如果把它理解为隐晦的可能性,那就大错特错了,荷尔德林所言说的未来具有一种非常确定的必然性;并且未来也不是神旨的传达,而是神灵重返人类身边这一事件本身。④ 也就是说,荷尔德林的诗语本身就是未来事件的核心构成部分,它从诞生的那时起就不断向未来延伸,见证、开启并继续预言着人类的未来,是真实而有生命力的存在。在这个意义上,"他的诗语并不指向未来的预期事件;不如说,他诉说着的那经久的语词,既通达未来,同时也历经人类种种命运

---

① Gadamer, Hans-Georg, "Hölderlin and the Future", *Literature and Philosophy in Dialogue: Essays in German Literary Theory*, Translated by Robert H. Paslick, Albany: State University of New York Press, 1994: 102

② Gadamer, Hans-Georg, "Hölderlin and the Future", *Literature and Philosophy in Dialogue: Essays in German Literary Theory*, Translated by Robert H. Paslick, Albany: State University of New York Press, 1994: 102.

③ Gadamer, Hans-Georg, "Hölderlin and the Future", *Literature and Philosophy in Dialogue: Essays in German Literary Theory*, Translated by Robert H. Paslick, Albany: State University of New York Press, 1994: 102.

④ Gadamer, Hans-Georg, "Hölderlin and the Future", *Literature and Philosophy in Dialogue: Essays in German Literary Theory*, Translated by Robert H. Paslick, Albany: State University of New York Press, 1994: 107.

的洗礼"①。

伽达默尔在荷尔德林诗的语言中尤其感受到了人与神最自然的亲近，这与他个人的学术倾向不无关系。一方面，伽达默尔本人有着很深的古典哲学与文学造诣，他的思想始终表现出向古希腊传统的不断靠近；另一方面，他虽然扎根于传统，但是他从古代汲取养分的目的却是面向现代与未来的，他最终是要解决技术时代人类的一系列危机。从这两方面来看，伽达默尔显然与荷尔德林行进在同一方向上。

此外，荷尔德林浑然天成的诗歌语言风格也让伽达默尔大为赞赏。同大多数的诗人相反，荷尔德林随着年龄的增长，其创作中的尘世味却越来越少，灵感的、即兴的、自然无修饰的因素越多，一切制约性的、技巧的、形式的东西都被新奇朴素的意象、美妙空灵的乐感以及真挚深沉的情感共同形成的巨大洪流所淹没。然而恰恰是在句式结构的约束被打碎之后，富于音乐感与想象力的诗才恢复了它的原始力量，将人们带往那混沌而美妙的诗意故乡。正因为荷尔德林没有刻意构思或布局谋篇，他的诗总是如划破夜空的闪电那样出人意表，又那样光耀夺目。连荷尔德林也将自己的创作力视为神赋的魔力与责任，他吟唱道："在众神的怀抱里我长大成人。"② 在《诗人的胆识》中，荷尔德林也如是说：

富有生命的事物不都与你息息相关？
命运女神不是亲自培育了你的天职？
因而，就这样毫无戒备地
闯入生活吧，不用顾虑！③

这位全身心爱着古代的诗人，唱着圣洁的诗词，穿透这个时代的阴沉迷惘，温柔而坚定地为人们指引着新的栖居之所的方向。他神圣的诗歌语言直指富有生命的一切存在，它高于宗教意义上的神性，也因而具有更普遍、更深入灵魂的力量。

---

① Gadamer, Hans-Georg, "Hölderlin and the Future", *Literature and Philosophy in Dialogue: Essays in German Literary Theory*, Translated by Robert H. Paslick, Albany: State University of New York Press, 1994: 107.
② ［德］荷尔德林：《荷尔德林诗选》，顾正祥译，北京大学出版社1994年版，第44页。
③ ［德］荷尔德林：《荷尔德林诗选》，顾正祥译，北京大学出版社1994年版，第3页。

总之，荷尔德林以充满音乐性的灵动语词，开启并预言了一个神与人和谐而居的生存世界，其诗歌给后世带来的撼动难以估量。这简直就是以生存论为根基的伽达默尔诗化哲学在现实中的完美实现。正是在这一点上，伽达默尔与诗人荷尔德林相遇了。

第三节　里尔克、格奥尔格、策兰诗评

如果说在歌德以及荷尔德林诗评中表现出来的主要还是伽达默尔生存论层面的诗性之思，那么自20世纪70年代初，伽达默尔诗化哲学的实践则有了一些新的变化。里尔克、格奥尔格、策兰这些20世纪最著名的德语诗人成为伽达默尔关注的焦点；他的诗评也不仅仅停留于宏观意义上存在主题的挖掘，而是更为深入具体地结合诗歌语言的本质特征来阐发诗性生存之思。可以说，此时伽达默尔娴熟地将理论与实践相结合，其诗化思想进入了成熟期。

一　神话诗的回转：里尔克诗评

敏感、孤独而深刻的奥地利诗人勒内·马利亚·里尔克（Rainer Maria Rilke，1875—1926），被誉为自歌德以来最重要的德语诗人之一。同荷尔德林的诗作相似，里尔克的诗歌也散发着神性之光，这种神性同样与古希腊人神合一的生存状态紧密相关，故而里尔克的诗中虽包含了一些基督教的观念，却不应将其与宗教宣讲相提并论。其毕生创作一以贯之的主题同样也是"存在"，以及从存在延伸出去的生与死、幸福与哀痛等重大问题。同时，里尔克新奇瑰丽的语言风格在现代诗坛独树一帜，达到了迄今也未能被后世企及的境地。他以充满乐感的清丽脱俗的语言勾画出各种奇幻意象，将读者从麻木中唤醒，重新感知和反思生命和历史的深沉。里尔克诗歌这种鲜明的语言特征与主题风格与伽达默尔的视野能够很好地相互融合，因此引起了伽达默尔的极大兴趣。《真理与方法》这部代表作也以里尔克的一段诗句为全书的引子，可见伽达默尔对里尔克的重视与欣赏。

里尔克晚年作品《杜伊诺哀歌》被视为其天才的巅峰之作，在世界范围内有着大批追捧者，引发的研究热潮至今余波未尽。伽达默尔对里尔克的评点主要以这部组诗为中心。伽达默尔指出，对于如此晦涩难懂但又

富有深刻思想的诗歌而言，阐释是必要的，并且阐释最终会丰富诗歌本身。显然，"读者参与"在艺术作品阐释中的作用得到了伽达默尔再一次的强调。但是，伽达默尔也注意到，任何阐释本身都具有主观片面性，诗歌的阐释尤其如此，他认为阐释者从诸如文类史、修辞方法、现实意义等特定角度对诗歌进行解析，往往会把诗歌翻译成为自己思想观念的一种事实表达，而对于诗歌本文却没有说出什么来。

　　鉴于以往诗歌阐释的不足，伽达默尔对于里尔克诗歌的阐释遵循了哲学诠释学的基本原则：一方面要从文本出发，坚持文本在理解过程中的主体地位；另一方面也承认解释者的参与与接受对文本意义实现的积极作用。里尔克在《杜伊诺哀歌》的阐释问题上与伽达默尔的看法惊人地相似，里尔克甚至不认为自己是这部作品合适的阐释者，因为在完成创作之后，诗本身已是无限远离作者的独立存在。① 伽达默尔提醒人们注意，虽然先入之见是诗歌阐释中不能排除的合法因素，但是给《杜伊诺哀歌》过度渲染上唯灵论的色彩，而对其一味地进行神学意味的挖掘，这种理解视域是片面的、错误的。伽达默尔进而提出，在《杜伊诺哀歌》的理解过程中绝不能被神学及伪宗教的成见所主导，对于里尔克的诗应该"从作为整体正在被诉说的东西入手，去阐释诗歌所要诉说的东西"②。这正是伽达默尔"理解的开放性"原理在阐释实践中的合理应用，即一切恰当的理解和解释"都指明一个特殊方向而不是指出某种最后结果，也就是说，它指向一个能充满各种方式的开放领域"③，而非囿于某个封闭的、片面的狭窄领域。《杜伊诺哀歌》吟咏诉说的对象并非上帝的信徒，而是整个人类。

　　在《杜伊诺哀歌》中，"天使"作为贯穿其中的一个最重要的意象，历来都是该诗阐释的焦点所在。伽达默尔也提出，要想把握整组诗在说什么，首先而且最关键的是，《哀歌》中天使意指什么。在伽达默尔看来，"天使是一个超人类的创造物，并且在情感范围内被唤作一种无限超越我

---

① ［德］里尔克：《里尔克诗选》，黄灿然译，河北教育出版社 2003 年版，第 1 页。

② Gadamer, Hans-Georg, "Mythopoietic Reversal in Rilke's Duino Elegies", *Hans-Georg Gadamer on Education, Poetry, and History*, Edited by Dieter Misgeld and Grame Nicholson, Translated by Lawrence Schmidt and Monica Reuss, Albany: State University of New York Press, 1992: 154.

③ ［德］伽达默尔：《语言在多大程度上规范思想》，严平编选《伽达默尔集》，邓安庆等译，上海远东出版社 2003 年版，第 180 页。

们的存在"①。这意味着,天使这一意象指向着那些不能被看见和碰触到却真实存在着的东西,特别是内在于人类心灵之中的高尚情感,它无限超越于普通人的存在,是纯粹的、神圣的且为人向往的,它不能被理性证明,却无可辩驳又无比真实。而大多数情况之下,由于情感不够真挚、不够充分,正如对于天使存在的怀疑,人们对于情感本身的真实存在也是不确定的;只有极其罕有的时刻,人类心灵才切实清晰地感觉到这类情感,这时就好似天使降临我们中间。在伽达默尔眼中,里尔克成功地借助"天使"的意象呈现了存在主题中最常被忽视的一个重要层面——情感存在。他说:"这里作为天使被唤起的,乃是人类心灵最大的可能性,这种可能性从未被完全实现,因为人类受到种种的局限,使他无法率真地、全身心地服从情感。"②

伽达默尔进而以《杜依诺哀歌》中提及人类与天使的关系的情境作为具体例证:"一位天使突然撅住我的心:他更强悍的存在令我晕厥"③(《杜伊诺哀歌》第一首,第2—3行),"当我们感觉时,我们同时也烟消云散"④(《杜伊诺哀歌》第二首,第18行);在第四首哀歌中,小杂技演员费力的微笑,戏子命运的苦难,以及灌注了人类情感的伟大艺术作品,共同表现出人类心灵在现实面前总是忽略情感,因而情感一面表现出惊人的力量,另一面又是如此脆弱。而里尔克刻画的天使,象征着"彻底高于人类的高尚情感",这种情感"表里如一,永不消逝,保持着自我"⑤。显而易见,这与基督教天使的含义是有着本质差异的,伽达默尔

---

① Gadamer, Hans-Georg, "Mythopoietic Reversal in Rilke's Duino Elegies", *Hans-Georg Gadamer on Education, Poetry, and History*, Edited by Dieter Misgeld and Grame Nicholson, Translated by Lawrence Schmidt and Monica Reuss, Albany: State University of New York Press, 1992: 157.

② Gadamer, Hans-Georg, "Mythopoietic Reversal in Rilke's Duino Elegies", *Hans-Georg Gadamer on Education, Poetry, and History*, Edited by Dieter Misgeld and Grame Nicholson, Translated by Lawrence Schmidt and Monica Reuss, Albany: State University of New York Press, 1992: 157.

③ [德] 里尔克、勒塞等:《〈杜伊诺哀歌〉与现代基督教思想》,林克译,上海三联书店1997年版,第5页。

④ [德] 里尔克、勒塞等:《〈杜伊诺哀歌〉与现代基督教思想》,林克译,上海三联书店1997年版,第9页。

⑤ Gadamer, Hans-Georg, "Mythopoietic Reversal in Rilke's Duino Elegies", *Hans-Georg Gadamer on Education, Poetry, and History*, Edited by Dieter Misgeld and Grame Nicholson, Translated by Lawrence Schmidt and Monica Reuss, Albany: State University of New York Press, 1992: 158.

明确指出："毋庸置疑，里尔克对于中世纪关于天使的基督教神学根本不熟悉。"① 同时，他也注意到里尔克本人也直言反对将自己创造的天使形象与基督教相联系。因此伽达默尔对于一直以来《杜伊诺哀歌》解读中盛行的神学阐释是很不以为然的，他认为神学阐释掩盖了里尔克诗歌真正的思想精髓。他把里尔克通过"天使"展现的人类情感归结为一种面向人类自身的"存在的严肃性"，② 是人类存在最核心的问题，因为情感稍纵即逝、难以把握，但又保持着毫不含糊的真实性，它在根本意义上标志着人类存在的价值。

伽达默尔提出，要从"天使"意象中得到自身存在的意义，就必须进行关于如何理解诗歌话语的诠释学反思。③ 对于伽达默尔来说，诗歌批评既是诠释学原理的实践，更是与诗歌的一场对话，理解与解释就是在这场对话中发现自己从而也实现诗歌意义的过程。因而，语言而非意象，才是诗歌阐释的基础。"读者的内心听不到的，对于诗歌声音节奏以及意义构成没有实质贡献的，就不是真正的诗意存在。"④

在伽达默尔看来，语言、诗歌与神话是同源一体的，它们都在人们的传诵中得以流传。当人们在语言的音符中与诗或神话相遇时，只有把它讲述的悲欢离合与自身的遭遇联系在一起，转化为情感的一部分，人们才真正理解了作品，同时也丰富了自我理解。而里尔克的《杜伊诺哀歌》本身就是诗与神话的结合体，伽达默尔在此再次强调了诗歌的神话特质，以及神话在当代诗歌中复苏的意义：

---

① Gadamer, Hans-Georg, "Mythopoietic Reversal in Rilke's Duino Elegies", *Hans-Georg Gadamer on Education, Poetry, and History*, Edited by Dieter Misgeld and Grame Nicholson, Translated by Lawrence Schmidt and Monica Reuss, Albany: State University of New York Press, 1992: 158.

② Gadamer, Hans-Georg, "Rainer Maria Rilke's Interpretations of Existence: On the Book by Romano Guardini", *Hans-Georg Gadamer on Education, Poetry, and History*, Edited by Dieter Misgeld and Grame Nicholson, Translated by Lawrence Schmidt and Monica Reuss, Albany: State University of New York Press, 1992: 142.

③ Gadamer, Hans-Georg, "Rainer Maria Rilke's Interpretations of Existence: On the Book by Romano Guardini", *Hans-Georg Gadamer on Education, Poetry, and History*, Edited by Dieter Misgeld and Grame Nicholson, Translated by Lawrence Schmidt and Monica Reuss, Albany: State University of New York Press, 1992: 158.

④ Gadamer, Hans-Georg, "Rainer Maria Rilke's Interpretations of Existence: On the Book by Romano Guardini", *Hans-Georg Gadamer on Education, Poetry, and History*, Edited by Dieter Misgeld and Grame Nicholson, Translated by Lawrence Schmidt and Monica Reuss, Albany: State University of New York Press, 1992: 132.

所有的诗歌话语都是神话。即是说，它仅通过被诉说才能证实自身。它叙述言说着种种事件行为，在其中找寻着真理信仰；而仅仅当我们在神或者英雄的行为与苦难中遭遇自我，信仰才会显现。就这样，古典神话世界直至今日仍不断激励着诗人们为了此时此地人类的自我遭遇而重新唤起神话。①

伽达默尔认为，"在任何情况下，理解的基础就是回转原则，即把作品中展现的他人的行为与苦难理解为自己的经历"②。如此看来，伽达默尔将里尔克诗歌中神话在当代的复苏称为"神话诗的回转"，这种"回转"有两层含义：一是神话故事与神话形象在新诗歌中的重新出现；二是人们在与神话诗的遭遇中将那些以神话诗的形式表现出的诗意转变为对自我的理解，在这里伽达默尔大大增加了情感或者说共情的力量。

在《杜伊诺哀歌》中，使里尔克悲戚感伤的是爱与死亡这一组从存在延伸出去的主题。这组诗表现了人对爱的渴望，以及面对爱与死亡的无能与无奈。透过里尔克的诗意言说，伽达默尔看到，人的心灵世界被诗人设定为与现实相对照的神话世界，即一个生动自由的存在世界。在其中，超越人类的崇高情感以天使形象显现；年轻人之死带来的震惊以病患者的形象出现；由死亡带来的悲愁以死者随从的形象展现。总之，人类心灵所能经验到的，都被诗意地转化为一个个真实有形的存在。因此伽达默尔说，神话诗的回转并不是对世界朦胧的诗意化，相反，回转是真实世界中非诗意的东西成为诗的叙述对象。③ 可以说，伽达默尔运用诠释学原理对里尔克诗歌特点的把握是相当独到的：诗人的诗歌是对包括非诗意存在在内的普遍存在的言说。事实上，里尔克的诗歌对诗与生存世界关系的重新界定，给今天的文人以及哲人带来了巨大的思想冲击，并且其影响还将

---

① Gadamer, Hans-Georg, "Rainer Maria Rilke's Interpretations of Existence: On the Book by Romano Guardini", *Hans-Georg Gadamer on Education, Poetry, and History*, Edited by Dieter Misgeld and Grame Nicholson, Translated by Lawrence Schmidt and Monica Reuss, Albany: State University of New York Press, 1992: 158.

② Gadamer, Hans-Georg, "Mythopoietic Reversal in Rilke's Duino Elegies", *Hans-Georg Gadamer on Education, Poetry, and History*, Edited by Dieter Misgeld and Grame Nicholson, Translated by Lawrence Schmidt and Monica Reuss, Albany: State University of New York Press, 1992: 159.

③ Gadamer, Hans-Georg, "Mythopoietic Reversal in Rilke's Duino Elegies", *Hans-Georg Gadamer on Education, Poetry, and History*, Edited by Dieter Misgeld and Grame Nicholson, Translated by Lawrence Schmidt and Monica Reuss, Albany: State University of New York Press, 1992: 170.

持续。

伽达默尔最后对于里尔克的"神话诗的回转"做出了高度概括:"支配里尔克的是神话意识中的'自我忘却'。里尔克借助他高度风格化的艺术,成功地在这个没有神话的历史时期,将人类心灵所经验到的一切提升到神话—诗的境界。"① 也就是说,"神话诗的回转"实际上就是在诗中洗尽铅华,忘记功利与世俗社会中的自我,重拾古希腊的神话与诗的精神,返回原初自然的世界。"回转"并不是什么颠覆,而是重拾与返回。

二 诗文的整体性:格奥尔格诗评

斯特凡·安东·格奥尔格(Stefan Anton George,1868—1933)是20世纪上半叶最重要的德语诗人之一。他的诗风受到瓦莱里、马拉美的影响,表现出了反理性和唯美主义的倾向。格奥尔格在当时拥有大批的崇拜者和追随者,这些人组成了一个以格奥尔格为中心的圈子,史称"格奥尔格圈子"。虽然迄今中国读者对格奥尔格诗歌的认识度不够,但是格奥尔格在西方特别是在德国诗歌界的地位是不容小觑的。伽达默尔曾这样写道:"我犹豫地站在你面前。我不知道自己是否有批评的资格……我根本也不晓得,在诗人斯特凡·格奥尔格的天才之音仍在其间回响的一系列评介之后,我还能说些什么。"② 他对于格奥尔格的钦佩之情可见一斑。

伽达默尔在格奥尔格的诗中解读到的东西,可以概括为一种"整体性"。伽达默尔认为,西方艺术史可以分为两段:一段是以天地神人相融合的整体性为艺术衡量标准的古希腊—基督教阶段,伽达默尔也将这种整体性视为西方古典文化传统的轴心;另一段是从18世纪末开始的现代艺术进程,伽达默尔认为在这段历史中"由希腊—基督教思想所规定的神话传统开始解体,其中原本栖居着艺术"③。接下来从歌德到尼采、克莱斯特和格奥尔格等人的诗歌,在伽达默尔看来也不过是神话传统离散的回

---

① Gadamer, Hans-Georg, "Mythopoietic Reversal in Rilke's Duino Elegies", *Hans-Georg Gadamer on Education, Poetry, and History*, Edited by Dieter Misgeld and Grame Nicholson, Translated by Lawrence Schmidt and Monica Reuss, Albany: State University of New York Press, 1992: 159-160.

② Gadamer, Hans-Georg, "The Verse and the Whole", *Hans-Georg Gadamer on Education, Poetry, and History*, Edited by Dieter Misgeld and Grame Nicholson, Translated by Lawrence Schmidt and Monica Reuss, Albany: State University of New York Press, 1992: 83.

③ Gadamer, Hans-Georg, "The Verse and the Whole", *Hans-Georg Gadamer on Education, Poetry, and History*, Edited by Dieter Misgeld and Grame Nicholson, Translated by Lawrence Schmidt and Monica Reuss, Albany: State University of New York Press, 1992: 87.

响罢了。显而易见，伽达默尔认同的是艺术的第一段历史，即以神话的"整体性"为标志的艺术史，并为这一整体性在当代的丧失而扼腕。

　　伽达默尔在格奥尔格的诗歌中听到了唤醒神话的语言，它引向那种已成为过去的"整体性"。但是，伽达默尔对于格奥尔格的诗文与整体的关系有着自己清醒的认识，他认为这种关系在现代已经发生了本质上的变化。他指出，格奥尔格虽然表现了人类古老的整体性意识，可是整体性已不再是诗人的终极追求，格奥尔格的表现方式更主要的是对曾是必然的东西的一种"游戏性的变幻"方式；也就是说，格奥尔格的诗歌虽然展现了存在本真的古老的整体性，可是却不曾笃定地将其保留下来，而是以一种如梦如戏的方式去回忆。这从格奥尔格对于荷尔德林的赞颂中可见一斑。格奥尔格把荷尔德林视为"新神的呼唤者"，表面上是对救世主出现的最后期盼，实则充满了"诸神仍未显现而产生的痛苦"①。虽然格奥尔格是以其特有的"末世论的音调"来吟唱追忆古代的美好与纯真，并没有在诗中坚持恢复和重建古希腊的古典传统，但伽达默尔还是给予了格奥尔格的诗歌充分肯定，因为这些作品毕竟为现代人指出了一个回望过去的正确方向，展示了在诗中实现整体性的可能性。伽达默尔说："在我们都熟悉的、带有一些哲学反思的诗歌语言中捕捉和保留整体性，我是支持这种可能的。"②

　　伽达默尔之所以看重格奥尔格，并不仅仅是因为格奥尔格在诗中回忆了艺术与人类存在的整体性，更关键的原因在于，格奥尔格从现代文学与生活现状出发，对传统进行了创造性的继承与更新。以格奥尔格的名篇《盟约之星》为例，伽达默尔认为，这首诗在歌颂诗人无所不能的力量之时，表现的正是身处现代的诗人对于诗歌传统的复苏和创造性继承：

　　　　自从你的暴风雨，哦咆哮的雷电，撕开云层
　　　　你的狂风破坏力惊人并撼动了堡垒
　　　　这难道不是一次为了寻找诗文之声受到诅咒而付出的努力？
　　　　……

---

　　① [德] 伽达默尔：《美学与诗学：诠释学的实施》，吴建广译，北京大学出版社2013年版，第217页。
　　② Gadamer, Hans-Georg, "The Verse and the Whole", *Hans-Georg Gadamer on Education, Poetry, and History*, Edited by Dieter Misgeld and Grame Nicholson, Translated by Lawrence Schmidt and Monica Reuss, Albany: State University of New York Press, 1992: 89.

庄严的竖琴甚至那轻柔的七弦琴
穿过起伏的时间述说着我的意愿
述说在宇宙秩序中什么才是永恒。
那么记住这句箴言吧：这世上
统治者们都不会是救世主，但凡他们第一次呼吸
吸入的不是充满预言式音乐的空气
但凡在他们的摇篮周围未奏响过英雄颂歌。[①]

一方面，诗歌延续了希腊式的描述方式，以"雷电""暴雨""狂风""竖琴"等意象来歌颂诗人的力量与才能；另一方面，诗歌又并非对经典主题与手法的破碎而重复的仿效，格奥尔格成功地将传统歌颂神灵和英雄的方式用于对现世非英雄的诗人形象的刻画，从而创作出与新时代审美相适应的新型抒情诗——象征主义诗歌。伽达默尔眼中的抒情诗凭借象征主义手法保持了自己的整体性，完成了从过去到现在的过渡。抒情诗"不再继续承载任何神话遗产，而是实现本身的神话诗学的召唤……成为声音和意义的整体。这个整体不向我们讲述传说，而是在其讲述中告诉我们我们自己如何。抒情诗就是它自己的传说。它因自己而回响，并且成为了我们这个与神话相去甚远的时代的主流诗歌形式。因此，不论诗人斯特凡·格奥尔格对于诗意传说的合唱形式有着怎样的坚持，我们还是在他身上发现抒情仍处于最显著的位置"[②]。

可见对于伽达默尔而言，格奥尔格诗歌中体现的"整体性"有这样几层含义：第一，整体性是诗歌形式与意义的合而为一；第二，整体性是传统与现代的融合；第三，整体性是艺术与现实的统一。回归整体意味着，在诗歌的语言中全面保持言辞与意义、过去与当下、艺术与现实的整体性，即在开放中回归人类自身的存在。伽达默尔将之清楚地解释为：在诗文中"整体化是人获得对整体的经验，也是经验处于整体之中的人本身，这需要通过学习来获得。……良性的无限循环就是整体。诗文和艺术

[①] Gadamer, Hans-Georg, "The Verse and the Whole", *Hans-Georg Gadamer on Education, Poetry, and History*, Edited by Dieter Misgeld and Grame Nicholson, Translated by Lawrence Schmidt and Monica Reuss, Albany: State University of New York Press, 1992: 86.

[②] Gadamer, Hans-Georg, "The Verse and the Whole", *Hans-Georg Gadamer on Education, Poetry, and History*, Edited by Dieter Misgeld and Grame Nicholson, Translated by Lawrence Schmidt and Monica Reuss, Albany: State University of New York Press, 1992: 89.

把我们纳入它们之中，因此它们本身也就成为这样的整体。从哲学角度来说，即诗和艺术自身之中的反思。我们自己由整体所包含，这个整体既是我们本身，也内在于我们之中；但这里的整体并不是以呈现在我们面前的方式将我们包围其中"①。他强调整体性是内化于人的，而不是一种外在的包含。伽达默尔相信，格奥尔格的诗即便目前仍不能帮助人们实现这种整体性回归，也至少会指引人们意识到并接受它。那么何时人类才能实现这种诗意的回归？格奥尔格引用好友荷兰诗人弗尔威（Albert Verwey, 1865—1937）的预言，伽达默尔深表赞同："只有当生命的变动由语言来量度时，语言达到了最大的力量。"② 这时人类方能踏上诗意的归乡之路。

总之，伽达默尔从格奥尔格的抒情诗中看到，"诗歌一直保持为对真理的吟诵"③。更重要的是，它们"作为人此在的传承，是一个不断更新习得的过程"④。伽达默尔认为，格奥尔格的诗达到了古与今、心与物、人与世界、诗与存在的融通，这种融通是通过学习才能达到的，是整体性在现代得以保持与发展的证明与希望。因此格奥尔格诗歌的整体性实质上可以被视为伽达默尔诗性之思核心观念的另一种表达，即通过不断地学习，人能凭诗的语言通达诗意的生存。

三 诗以语词确立存在：策兰诗评

在 20 世纪后半叶的欧洲，诗人保罗·策兰（Paul Celan, 1920—1970）相当引人注目，他被公认为继里尔克之后最伟大的德语诗人。以《死亡赋格》为代表的策兰诗作被誉为当代德语诗歌的丰碑，不但在诗人与读者中引起巨大震动，而且受到了海德格尔、阿多诺、哈贝马斯、德里达、布朗肖以及伽达默尔等当代著名思想家的格外关注。在策兰生前，策

---

① Gadamer, Hans-Georg, "The Verse and the Whole", *Hans-Georg Gadamer on Education, Poetry, and History*, Edited by Dieter Misgeld and Grame Nicholson, Translated by Lawrence Schmidt and Monica Reuss, Albany: State University of New York Press, 1992: 91.

② Gadamer, Hans-Georg, "The Verse and the Whole", *Hans-Georg Gadamer on Education, Poetry, and History*, Edited by Dieter Misgeld and Grame Nicholson, Translated by Lawrence Schmidt and Monica Reuss, Albany: State University of New York Press, 1992: 91.

③ Gadamer, Hans-Georg, "The Verse and the Whole", *Hans-Georg Gadamer on Education, Poetry, and History*, Edited by Dieter Misgeld and Grame Nicholson, Translated by Lawrence Schmidt and Monica Reuss, Albany: State University of New York Press, 1992: 88.

④ Gadamer, Hans-Georg, "The Verse and the Whole", *Hans-Georg Gadamer on Education, Poetry, and History*, Edited by Dieter Misgeld and Grame Nicholson, Translated by Lawrence Schmidt and Monica Reuss, Albany: State University of New York Press, 1992: 91.

兰及其诗作已得到了文学界的充分肯定。诺贝尔文学奖获得者女诗人内莉·萨克斯（Nelly Sachs）称策兰为"我们这个时代的荷尔德林"；美国著名学者乔治·斯坦纳（George Steiner）把策兰诗推至"现代德国（或许是现代欧洲）诗歌的最高峰"；而哈佛教授哈伦·文德勒（Halen Vendler）把策兰誉为"自叶芝以来最伟大的诗人"。[①]

这位广受赞誉的天才作家显然也是伽达默尔晚年最为看重的诗人之一。1973年伽达默尔出版了一本策兰诗评专集《我是谁而你又是谁?》，这本小书也被视为伽达默尔晚期诗学的代表作。1997年这部著作被译介到英语世界，其中还收录了伽达默尔晚年另外两篇策兰诗歌专论《保罗·策兰诗的含义与含义的遮蔽》（1975）与《用现象学和语义学方法研究策兰诗?》（1991）。此外，在《诗人在变沉默吗?》（1970）和《在虚无主义的阴影下》（1988）两篇论文中，伽达默尔还将策兰与另一位当代德语诗人高特弗莱德·本（Gottfried Benn）放在一起进行过专门讨论。策兰诗歌的语言风格与主题都深深吸引了伽达默尔，伽达默尔认为策兰是当之无愧的"战后最伟大的德语抒情诗人之一"，因为他"在二战后的岁月，用诗充分表达了德国人的生命感受和德国人的命运——在信仰与怀疑、希望与绝望之间的游移不定"[②]。

策兰诗以语言的晦涩怪异、意象的生动丰富而著名。任何人只要进入策兰诗破碎、跳跃甚至静默的语词之中，都能倾听到人类命运之轮轧轧滚过的沉重声响，从而为策兰诗珠玑之词与深沉含义所构成的罕见张力所深深震撼。策兰的诗对于伽达默尔而言有着一种特殊的魅力：语言朦胧简约，极具美感，又使人困惑；他刻画冰冷与阴暗，却仍让人感受到背后的温暖与光明；他的诗迫使每一位与之相遇的人不得不去面对人性深处残酷与高洁的并立。对于在"二战"中失去双亲、失去身份、失去尊严的策兰来说，诗歌创作不是他的谋生手段，也不是个人爱好，而是使之生存下去的唯一理由，同时代的诗人没有人能像他那样将诗与生命意义完全融合为一体。在策兰生命的最后十年，他的诗歌变得越发难以理解，给读者以及评论家造成了解读上的巨大困难，这也被视为诗人因战争受到的精神创

[①] Celan, Paul, *Selected Poems and Prose of Paul Celan*, Translated and introduced by John Felstiner, New York: W. W. Norton, 2001: preface 4.

[②] Gadamer, Hans-Georg, "Under the Shadow of Nihilism", *Hans-Georg Gadamer on Education, Poetry, and History*, Edited by Dieter Misgeld and Grame Nicholson, Translated by Lawrence Schmidt and Monica Reuss, Albany: State University of New York Press, 1992: 111-112.

伤日益加重的表现。伽达默尔也把策兰的诗作为"几乎无法解读的文字"来对待，认为自己对于策兰诗的诠释更多的是一种"破译密码的尝试"。

詹姆斯·瑞瑟通过对伽达默尔《全集》的研究发现，晚年伽达默尔探讨的重心已超出了《真理与方法》的核心范畴：通过《科学时代的理性》（1974）以及《柏拉图—亚里士多德哲学善的理念》（1978），伽达默尔展现出对"理性""善""实践"等古希腊理念的旨趣；而《我是谁而你又是谁?》（1986）这部伽达默尔为保罗·策兰专门写的诗评集则标志着，伽达默尔将自己一直以来对诗的重视推到了所有问题的最前端。[①]从伽达默尔的策兰诗评可以看出，他的全部解析都是以策兰独特的诗歌语言为中心的，他紧紧抓住策兰诗中凝练、乖戾到了极致的词语本身，对其展开了详尽的分析。仅在《我是谁而你又是谁?》一文中，他便解读了21首策兰的诗作。伽达默尔的策兰诗评中"以诗语为中心"的阐释原则可以被归纳为三个层面：

第一，"语言"是诗歌理解和解释的最基本结构。伽达默尔指出，在任何情况下，我们所理解的除了"语言"别无他物，诗歌阐释中可理解的首先并始终是诗的语言，而不是非语言的形象或其他东西。人们常常将意象和意义作为诗歌理解所指向的对象；伽达默尔则认为意象和意义并不是外在于语言之外的另一种存在，它们的基本构成仍是语言。既然意象和意义在本质上就是语言本身，那么诗化语言就不是一种具有外在指向的媒介，而是自我决定、自我存在的。对于诗歌的解析从根本上也只应该建立在诗歌语言分析基础之上。而策兰的诗之所以成为现代诗歌的一个高峰，也正在于诗歌语言的词法句法与音乐节奏达到了出神入化的配合，一个崇高而丰富的诗意世界在语言根基上挺立。策兰以生命来实践语言的各种可能性，甚至在将语言推向无语的极限的同时，也耗尽了自己的生命。也许唯有这样的融入，诗的语言才会真正具有生命的张力。

伽达默尔看到，越近晚年策兰作诗用词越少，往往一两个跳跃性极强的词单独成行，一个诗节仅由十几个词语构成。这给策兰诗歌的解析造成了不小困难，因而评论界也是众说纷纭、莫衷一是。例如：

在……我们俩个

[①] Risser, James, *Hermeneutics and the Voice of the Other: Re-reading Gadamer's Philosophical Hermeneutics*, Albany: State University of New York Press, 1997: 2.

第三章 诗化哲学之"用"

> 如果这些石头中的一个
> 曾被泄露
> 对之保持沉默意味着什么：
> 这里，附近，
> 在一个跛行老人手杖的顿戳中
> 他将打开，像一个伤口，
> 在此你将不得不沉没
> 孤独地，
> 远离我的尖叫，它就在那儿
> 已经凿好，白色。①

以及：

> 你如何在我里面死去
>
> 你如何在我里面死去
> 仍然在最后穿戴破的
> 呼吸的结里
> 你，插入
> 生命的碎片②

  伽达默尔认为，策兰的这些诗句打破了一般意义上的完整语法，表面看似支离破碎，实际上策兰对于语词的关注与斟酌高于他创作中的任何其他事情。在某种意义上，策兰遵循的是一种"诗歌语义构建原则"：消解惯常的修辞手段，形成"词语的爆炸，即词语爆炸为具有不同意义的词语碎片，而这些碎片唤起并组成一个新的意义整体"③。伽达默尔将这些韵律以及句法束缚几乎被彻底消除的诗歌视为难得的好诗，

---

① [奥] 策兰：《保罗·策兰诗歌》王家新译，《诗选刊》2007 年第 7 期。
② [奥] 策兰：《保罗·策兰诗选》，王家新、芮虎译，《诗林》2009 年第 4 期。
③ Gadamer, Hans - Georg, "Under the Shadow of Nihilism", *Hans - Georg Gadamer on Education, Poetry, and History*, Edited by Dieter Misgeld and Grame Nicholson, Translated by Lawrence Schmidt and Monica Reuss, Albany: State University of New York Press, 1992: 117.

因为它们将自身的重量完全托付给了语词,证明了"诗以语词建立自身存在"的真理。

第二,强调"倾听"与"对话"。诗的语言在不断向人们诉说。它们在诉说着什么?谁在言说?要回答这样的问题,就必须首先学会倾听与对话。伽达默尔将他的策兰诗评命名为《我是谁而你又是谁?》,通过对策兰诗集《换气》的一组诗中"我"与"你"的所指的深入分析,打破了诗歌创作与欣赏过程中诗人与读者僵硬死板的固有关系,展现出真正的诗歌文本、诗人、读者之间不拘一格的动态对话结构。"我"既是诗人又是读者;相对应的"你"也就并不指某一固定的读者群体,它常常是诉说者自身。这样就使诗歌能够与所有倾听其诉说的人对话,诗也会随时向倾听之人敞开,而所有进入诗的境界的人也能自由地与诗进行生存层面的交流,诗与人的存在就形成了一种敞开的螺旋式循环的意义生成状态。伽达默尔认为,在策兰诗中尤其如此,"在策兰的诗中,'我'、'你'和'我们'是用阴影般不确定和不断变化的方式说出来的。这个我不但指诗人,更是指'那个个人',正如基尔凯郭尔所命名的那样,我们中的每一个个人"[1]。通过"我""你"关系的分析,伽达默尔意在召唤读者的参与性阅读:一个真正的读者,并不必需博学或专业知识,而首先要保持倾听,在倾听的基础上展开与文本的对话。[2] 从这一观念出发,任何一个头脑开放、乐意倾听的读者,即使在没有背景资料的帮助下也能够读懂策兰诗歌当中最重要的东西,也就是说,历史背景在诗歌解读中是次要的,重要的是诗歌语词本身以及读者对于诗歌意义呈现的参与。这就使得伽达默尔的策兰诗评在同时代的评论中显得与众不同,因为当时大部分的评论家都将策兰的创作与他个人的经历以及时代背景紧密联系在了一起。在这种情况下,伽达默尔提出的问题就显得相当有启发性,使评论界对策兰诗歌批评有了新的思索,即诗歌是否提供了一种不同于历史的东西,是否要求一种不同于其他文体的接受?当然,伽达默尔也仍然在诗歌批评中加入合理的历史考量,例如他认为策兰诗歌破碎甚至沉默的表达,有一定成分是对

---

[1] Gadamer, Hans-Georg, "Who Am I and Who Are You?", *Gadamer on Celan*: "*Who Am I and Who Are You?" and Other Essays*, Translated and edited by Richard Heinemann and Bruce Krajewski, Albany: State University of New York Press, 1997: 69.

[2] Gadamer, Hans-Georg, "Who Am I and Who Are You?", *Gadamer on Celan*: "*Who Am I and Who Are You?" and Other Essays*, Translated and edited by Richard Heinemann and Bruce Krajewski, Albany: State University of New York Press, 1997: 67.

"二战"恐惧的戏剧性的尖锐化。现在答案很清楚,诗歌解读虽然可以加入历史因素的考量,但是诗歌本文始终才是解读的关键所在,理解和解释应该从诗歌本身出发并最终回到诗歌本身。诗应该是在为所有的人说话。

第三,诗的语词具有"双重"存在意义。在伽达默尔的眼中,策兰诗之所以是绝妙好诗,就在于策兰诗歌的语言与存在有着一般诗歌很难具备的双重关联。首先,策兰的诗歌通过语言确立自身存在,策兰那些看似破碎、孤立的语词,一旦结合到一起便富有张力,共同支撑起一个广阔而不可分割的意义空间;仅仅能做到这一点,对于伽达默尔而言就已经是纯粹的诗歌了。同时,伽达默尔注意到,存在又是策兰诗歌的唯一主旨,"生与死""过去与现在""人与神""希望与绝望"等重大的存在主题常常成为策兰诗的主旨,就连策兰自己也认为,正是"存在之诉求"把他的诗与马拉美的象征主义诗歌明确地区分开来[1];策兰在诗中不懈地追问着存在的意义,展现着人类生存的现状,这在伽达默尔看来"将诗歌提升到了充满意义与真理的境界,从而使之成为真正的诗"[2]。在描写和展现存在这一主旨的过程中,策兰诗的语言完成了自我存在的建立进而向存在真理敞开,即对存在进行了"双重"的呈现。

一言以蔽之,对伽达默尔来说,策兰是在诗的语言中生存的诗人,或者说他在诗的语言中栖居着,同时,他的诗也是罕见的"存在之诗"。策兰的诗并不仅仅反映诗人的生存状态,而且展现人类的普遍存在命运,诗的本身就是充满存在意义的独立存在。即使策兰诗的语言引起了极大的意义含混性和隐匿性,这在伽达默尔看来也是内在于诗歌的诗歌语言自身的特质。策兰的诗歌完全符合伽达默尔关于诗歌的理念诉求——"诗的价值和意义栖居于诗歌语言之中"。

第四节 小结:伽达默尔诗评——思与诗的对话

总的说来,伽达默尔的诗歌批评有两大突出特点:第一,他的诗歌批

---

[1] Gadamer, Hans‐Georg, "Under the Shadow of Nihilism", *Hans‐Georg Gadamer on Education, Poetry, and History*, Edited by Dieter Misgeld and Grame Nicholson, Translated by Lawrence Schmidt and Monica Reuss, Albany: State University of New York Press, 1992: 123.

[2] Gadamer, Hans‐Georg, "Under the Shadow of Nihilism", *Hans‐Georg Gadamer on Education, Poetry, and History*, Edited by Dieter Misgeld and Grame Nicholson, Translated by Lawrence Schmidt and Monica Reuss, Albany: State University of New York Press, 1992: 123.

评的焦点是诗歌语言本身。诗的韵律、节奏、吟述风格以及隐喻、象征等诗歌语言内在问题都成为伽达默尔批评实践中重点探讨的对象。伽达默尔坚持，诗的情感、意象、趣味和境界最终都必须落实在语言上，他的诗歌批评也正是这一思想的具体实践。第二，"存在"是伽达默尔诗歌批评的不二主题。伽达默尔所评论的诗歌是经过他精心选择的，从歌德、荷尔德林到里尔克、格奥尔格、策兰，他所欣赏的不仅仅是诗人对于语言高妙娴熟的驾驭，而且他更为看重这些伟大诗人在诗作中所展现的生存与命运的重大主题。从这两个特点来看，伽达默尔的诗歌评价标准为：诗歌的语言在最大限度上开启并呈现存在。伽达默尔本人给出了存在如何在诗的语言中驻留和显现的清晰解释："艺术作品中的经验不仅是从遮蔽之中的显现，而且同时也是真正处于隔绝状态的某种东西。它如同在安全空间中那样在作品之中栖居。艺术作品是一种言说，虽然它以一种最深沉的方式在不停地讲述，但它并不形成宣言式的语句。它像神话，似传奇，因为它在诉说之中也同样在开启某物，并且随时使其驻留。作品的这种言说将会不断地反复向我们倾诉。"[①]

可以说，伽达默尔的诗歌批评表现出了明显的哲学旨趣，他的诗评实质上是一位思者与诗歌的对话。从对诗歌存在主旨的格外关注，到对诗歌以语词彰显真理的敏感，伽达默尔的诗歌批评处处表现出与其诗化哲学理论的紧密呼应。通过诗歌批评，伽达默尔告诉世人，诗不仅仅说出诗人的经历感悟，也不仅仅表达诗人的情感内心，诗真正的价值体现在它吸引人们进入其中，它触动人的存在处境，让人们猛然发现在其他地方都被遮蔽了的东西。当诗的世界向人们敞开，人们平时所无视的自身的有限性，人的肤浅无知和麻木，以及被遮蔽了的美好和纯真，刹那间都呈现于人们面前。诗更完整、更真实地道出了关于人的一切，诗的世界并不是日常生活之外一个虚无缥缈的世界，它通过诗的语言向人们打开，其中的真理总是通过艺术的感染力在世间闪现。诗虽然带领现代人去往一个与现实不同的世界，但那才是人类本来的居所。因此伽达默尔说，是诗的语言引领着人们归家。

如果有人仅仅因为伽达默尔诗歌批评的哲学意味而对其进行全盘否

[①] Gadamer, Hans-Georg, "The Artwork in Word and Image: 'So True, So Full of Being!'", *The Gadamer Reader: A Bouquet of the Later Writings*, Edited by Richard E. Palmer, Evanston: Northwestern University Press, 2007: 212.

定，未免过于武断。放眼当代，哲学与诗的相互靠拢已是人文科学一大特点，诗人（如格奥尔格、策兰）在诗中进行深沉痛苦的生存追问，而哲学家（如海德格尔、伽达默尔、阿多诺）则把诗作为蕴藏着思想与生存希望的最后一方净土。人们所熟悉的海德格尔晚年对荷尔德林诗歌的品评，实际上也是海德格尔晚年哲学思想的具体呈现，它与传统的诗歌批评风格迥异；海德格尔本人也一再强调他无意于做美学意义上的诗歌批评，哲学反思始终是其出发点。但是，谁也不能否认，海德格尔的荷尔德林诗歌阐释对于现代诗歌批评理论与诗歌赏析都产生了广泛而深刻的影响。伽达默尔的诗歌批评同样也是这方面的有益尝试，事实证明，伽达默尔的诗歌批评对于诗歌阐释的理论与实践都具有积极的意义，"以语言为阐释中心"、强调"倾听与对话"以及"读者参与"作用，这些诠释学方法已被越来越多的人视为诗歌解读乃至其他艺术作品欣赏的基本原则之一。有理由相信，伽达默尔所进行的思与诗的对话是一个值得继续发展的方向。

第四章

伽达默尔诗化哲学的启示

从整体上看,伽达默尔的诗性之思已跨越了传统意义上的哲学、美学、文学、语言学、人类学、文化学的疆域,很难按既往方式从某一角度对其进行界定。同时,伽达默尔的诗性之思也并不以新与特博得关注,而是对失落的"恢复",对遗忘的"唤醒"。伽达默尔的很多见解,绝不是什么独创。因此,伽达默尔诗化哲学的启示意义既不应被限定于某一领域,也不能由所谓的独创性来衡量;关键在于,伽达默尔诗化哲学作为一个整体呈现在人们面前,它真正给时代带来了什么,它在哪些方面、以何种程度触动了我们并在改变我们。

第一节 伽达默尔诗化哲学与现代危机

伽达默尔多次提过,自己思诗、论诗的本意并非出于个人的美学兴趣,他走向诗,更主要的是出于对人类现代危机的考虑。真正的哲学,应该由现实问题激发,并始终针对现实问题。张汝伦曾将哲学教授分为两类:"哲学家"与"哲学专家",两者的根本区别在于,"前者以人类命运为念,而后者只想当个专家"[①]。按这一划分,海德格尔以及伽达默尔都属于真正为人类命运殚精竭虑的哲学家。伽达默尔的诗化哲学实际上标志着西方哲学的自我救赎,伽达默尔诗性之思的启示意义便首先突出表现在诗对思、诗对人类自身命运的拯救上。

伽达默尔的"诗性之思"思的只有一个问题,那就是从海德格尔那里继承下来的存在,而诗便是伽达默尔眼中开启并保持自我的存在本真,

---

① 张汝伦:《伽达默尔和哲学》,《安徽师范大学学报》(人文社会科学版)2002 年第 9 期。

即一个不断生成变化的生命化的整体境域，或者说一种自然原初的开放状态。从前中期的"理解"到后期的"实践""诗"，伽达默尔的思想一直表现出其特有的风貌，即直指存在。伽达默尔直接追溯至古希腊天然的生存状态，并将其引入现实生活中，而不是在纯粹的思辨领域中构建自己的哲学体系。正因为如此，他的思想才真正触动当代人的内心，给人以启发，让人们重新理解自身，重新认识精神与物质、人与世界的关系。

现代人的问题到底出在了哪里？伽达默尔将问题归结为科学主义对人类思想和生活的全面控制。在伽达默尔眼中，科学主义的盛行是现代思想和人类生存危机的症结所在。伽达默尔将我们的时代称为"科学时代"（Age of Science），相信大家非但没有什么异议，而且应该早已接受并习惯于这种说法。在没有做特别交代的情况下，"科学"已被默认为自然科学，这也从一个侧面印证了科学对人类意识的荫蔽。伽达默尔意识到："在某种意义上，这一时代是一个科学的时代，科学正把自己本身和自己的应用扩展于整个世界。"[①] 我们的时代是一个因自然科学而产生巨变的时代：科学引导着、标志着、规定着、检验着人类的发展，科学成为真理的唯一准绳和尺度，人也不知不觉陷入了对科学的全面信仰和盲目崇拜。

任何单一的思维方式与认识方法都有它的适用范围。伽达默尔并不反对自然科学方法，也不反对科学理性，但是坚决反对科学理性与科学方法的滥用。虽然科学理性和科学方法是人类认识世界所不可缺少的途径之一，但是毕竟不能单凭这一种方式来把握生生不已、变动不居、与人性密不可分的存在。存在从根本上来说就是生命性的"一"，是真、善、美的有机整体。对于这样一个复杂而多维的构成体，我们只能把理性和感性、分析和体验等多种方式结合起来，才有可能尽量接近其本质。而以理性去分析非理性的事物，把自然科学标准作为衡量一切的普遍标准，结果必然给哲学乃至人类的思想和生活带来严重混乱和异化。这种异化与存在本真是根本对立的。异化的严重恶果现在已经显现：随着科技的极速发展，原本由人创造和控制的科学技术变成了大多数人思想和生活的主宰；更为严重的是，由于过分仰赖科技，人已经开始异化为物，人最宝贵的创造力和人性在一点一滴地丧失。在这条人类自己开辟的道路上，如果不及时停住渐行渐快的脚步并掉转方向，那么可以预见的悲剧也就离人们不太遥远

---

① ［德］伽达默尔：《科学时代的理性·作者自序》，薛华等译，国际文化出版公司1988年版，第1页。

了。这种岌岌可危的现状迫使人类必须早日从科学的毒瘾中清醒，开始积极自救。

那么对抗危机的力量和根据从何而来？伽达默尔指引我们——返回"传统"，那里有着解救人类命运的古老力量：诗。日本著名的伽达默尔研究专家丸山高司也曾指出，伽达默尔的哲学从根本上来说是一种"扎根的哲学"，即向传统扎根的哲学。[①] 这一传统指的是前苏格拉底时代的古希腊传统，伽达默尔认为在那里蕴藏着未被毁坏的存在本真，主观与客观、人性与神性、精神与物质、人与世界都还没有遭到人为的分裂，宇宙万物都同一而在。而现代的科学主义至上给人类思维方式和生活环境带来的一系列严重破坏，归根结底是以主客二分为标志的形而上学两千多年发展的必然结局。伽达默尔在古希腊的传统中探寻到了三味反形而上学的良药：艺术、历史和语言。它们穿越两千多年的时间，一直保持着与科学抗衡的力量，始终不能被科学完全占据。伽达默尔将三者融通，会合为一，彰显诗性的力量，提供给人类一剂救世良方。

伽达默尔也特别为人文科学研究指明了一个方向：实践。从伽达默尔的诗性之思中的确可以看到与科学主义以及理性主义传统不同的另一更为古老的思想，即在形而上学之前的古代希腊已开始倡导的"实践智慧"（Phronesis），伽达默尔一生都在追求着这样一种智慧。伽达默尔也由此将自己从理论哲学家的圈子划分出来，成为一名实践哲学家。他不像施莱尔马赫那样的经典诠释学家那样致力于提供一套诠释的普遍方法和规则，他的研究目的是要揭示现实中所有理解与解释实践所共有的东西，研究路径就是"倾听"与"对话"。伽达默尔所真正关心的是事件本身，他注重实践经验，反对在现代人文科学研究中方法论占统治地位的倾向。在他看来，诠释现象本来就不是一个方法问题，人文科学中的人类情感、直觉、想象等非理性的经验只有在实践中才会被获得，所以也不是依靠建立精神科学方法论就能完全解决的。但是，这绝不意味着伽达默尔主张彻底摒弃科学方法，也不是说人文科学的研究根本无规律和方法可循。伽达默尔想要说明的是，通达存在真理的关键不是方法之争，而是真理经验过程即实践本身。

质言之，伽达默尔诗化哲学的现实性体现于，他为现代人提供了整体

[①] [日] 丸山高司：《伽达默尔：视野融合》，刘文柱等译，河北教育出版社2001年版，第155页。

意识、传统意识和实践意识，借以对抗"科学至上"思想带来的日益严重的现代危机。在一片异化和解构之中，伽达默尔却以"诗"极力整合分裂对立、支离破碎的西方思想观念，保持思想的整体性，保持了一种西方思想中极为难得的糅合矛盾、兼容并蓄的中和风格。伽达默尔从未试图开创新的思想，而是执着地返回思想的根源处，追问思与人的本真。这不能不说是西方思想发展到极端分裂与异化之后的一个自我反思和自我拯救的范例，也确实为西方人指出了一条切实可行的出路——放弃对科学的执迷，恢复到一种纯真自然的诗意感觉和诗意生活状态。

第二节　伽达默尔诗化哲学的美学意蕴

西方美学在概念思维的统领下，从诞生之时起就开始了哲学化进程。西方美学的一大特点同时也是其致命缺陷便在于，理性有余而诗性不足。西方美学长于分析归纳，表现出明显的形而上思辨力；但也因此进入了近乎偏执的境地，试图以思辨力穿透包括情感、想象、天才在内的一切美学问题。以理性去探求非理性范畴中的真理，特别是艺术真理，其结果只能与真理渐行渐远。

伽达默尔对于西方美学自身的这种先天不足有着清醒的认识。伽达默尔在个人思想的阐释过程中有意避免了"美学"这一提法，尽量以艺术乃至诗代之，以表示与近代以来主体化美学完全不同的取向。但是，这绝不代表伽达默尔的诗性之思与美学毫不相干。相反，伽达默尔在美学和艺术上有着很深的造诣，做过大量研究，他以诗性之思直指西方美学主客二分的致命缺陷，撼动了美学的主观本体，并进一步捍卫艺术作品自身的本体论地位，这恰恰是一种新的美学旨趣的系统表达。现代美学论域中反理性主义蔚然成风，语言与诗性成为美学研究的焦点问题，文艺理论研究的重心逐渐偏向文本与读者，伽达默尔这位德国哲学大家在这股大潮中是一位有力的参与者和推动者。事实证明，伽达默尔诗化哲学的首要且直接的影响就发生于美学论域，可供挖掘的美学意蕴是相当丰富的。

伽达默尔诗化哲学涉及的重要美学理念主要集中于艺术论层面。诸如"游戏""节日""效果历史""诠释学循环"的美学含义，在第二章已具体论及，不再赘述。这里将主要从伽达默尔诗化哲学总体风格气质上对其美学意蕴做一全局把握。

首先看伽达默尔诗性之思的"有机整体性"。

伽达默尔诗化哲学的最大特点就在于它兼容、开放、动态，这些特点汇合到一起，使伽达默尔的思想呈现出一种有机整体性。在《真理与方法》中，伽达默尔便已经通过艺术真理的确立，成功地将久已远离的"美"与"真"结合到一起；不仅如此，在晚年的另一部重要的作品《柏拉图—亚里士多德哲学善的理念》（1978）中，伽达默尔将"善"也纳入其思想体系。然而，在伽达默尔的诗化哲学中真、善、美并不是简单的并列关系，美是真的显现与敞开，而善则是美与真的实践。即是说，真善美是有机地结合为一个整体的，诗性之思是三方面相互包含、彼此渗透的和谐统一体。

从亚里士多德那里发端的"有机整体"观，无形之中其实已被伽达默尔充分汲取为己用。在《美的现实性》（1975）这篇重要的美学论文中，伽达默尔借"有机整体"这一概念来诠释艺术如何成为具有生命表征的有机结构：

> 艺术表现总是极大地接近于具有"有机"存在的结构的生命的基本规定。所以当我们说一件艺术品在某种方式上是一个有机的统一体时，这对于每个人都是可以理解的。……它不是象某种在带有累赘的事情进程中被分割开来的东西那样起作用，或是象一个僵死的零件一样从中脱离出来。反之，这是向某个中心集中。我们的确也是把一个活生生的有机体理解为在它本身中有一个这样的中心，使得它的所有部分除了为自己的自我保存和生命力服务之外不服从第三个确定的目的。[1]

艺术不攀附于任何外在的事物，它有着灵魂般的内在中心，因而灵活自由地表现着自我，这一系列重要特征都是通过"有机整体"的观念展现出来的。正是通过自觉运用"有机整体"的理念，伽达默尔才更形象地表现了艺术像生命体一般独立自主的存在。

除了有意启用"有机整体"观外，更多情况下伽达默尔对有机整体的贯彻是不经意的、自然而然的，这主要是伽达默尔稳健中和的学术品性

---

[1] ［德］伽达默尔：《美的现实性——作为游戏、象征、节日的艺术》，《美的现实性——作为游戏、象征、节日的艺术》，张志扬等译，生活·读书·新知三联书店1991年版，第71页。

使然。比如他提出的"审美无区分""构成物""视域融合""诠释学循环"都典型地表现出了有机整体性。以"审美无区分"为例。"审美无区分",针对的是近代以来的审美区分即审美抽象的趋向。审美抽象的结果,是在现实世界之外建立起一个独立的审美王国,并与现实相对立;而艺术作品中一切被认为是纯审美的质或美的要素之外的东西,如宗教的、社会的、历史的内容,都被作为非审美的东西被剔除。伽达默尔指出,这种"审美区分"只能以理论的形式在人的主观意识中存在,在现实的艺术经验中并不存在。伽达默尔认为"审美区分"割裂了艺术作品对世界的隶属关系,浓缩地反映出西方美学乃至人类思想的极度主观化倾向。因此他提出了"审美无区分",强调在审美与非审美因素之间、在主观与客观之间、在艺术作品与世界之间、在艺术作品的意义及其表现等多层关系之间具有一致性和不可分割性。作品的意义并不以所谓纯粹的审美要素决定,实际上意义是在艺术作品的整体境遇的变迁中得到不断的充实和丰富的。伽达默尔眼中的艺术,实为一种有机构成的开放性整体。

其次谈一下伽达默尔诗性之思的"生发性"。

"生发"的"生"是生成,也是生动;"发"是发生,也是引发。这里所谓"生发性",是指伽达默尔的诗性之思对艺术真理给出的不是规定性的定义,而是敞开式的活态呈现与不断引发。初读《真理与方法》的读者有的会抱怨,虽然整部书都在谈"真理"和"方法",但是却没有给出相应的确切答案。这反映出概念思维在人们心中的根深蒂固,伽达默尔要以真理的重新阐释来改变的恰恰也是这种思维模式。人们从中虽得不到"真理是什么"的回答,却开始去理解"真理如何得以可能",并对这个开放的问题饶有兴致地继续追问下去,从而不断丰富着对于真理以及自身的理解。不以对象化的认知模式去规定,而是在整体的动态呈现中给出启迪和联想,这便是伽达默尔诗化哲学的"生发性"所在。这一特点从根本上是由伽达默尔的真理观决定的。由于海德格尔的影响,伽达默尔产生了与以往迥然不同的真理观:真理不再是永恒的、绝对的、静止的、高高在上的理念;真理是历史的、演变的、运动的、无始无终而又充满意义的存在事件本身。既然真理是一个不断生成不断发展的过程,以追问真理为首要任务的伽达默尔诗化哲学,自然也随之表现出动态敞开的"生发性"。

从伽达默尔哲学众多观念之间的关联也可以看出这种"生发性"。接着"审美无区分"继续问题的分析。伽达默尔借"审美无区分"来阐明艺术作品中各种因素有机结合、共同构成一个意义统一体的道理。沿着这个方向,伽达默尔又提出了"构成物"的概念,把艺术作品视为一个游戏般的事件,观赏者必须真正参与到艺术游戏当中去,与作品展开"对话"才能领略艺术的真谛。这就进一步拓展了"审美无区分"的观念,同时又引出了"对话"的思想。而其中涉及的"游戏"观,不仅成为阐释艺术真理发生过程的重要理念,而且还进入到语言论域之中,证明了艺术过程与语言过程的异质同构性,为真理从艺术扩展到语言领域提前做好了铺垫。这个例子充分展现出,伽达默尔诗化哲学体系中各观念之间环环相扣、步步生成且又彼此相通的特点。正因为内在各部分之间相生相引、互为阐发、保持开放,伽达默尔诗化哲学才会在整体上呈现对真理的敞开性与生发性。

再次,谈一下伽达默尔诗性之思的"境域性"。

北京大学著名的海德格尔研究专家张祥龙先生在《海德格尔思想与中国天道:终极视域的开启与交融》一书中曾指出,"境域性"是海德格尔思想方式的一大特性。这一论断对于把握伽达默尔的思想颇有启发性。这里拟攫取张先生的基本理论,作为体会伽达默尔诗性之思"境域性"特征的学理参照。

张祥龙先生认为,海德格尔思想的"境域性"源于存在的"缘构成"这一海德格尔的根本思想进路。这里的"缘"即"源","缘构成"即一种"本原构成"。在海德格尔那里,"构成"的思路超越了所有现成之物的关系总和,存在在终极意义上就是构成性的。正因为缘构成是如此根本,在它之下就不会有诸如原子、本我等更为基础的存在,缘构成本身就是一个抛投出来的并不断生发的"境域",一个"超出了任何现成支点的视域",从而表现出一种境域性,"这种境域从来都是饱含原初意义和领会可能性的意境"。[①]

伽达默尔通过"视域融合"思想创造的便是这样一个包容了原初意义和领会可能性的意境。在理解发生前,艺术作品和观赏者各自都有着一个原初视域:作品的形式、内容、风格、创作背景等共同构成了作品视域,而观赏者的个人经历、所处时代、对作品的期待、当下的心境等构成

---

① 张祥龙:《海德格尔思想与中国天道:终极视域的开启与交融》,生活·读书·新知三联书店1996年版,第187页。

了观赏视域。两个视域相互抛出，彼此敞开，融合成一个更为广阔的理解境域，是为"视域融合"。"理解其实总是这样一些被误认为是独自存在的视域的融合过程。"① 这样一种融合之所以为伽达默尔看重，是因为原来各自独立的视域中所没有的新意义在其中产生，而旧的视域中有价值的内容又没有失去，"旧的东西和新的东西在这里总是不断地结合成某种更富有生气的有效的东西"②。这样，作品与观赏者、传统与现在、主观与客观就在如此充满生命灵气的境域中彼此对话，循环流动，生成无限。更重要的是，"视域融合"并不仅仅发生于艺术作品与观赏者之间，它从艺术领域扩展至人与人、人与世界的互动中去，因而具有了基本的存在论意义。同时，伽达默尔强调这种融合并不是原有视域的抹杀或放弃，"我们只是要求对他人和本文的见解保持开放的态度"③。这也就意味着，伽达默尔的"视域融合"并不是简单地并列或组合，融合的结果不是"同"而是"通"，从本原意义上来说即是"和而不同"，是真正的敞开生成境域。

因此，"视域融合"构成的境域是一个包容异质性和差异性的和而不同的"通境"，即是说，它开启的是一个能够不断拓展、通变、气韵生动的存在之化境。回过头来看张祥龙先生对"境域性"的论断："境域从来都是饱含原初意义和领会可能性的意境"，用在伽达默尔的"视域融合"上也是颇为适合的。这种以存在的"缘构成"为根基的"境域式"思想方式给伽达默尔的哲学追求带去了深刻的改变：传统的二分法在其思想中失效了，因为原本分裂的二项对立，如主客、心物、有无都被境域所囊括包容；但是这些二项对立也没有被笼统地一元化，因为二项对立必然引发生成，它们各自保持着自我，共同循环运动不断构成和生发新的境域。

伽达默尔在存在的"构成性"思路上的确坚定地追随着海德格尔，因而他能够建立起极具个人特色的理解境域作为整体思想重要的立论基础。然而也应特别注意，伽达默尔虽然以基本存在论为理论框架，但是伽达默尔接下来并没有像海德格尔那样断然地同西方哲学传统相决裂，而是

---

① [德] 伽达默尔：《诠释学Ⅰ：真理与方法》（修订译本），洪汉鼎译，商务印书馆2007年版，第416页。
② [德] 伽达默尔：《诠释学Ⅰ：真理与方法》（修订译本），洪汉鼎译，商务印书馆2007年版，第416页。
③ [德] 伽达默尔：《诠释学Ⅰ：真理与方法》（修订译本），洪汉鼎译，商务印书馆2007年版，第366页。

仍吸取柏拉图的"美的本质说"、亚里士多德的"实践智慧"以及德国古典美学的给养来丰富自己的诗性之思。客观地讲,伽达默尔的思想远没有达到海德格尔思想从整体上呈现出的典型的"境域性",只是在一定程度上表现出了一种化生境域的倾向,这里需要指出伽达默尔与海德格尔思想的"境域性"有联系却不尽相同,又有别于西方概念化思维的思想特点。如果说海德格尔以西方思想的"革命派"形象出现在思想史上,那么伽达默尔则更像一名"改良派"代表。

最后谈一谈伽达默尔诗化哲学自身的局限。

第一,在"作者—作品—观赏者—世界"这一艺术作品基本构成中,伽达默尔极力淡化了"作者"之维,认为在创作完成之时作品便成为独立于作者的存在。虽然这主要是出于反主观主义审美倾向的考虑,但伽达默尔还是忽略了艺术发生的复杂性和整体性,从而步入了一个惯常的误区,即为了反对一种倾向,而在相反的方向上走得过远。原本伽达默尔对作品、观赏者、世界在共同游戏中不断实现和丰富作品意义的境域阐释得非常精彩,然而艺术鉴赏毕竟不可能完全排除作者的创作背景、情感心境、天才、想象力等因素,因而不得不说"作者"的缺失是伽达默尔艺术理解论上的一大缺憾。

第二,语言性是否应被确定为所有类型艺术作品的基本属性,令人存疑。伽达默尔将语言作为存在的根基,提出"能被理解的存在就是语言",旨在从根源上使其个人的思想摆脱不可言说的神秘主义。伽达默尔认为,语言是人与自我、他人以及世界相互沟通的媒介,一切事物都必须进入语言对话之中才能被理解,其意义才能得到真正的实现,这其中也包括艺术与诗。语言成为伽达默尔最广阔的思想基础,心与物、人与世界在语言之中自由平等开放地交流对话,从而不断在语言中引发出最本真的存在。从语言特别是对话的角度来把握人的理解,这一进路自然是正确的;然而,把一切都还原到语言,把人的思想、认识、行为事件都处理为语言,这的确给人以强烈的"语言中心论"的印象。在这个问题上,伽达默尔仍受到西方"逻各斯中心主义"的深刻影响,使自己最终囿于语言之中。存在本身的语言性,特别是包括绘画、音乐、雕塑等在内的艺术作品的语言性到底具有多大的普适性,值得商榷。

第三,艺术的美学价值被弱化。伽达默尔的诗性之思将艺术和诗置于时间性的整体存在之中来重新看待,把艺术推到了存在的高度上来认识,赋予艺术以本体论的地位。在科学主义和主观主义盛行的时代，这无疑是对艺术地位的有力维护，也为艺术理解和鉴赏提供了一个崭新的角度，拓宽了视野。然而现在看来，伽达默尔把存在之于艺术的意义渲染得有些过当，其中便隐藏着很大的隐患：艺术的价值不是由美而是由与存在的亲缘关系来衡量和决定，这对于艺术自身的存在是很危险的，最终的结果只能是艺术性被不断弱化，直至丧失。在艺术论域中，美的意义和价值既不能被涵盖更不能被取代，艺术有着自己独一无二的价值体系，伽达默尔对于这个问题的认识现在看来是矫枉过正的。

第三节 小结：诗化之路——哲学的自我救渡

西方乃至整个人类的现代危机表现为生存的困境与迷茫，但其根源还是在于思的迷误。危机出现在哪里，拯救就在哪里出现。"沉沦是从思陷入形而上学之思起，救渡就要从思开始。"[①] 然而病入膏肓的西方形而上学已无力自救，伽达默尔引诗入思，即是希望以诗所蕴含的真理力量来拯救与引导思重返故里。

海德格尔提出终结形而上学，伽达默尔却并不是要真正放弃西方形而上学，而是要借诗的力量来拯救形而上学。应该说，形而上学理性思维是非常重要的人类基本思维方式之一，人类文明能够发展至今，形而上学理性功不可没。形而上学本身是合理的，它的问题出在"度"上。形而上学在当代的发展进入了一个严重失衡甚至失控的状态，理性长驱直入到非理性的领域之中，主导了人的思想和生活，整个西方深陷于形而上学理性思维定式之中无法自拔，从而引发一连串的严重危机。虽然科技已如此发达，但是人的环境、疾病、饥饿、战争等问题并没有缓解，反而以新的形式不断加重。同时，现代人迎来了新的问题：美感和想象力的丧失，即诗意和创造力的消逝不见。沉于"物"往往就会放弃"思"，也就很容易被蒙蔽双眼而误入歧途，最终失去自我。功利和实用成为衡量一切事物的标准便是一个明证。事实证明，科学理性在物质上给人类带来了一定的富足和安逸，却也改变和抹杀了一些深层的美好情感与感受。精神变得越发贫瘠，从而使人类的内在世界与外在世界进入一种日益严重的失衡状态。面

---

① 刘小枫：《诗化哲学——德国浪漫美学传统》，山东文艺出版社1986年版，第232页。

对人类的内忧外患，面临人类的这种"本质意义上的无家可归状态"，伽达默尔引诗入思，正是希望以诗性作为人恢复平衡的支点。当然，他并不认为这是种创新，而是一种返回，是"苏格拉底的遗产，对独立于科学之外实际生活智慧"[①] 的复活。

总之，当代哲学和美学的重建是很迫切的，这一重建不但关涉学科自身的发展，而且直接影响到人的思维模式和现实生活方式。突破科学主义和实证主义的局限是大势所趋，但是又应注意不能因为反对理性主义而走向放弃理性的另一极端。伽达默尔的诗性之思树立了这样一个典范。他力求以最能激发思之本真的"诗"引领人类重入存在的澄明之境，且注重各种力量的"通"与"和"。当然伽达默尔的诗化努力受其根本的哲学旨归所限显得不够彻底，但是他还是向着一个正确的方向迈进了一大步，并且如其所愿，他的这种努力引发了人们的"问题意识"，促使人们继续审慎地思考：存在的本真究竟是怎样的？这条诗化之路不会止于伽达默尔，它在继续向未来伸展下去。

---

① ［德］伽达默尔：《论人类对哲学的自然倾向》，《科学时代的理性》，薛华等译，国际文化出版公司1988年版，第126页。

结　　语

　　伽达默尔的诗性思想是一个富有学术和现实双重意味的研究课题。它起于一个哲学家对于存在的思考，却走向了诗的领域，旨在解决人类思想与生存的种种现实危机。伽达默尔的诗化哲学成为现代人文科学跨学科界限发展的突出代表。哲学本是对人类精神的反思，是对于认识的认识。伽达默尔由于深受海德格尔的存在哲学以及亚里士多德实践观念的影响，其哲学视野没有仅仅局限于人的思维与精神空间，而是将哲学从对人类精神的反思转变为对人类存在的反思。伽达默尔关注活生生的人，关注人在世界上的生存状态，他发现被科学技术严重异化的现代人正在走向毁灭，科学导致了存在的遗忘。忧心忡忡的伽达默尔感到哲学的力量不足以拯救人类，开始积极寻找哲学以外的声音。他在西方哲学家自古鄙弃的诗那里惊奇地发现了苦苦追寻的答案。诗总是牢牢把握着人有限生命的意义和存在价值问题，很少偏离这一主题（而这本是哲学的根本任务），每当哲学家开始思考高高在上的逻各斯，陷入概念思维体系不能自拔时，诗就会成为诉说和反思尘世间悲欢离合，感受和领会人生之谜的灵魂栖息之所。伽达默尔号召人们回归的诗意世界绝非一个仅在历史中或理想中出现过的世界，而是一个真实存在的世界，一个现代人可以达到的新的生活境界。因此，伽达默尔的哲学思想不但在海德格尔身后进一步预示着西方哲学一个极有可能的发展方向——诗化哲学，而且也为现代人指明了一种自然而美好的本真生存方式——诗意生活，更表现出与老庄禅代表的中国传统诗性思维之间的可会通性。

　　正是在生存的意义上，伽达默尔的诗化思想是一个大可以追问的论题。人们也比以往任何时候都需要这种生存层面的诗性智慧来平衡思想和生活中日益严重的失调和异化。因此，虽然伽达默尔对美学以及诗学的发展产生了持续的影响，但是其诗化思想绝不仅仅是美学或诗学层面上的一种思维。作为哲学家的伽达默尔走上通往"诗"的归乡之路，这一选择并不仅仅出于对美学或诗学的兴趣，而是出于与海德格尔同样的"思"之必需，即生存之必需。

当然，本书对于伽达默尔诗化思想的研究还只是一个起步，此课题所涉及的材料相当丰富，且与哲学、美学、语言学、人类学以及文学各流派交融混合，要真正做到全与通尚需时力。而若将伽达默尔的诗性之思置于中国的文化语境中进行通盘的比较研究，则更是一项艰巨而有意义的挑战。上述问题同时又预示着该课题未来广阔的拓展空间。这一切将成为我们继续前行的动力。

参考文献

中文部分

一 专著

［美］艾布拉姆斯：《镜与灯：浪漫主义文论及批评传统》，郦稚牛、童庆生译，北京大学出版社 2004 年版。

［古希腊］柏拉图：《柏拉图全集》（第二卷），王晓朝译，人民出版社 2003 年版。

［古希腊］柏拉图：《柏拉图文艺对话集》，朱光潜译，人民文学出版社 1980 年版。

［古希腊］柏拉图：《柏拉图全集》（第一卷），王晓朝译，人民出版社 2002 年版。

［奥］茨威格：《与魔鬼作斗争：荷尔德林、克莱斯特、尼采》，徐畅译，西苑出版社 1998 年版。

［德］狄尔泰：《历史中的意义》，艾彦、逸飞译，中国城市出版社 2001 年版。

［德］伽达默尔：《伽达默尔集》，严平编选，邓安庆等译，上海远东出版社 2003 年版。

［德］伽达默尔：《伽达默尔论柏拉图》，余纪元译，光明日报出版社 1992 年版。

［德］伽达默尔：《科学时代的理性》，薛华等译，国际文化出版公司 1988 年版。

［德］伽达默尔:《美的现实性——作为游戏、象征、节日的艺术》,张志扬等译,生活·读书·新知三联书店1991年版。

［德］伽达默尔:《美学与诗学:诠释学的实施》,吴建广译,北京大学出版社2013年版。

［德］伽达默尔:《诠释学Ⅰ:真理与方法》(修订译本),洪汉鼎译,商务印书馆2007年版。

［德］伽达默尔:《诠释学Ⅱ:真理与方法》(修订译本),洪汉鼎译,商务印书馆2007年版。

［德］伽达默尔:《哲学解释学》,夏振平、宋建平译,上海译文出版社1994年版。

［德］伽达默尔:《哲学生涯——我的回顾》,陈春文译,商务印书馆2003年版。

［德］歌德:《歌德抒情诗选》,钱春绮译,人民文学出版社1981年版。

［德］歌德:《歌德谈话录》,爱克曼辑录,朱光潜译,人民文学出版社1978年版。

［德］歌德等:《德国诗选》,钱春绮译,上海译文出版社1982年版。

［德］歌德:《诗与真》(下),《歌德文集》第5卷,刘思慕译,人民文学出版社1999年版。

［德］格罗塞:《艺术的起源》,蔡慕晖译,商务印书馆1984年版。

［德］海德格尔:《存在与时间》(修订译本),陈嘉映、王庆节译,生活·读书·新知三联书店1999年版。

［德］海德格尔:《海德格尔选集》,孙周兴译,上海三联书店1996年版。

［德］海德格尔:《荷尔德林诗的阐释》,孙周兴译,商务印书馆2002年版。

［德］海德格尔:《林中路》,孙周兴译,上海译文出版社2008年版。

［德］海德格尔:《路标》,孙周兴译,商务印书馆2000年版。

［德］海德格尔:《面向思的事情》,陈小文、孙周兴译,商务印书馆1996年版。

［德］荷尔德林:《荷尔德林诗选》,顾正祥译,北京大学出版社1994年版。

［德］荷尔德林：《荷尔德林文集》，戴晖译，商务印书馆1999年版。

［德］荷尔德林：《烟雨故园路：荷尔德林书信选》，张红艳译，经济日报出版社2001年版。

［德］黑格尔：《精神现象学》，贺麟、王玖兴译，商务印书馆1979年版。

［德］黑格尔：《哲学史讲演录》（第1卷），贺麟、王太庆译，商务印书馆1978年版。

［德］胡塞尔：《现象学的观念》，倪梁康译，上海译文出版社1986年版。

［德］胡塞尔：《欧洲科学危机和超验现象学》，张庆熊译，上海译文出版社1988年版。

［美］吉尔伯特、［德］库恩：《美学史》，夏乾丰译，上海译文出版社1989年版。

［德］卡西尔：《人论》，甘阳译，上海译文出版社1985年版。

［德］卡西尔：《卢梭·康德·歌德》，刘东译，生活·读书·新知三联书店2002年版。

［德］里尔克：《里尔克诗选》，黄灿然译，河北教育出版社2002年版。

［德］里尔克、勒塞等：《〈杜伊诺哀歌〉与现代基督教思想》，林克译，上海三联书店1997年版。

［德］尼采：《悲剧的诞生——尼采美学文选》，周国平译，生活·读书·新知三联书店1986年版。

［德］尼采：《尼采散文》，杨恒达等译，浙江文艺出版社2001年版。

［德］尼采：《权力意志：重估一切价值的尝试——尼采后期思想文集》，张念东、凌素心译，中央编译出版社2000年版。

［日］丸山高司：《伽达默尔：视野融合》，刘文柱等译，河北教育出版社2001年版。

［意］维柯：《新科学》，朱光潜译，人民文学出版社1986年版。

［德］乌多·蒂茨：《伽达默尔》，朱毅译，中国人民大学出版社2010年版。

［古希腊］亚里士多德：《亚里士多德全集》（第四卷），苗力田主编、颜一译，中国人民大学出版社1997年版。

［古希腊］亚里士多德：《亚里士多德全集》（第八卷），苗力田编译，中国人民大学出版社 1997 年版。

［英］以赛亚·伯林：《浪漫主义的根源》，亨利·哈代编，吕梁等译，译林出版社 2008 年版。

［荷］约翰·赫伊津哈：《游戏的人——关于文化的游戏成分的研究》，多人译，中国美术学院出版社 1996 年版。

北京大学哲学系外国哲学史教研室编译：《西方哲学原著选读》（上卷），商务印书馆 1981 年版。

陈嘉映：《海德格尔哲学概论》，生活·读书·新知三联书店 1995 年版。

古典文艺理论译丛编辑委员会编：《古典文艺理论译丛》（二），人民文学出版社 1961 年版。

何卫平：《通向解释学辩证法之途：伽达默尔哲学思想研究》，上海三联书店 2001 年版。

洪汉鼎主编：《理解与解释——诠释学经典文选》，东方出版社 2001 年版。

金元浦：《文学解释学》，东北师范大学出版社 1997 年版。

李建盛：《理解事件与文本意义：文学诠释学》，上海译文出版社 2002 年版。

李咏吟：《诗学解释学》，上海人民出版社 2003 年版。

刘小枫：《诗化哲学——德国浪漫美学传统》，山东文艺出版社 1986 年版。

刘小枫：《拯救与逍遥》，上海三联书店 2001 年版。

刘小枫选编：《德语诗学文选》（上卷），华东师范大学出版社 2006 年版。

马大康：《诗性语言研究》，中国社会科学出版社 2005 年版。

倪梁康：《现象学及其效应：胡塞尔与当代德国哲学》，生活·读书·新知三联书店 1994 年版。

彭启福：《理解之思——诠释学初论》，安徽人民出版社 2005 年版。

伍蠡甫、胡经之编：《西方文艺理论名著选编》，北京大学出版社 1985 年版。

严复：《严复集》（第三册），王栻主编，中华书局 1986 年版。

严平：《走向解释学的真理：伽达默尔哲学述评》，东方出版社 1998

年版。

杨武能:《走进歌德》,河北教育出版社 1999 年版。

殷鼎:《理解的命运:解释学初论》,生活·读书·新知三联书店 1988 年版。

张隆溪:《道与逻各斯》,冯川译,四川人民出版社 1998 年版。

张能为:《理解的实践:伽达默尔实践哲学研究》,人民出版社 2002 年版。

章启群:《伽达默尔传》,河北人民出版社 1998 年版。

章启群:《意义的本体论:哲学诠释学》,上海译文出版社 2002 年版。

张汝伦:《意义的探究:当代西方释义学》,辽宁人民出版社 1986 年版。

张祥龙:《海德格尔思想与中国天道:终极视域的开启与交融》,生活·读书·新知三联书店 1996 年版。

中国社会科学院外国文学研究所外国文学研究资料丛刊编辑委员会编:《欧美古典作家论现实主义和浪漫主义》(二),中国社会科学出版社 1981 年版。

朱光潜:《西方美学史》(下卷),人民文学出版社 1964 年版。

二 论文

[奥] 策兰:《保罗·策兰诗歌》,王家新译,《诗选刊》2007 年第 7 期。

[奥] 策兰:《保罗·策兰诗选》,王家新、芮虎译,《诗林》2009 年第 4 期。

[德] 伽达默尔:《解释学的挑战》,渊明译,《世界哲学》1987 年第 2 期。

洪汉鼎:《作为想象艺术的诠释学(上)——伽达默尔思想晚年定论》,《河北学刊》2006 年第 1 期。

洪汉鼎:《作为想象艺术的诠释学(下)——伽达默尔思想晚年定论》,《河北学刊》2006 年第 2 期。

彭启福:《走向生存论意义的方法论——关于伽达默尔哲学诠释学的方法论沉思》,《天津社会科学》2008 年第 1 期。

彭兴伟:《伽达默尔对诗与哲学关系的阐释》,博士学位论文,复旦大学,2004年。

王业伟:《伽达默尔对艺术作品存在方式的分析——兼论何以伽达默尔反对"接受美学"》,《外国文学》2008年第2期。

王业伟:《论伽达默尔美学对审美现代性的批判》,博士学位论文,北京师范大学,2005年。

章启群:《理解与审美——伽达默尔解释学及其美学意义》,《解放军外语学院学报》1994年第5期。

张汝伦:《伽达默尔和哲学》,《安徽师范大学学报》(人文社会科学版)2002年第9期。

郑湧:《M.海德格尔对解释学的哲学贡献》,《人文杂志》2008年第6期。

郑湧:《伽达默尔哲学解释学的基本思想》,《安徽师范大学学报》(人文社会科学版)2007年第6期。

英文部分

一 专著

Celan, Paul, *Selected Poems and Prose of Paul Celan*, Translated and introduced by John Felstiner, New York: W. W. Norton, 2001.

Dostal, Robert J. (ed.), *The Cambridge Companion to Gadamer*, Cambridge: Cambridge University Press, 2002.

Gadamer, Hans-Georg, *Gadamer on Celan: "Who Am I and Who Are You?" and Other Essays*, Translated and edited by Richard Heinemann and Bruce Krajewski, Albany: State University of New York Press, 1997.

Gadamer, Hans-Georg, *Hans-Georg Gadamer on Education, Poetry, and History: Applied Hermeneutics*, Edited by Dieter Misgeld and Graeme Nicholson, Translated by Lawrence Schmidt and Monica Reuss, Albany: State University of New York Press, 1992.

Gadamer, Hans-Georg, *Hermeneutics, Religion, and Ethics*, Translated by Joel Weinsheimer, New Haven: Yale University Press, 1999.

Gadamer, Hans-Georg, *Literature and Philosophy in Dialogue: Essays in German Literary Theory*, Translated by Robert H. Paslick, Albany: State University of New York Press, 1994.

Gadamer, Hans-Georg, *Philosophical Hermeneutics*, Edited and translated by David E. Linge, Berkeley: University of California Press, 1976.

Gadamer, Hans-Georg, *The Gadamer Reader: A Bouquet of the Later Writings*, Edited by Richard E. Palmer, Evanston: Northwestern University Press, 2007.

Gadamer, Hans-Georg, *The Idea of the Good in Platonic-Aristotelian Philosophy*, Translated by Christopher Smith, New Haven: Yale University Press, 1986.

Gadamer, Hans-Georg, *The Relevance of the Beautiful and Other Essays*, Edited by Robert Bernasconi, translated by Nicholas Walker, Cambridge: Cambridge University Press, 1986.

Gadamer, Hans-Georg, *Truth and Method*, Translated by Joel Weinsheimer and Donald G. Marshall, New York: Continuum, 2004.

Grondin, Jean, *Introduction to Philosophical Hermeneutics*, Translated by Joel Weinsheimer, New Haven: Yale University Press, 1994.

Grondin, Jean, *Sources of Hermeneutics*, Albany: State University of New York Press, 1995.

Grondin, Jean, *The Philosophy of Gadamer*, Translated by Kathryn Plan, Montreal: McGill-Queen's University Press, 2003.

Heidegger, Martin, *On the Way to Language*, Translated by Peter D. Hertz, New York: Harper & Row Publishers, 1982.

Heidegger, Martin, *On Time and Being*, Translated by Joan Stambaugh, New York: Harper & Row Publishers, 1972.

Hoy, David Couzens, *The Critical Circle: Literature, History, and Philosophical Hermeneutics*, Berkeley: University of California Press, 1978.

J. C. Weinsheimer, *Gadamer's Hermeneutics: A Reading of "Truth and Method"*, New Haven: Yale University Press, 1985.

J.C. Weinsheimer, *Philosophical Hermeneutics and Literary Theory*, New Haven: Yale University Press, 1991.

Malpas, Jeff, Arnswald, Ulrich, & Kertscher, Jens (eds.), *Gadamer's Century: Essays in Honor of Hans-Georg Gadamer*, Cambridge: the MIT press, 2002.

Palmer, Richard, *Hermeneutics: Interpretation Tory in Schleiermacher, Dilthey, Heidegger, and Gadamer*, Evanston: Northwestern University Press, 1969.

Risser, James, *Hermeneutics and the Voice of the Other: Re-reading Gadamer's Philosophical Hermeneutics*, Albany: State University of New York Press, 1997.

Valéry, Paul, *The Art of Poetry*, Translated by Denise Folliot, New York: Vintage Books, 1961.

二 论文

E.L.Fortin, "Gadamer on Strauss: An Interview", *Interpretation*, 1984, 12(1): 1-13.

Lawn, Christopher, "Gadamer on Poetic and Everyday Language", *Philosophy and Literature*, 2001, 25(1): 113-126.

Pizer, John, "Gadamer's Reading of Goethe", *Philosophy and Literature*, 1991, 15(2): 268-277.

Risser, James, "Poetic Dwelling in Gadamer's Hermeneutics", *Philosophy Today*, 1994, 38(4): 369-379.

Schuchman, Paul, "Aristotle's Phronesis and Gadamer's Hermeneutics", *Philosophy Today*, 1979, 23(1): 41-50.